구속사의 관점에서 본

4복음서 장별 연구

구속사의 관점에서 본

4복음서 장별 연구

1쇄 인쇄 2014년 6월 25일
1쇄 발행 2014년 6월 30일

지은이 유도순
펴낸이 유효성
펴낸곳 머릿돌

등록번호 제17-240호
등록일자 1997년 5월 20일
주소 서울 동작구 노량진1동 205-7
TEL. (02) 888-0012 / Mobile. 010-9472-8327
http://edendongsan.onmam.com
E-mail yoodosun@hanmail.net

총판 기독교출판유통
경기도 고양시 일산동구 장항동 585-12
(031) 906-9191

디자인 참디자인(02-3216-1085)

ISBN 978-89-87600-73-4 03230

구속사의 관점에서 본

4 복음서 장별 연구

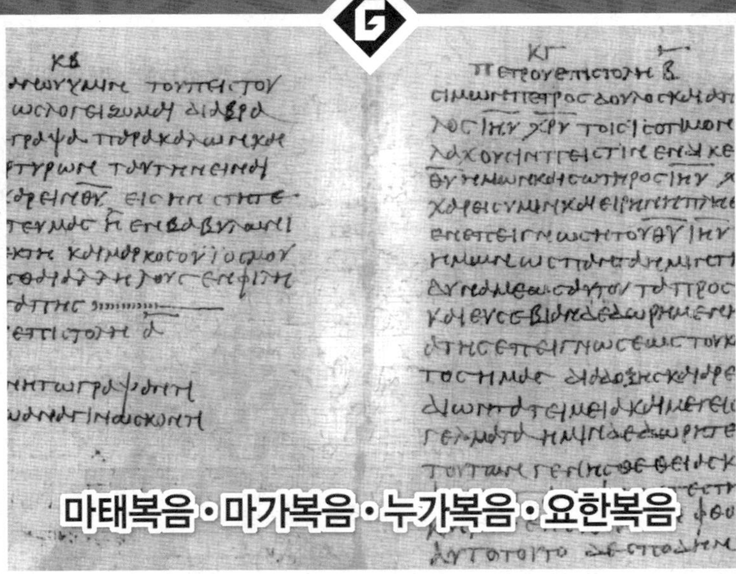

마태복음 · 마가복음 · 누가복음 · 요한복음

유도순 지음

FOUR BOOKS OF GOSPEL

POINT OF VIEW - SALVATION HISTORY

머릿돌

일러두기

"4복음서 장별 연구"는, 이미 발간 된 "모세오경 장별 연구"와 짝을 이루기 위해서 저술이 된 것이다. T, R(Top, Root) 법칙이라는 것이 있는데, 이는 나무의 위부분과 뿌리의 생김이 같다는 이론이다. 구약성경 모세 5경이 뿌리(Root)라면 신약성경의 4개 복음서는 윗부분(Top)인 나무라 할 수가 있는 것이다.

복음서는 예수가 그리스도이심을 어떻게 증언을 하고 있는가? 복음서에는 "이 모든 일이 된 것은 주께서 선지자로 하신 말씀을 이루려 하심이니"(마 1:22) 한, "이루심"이라는 논증이 사사건건이 등장한다. 이는 구약성경에 "언약, 예언, 모형, 예표, 그림자" 등, "여러 부분과 여러 모양"(히 1:1)으로 계신하신 하나님께서, 때가 찬 경륜 가운데 실체이신 독생자로 성취하여주셨다는 점을 입증하고 있기 때문이다.

그러므로 본서는 각 장을 단순히 요약해놓은 책이 아니라 구약성경에 계시된 예표가 복음서에서 어떻게 성취되었는가 하는 구속사라는 맥락에서 새롭게 관찰한 책이다. 구속사의 관점이란 성경을 점(點)으로 보지 않고 선(線)으로 본다. 창세기 3장에서 "세상에 죄가 들어오자, 내가 하리니" (창 3:15) 하고 시작하신 하나님의 구원사역은 마지막 책인 계시록에 이르러, "이루었도다 나는 알파와 오메가요 시작과 끝이라" (계 21:6) 하고 완성하시는 한 편의 복음계시인 것이다. 그러니까 창세기를 출발한 구원열차가 종착역인 계시록을 향해서 달려가고 있는 것에 비할 수가 있다. 이 책은 이러한 구속사의 맥을 붙잡게 해줄 것이다.

부활하신 주님은 의심하는 제자들에게, "내가 너희와 함께 있을 때에 너희에게 말한바 곧 모세의 율법(5경)과 선지자의 글과 시편에 나를 가리켜 기록된 모든 것이 이루어져야 하리라 한 말이 이것이라 하시고 이에 그들의 마음을 열어 성경을 깨닫게" (눅 24:44-45) 해주셨다. 그러자 그들의 눈이 밝아지고, 마음이 뜨거워졌다.

이 책은 큐티, 제자훈련, 특히 새벽, 수요, 금요기도회에 활용할 수 있도록 편찬이 되었는데, 이미 발간된 "모세오경 장별연구"가 많은 분들에게 환영을 받고 있는 것으로 보아 도움이 될 것을 확신한다.

* 맨 앞에 전체를 한 눈에 바라볼 수 있도록 각 권의 "파노라마"를 실었다. 이를 통해서 전체를 파악한 후에 장별 연구에 들어가면 전체 문맥 속

에서 각 장을 이해하는데 도움이 될 것이다.

* 한 번에 한 장씩을 상고하도록 다루었고, 각 장에서도 중심적인 말씀을 붙잡도록 초점을 맞추었다. 너무 미시적으로 보게 되면 나무는 보고 숲은 보지 못하게 되어 "복음"이 교훈으로 둔갑을 하기 때문이다. 이것은 우려가 아니라 오늘의 현실인 것이다.

* 먼저 성경 본문 한 장을 전부 읽기 바란다. 함께 읽든지 교독해도 좋을 것이다. 그리고 장의 단원(單元) 나누기를 참고하고, "내용 관찰"을 읽으면 그 장을 통해서 말씀하고자 하는 구원계시를 깨닫게 될 것이다.

* 각 장의 "적용" 은 자신을 진단하게 할 것이고, 결단하는 기도를 하는데 도움을 줄 것이다.

* 각 장마다 "나누어봅시다" 하는 문제를 세 개씩 제시하였다. 그룹 지도나 큐티할 때 유용할 것이고, 가능하다면 예습해 오게 해서 서로 나누어도 좋을 것이다.

* 저는 이 책을 예수 그리스도와 복음을 증언하기 위해서 썼습니다. 이것은 제가 주님을 처음 만났을 때의 약속입니다.

우리교회 원로 목사 유 도 순

목차

마태복음 *Matthew*

마가복음 Mark

누가복음 *Luke*

요한복음 John

01
마태복음

마태복음 파노라마

주제

아브라함과 다윗의 자손 예수 그리스도

마태복음은 신약성경의 맨 앞에 놓여 있는 복음서입니다. 그런데 첫 마디가, "아브라함과 다윗의 자손 예수 그리스도의 계보라"(1:1) 하는 족보로 시작이 되고 있습니다. 이는 마태복음의 기록(記錄)목적과 주제(主題)를 밝혀주는 중요한 근거가 됩니다.

① 마태가 복음서를 기록할 때에는 분명한 목적(目的)을 가지고 기록한 것입니다. 그 목적은, 나사렛 "예수"가 하나님께서 아브라함과 다윗에게 언약하신 "그리스도"이심을 증언하기 위해서였던 것입니다. 그래서 단순히 "아브라함과 다윗의 자손 예수"라 하지 않고, "예수 <그리스도>의 계보라" 말씀하고 있는 것입니다.

또한 복음서는 예수 그리스도의 성육신만을 증언하고 있는 것이 아니라 아브라함에게, "네 씨로 말미암아 천하 만민이 복을 얻으리라"고 언약하신 대로, 죽으시고 다시 사심을 통해서 천하 만민이 구원의 복을 받게 되었다는 점을 증언하는 데까지 나아가고 있습니다. 이점을 여러 선지서들의 예언을 인용하여, "이 모든 일의 된 것은 주께서 선지자로 하신 말씀을 이루려 하심이라"고 입증(立證)을 하고 있는 것입니다.

② 1장의 족보를 유의해보면, "아브라함(2)에서 다윗까지(6), 다윗에서 바벨론 포로 때까지, 포로에서 그리스도라 칭하는 예수가 나시니라"(16)고, 14대씩, 세 시기로 정리되어 있는 것을 보게 됩니다. 이렇게 한 의도는 분명합니다. 이 세 부분을 통해서, "아브라함과, 다윗과, 예수"를 부각(浮刻)시키기 위해서입니다.

아브라함과 다윗은 메시아언약을 세움 받은 구속사라는 산맥에 우뚝 솟은 두 거봉(巨峰)입니다. 이 산맥이 "그리스도라 칭하는 예수"에게까지 뻗어 내려왔다는 점을 족보를 통해서 보여주려는 것이 저자의 의도입니다. 하나님께서 아브라함에게, "네 씨로 말미암아 천하 만민이 복을 얻으리라"(창 22:18) 언약하시고, 다윗에게, "내가 네 몸에서 날 자식을 네 뒤에 세워 그 나라를 견고하게 하리라"(삼하 7:12) 하신 언약을, 예수 그리스도로 성취하여주셨음을 입증하려는 것이 마태복음의 첫 주제입니다.

③ 그러므로 세 부분으로 나누어진 족보를 통해서 구약의 성도들이 어떤 방도로 구원을 얻을 수가 있었었는가를 깨닫게 되는데,

㉠ 아브라함으로부터 다윗까지는 "아브라함에게 세워주신 메시아언약"을 믿는 믿음 안에서 구원을 얻었고,

㉡ 다윗부터 그리스도가 오시기까지는, "다윗에게 세워주신 메시아언약"을 믿는 믿음 안에서 구원을 얻을 수가 있었었던 것입니다.

㉢ 그러면 아담으로부터 아브라함까지는 어떻게 구원을 얻을 수가 있었었느냐 라고 묻는다면, "원 복음" 안에서 구원을 얻었다고 말씀드릴 수가 있습니다. 그러니까 "원 복음, 아브라함언약, 다윗언약"이 별개의 것이 아니라 오직 동일한 메시아언약이 전진을 하여 예수 그리스도의 탄생과, 죽으심과, 다시 살아나심으로 성취되었던 것입니다. 신구약시대를 막론하고, "천하 인간에 구원을 얻을 다른 이름"을 주신 일이 없다는 점에 확고해야만 합니다. 다만 구약시대는 오실 그리스도를 믿음으로, 신약시대는 이미 오신 그리스도를 믿는다는 점이 다를 뿐입니다. 이것이 1장의 족보가 내포하고 있는 의미인 것입니다.

이점에서 특히 주목하게 되는 것은, "바벨론으로 사로잡혀 간" (1:11-12), 즉 포로 된 시점을 하나의 분기점(分岐點)으로 삼고 있다는 점입니다. 이것은 무엇을 말해주고 있느냐하면 예루살렘이 멸망하고 백성들이 포로로 끌려간 기간 동안에도 다윗의 자손으로 그리스도를 보내셔서 천하 만민을 구원하여주시려는 하나님의 구원계획이 단절(斷絶)되거나

중단(中斷)됨이 없이 계승(繼承)시켜 오셨다는 점을 드러내고 있는 것입니다.

너희는 나를 누구라 하느냐

④ 마태복음은 크게 두 부분으로 나누어집니다. 그 분기점(分岐點)은 주님께서 제자들에게, "너희는 나를 누구라 하느냐"고 물으신 16:15절입니다. 이를 분기점으로 하여, 전반부는 예수가 누구인가에 초점이 맞춰져 있고, 후반부에서는 그는 왜 오셨는가를 보여주고 있습니다.

그러므로 전반부에 등장하는 기사와 이적은, "예수"가 누구인가를 보여주기 위한 표적이었던 것입니다. 주님은 제자들을 부르셔서 근 3년 가까이 훈련시키신 후에 "나를 누구라 하느냐"고 물으신 것입니다.

"주는 그리스도시요 살아 계신 하나님의 아들이시니이다"(마 16:16)라는 고백을 들으신 후에야, "이 때로부터 예수 그리스도께서 자기가 예루살렘에 올라가 장로들과 대제사장들과 서기관들에게 많은 고난을 받고 죽임을 당하고 제 삼 일에 살아나야 할 것을 제자들에게 〈비로소〉 가르치셨다"(마 16:21), 즉 오신 목적을 말씀하신 것입니다.

만일 제자들을 부르신 직후, 즉 제자들이 "예수"가 누구인가를 인식하기도 전에 "너희는 나를 누구라 하느냐"고 물으셨다면 무엇이라 답변을 했을 것인가? 또한 죽으실 것을 말씀했다면 그들은 다 물러갔을 것입니다. 그러므로 "복음"이란 예수가 누구이신가? "그리스도요 하나님의 아들"이시다, 그 분이 왜 오셨는가? "많은 사람의 대속물로 죽으시기 위해서 오셨다" (20:28)는 두 주제의 결합에 있는 것입니다.

"그리스도"에게만은 구원이 없습니다. 왜냐하면 "한 알의 밀"이 땅에 떨어져 죽지 않으면 한 알 그대로 있기 때문이요, "십자가"만에도 구원이 없습니다. 왜냐하면 이는 사형형틀이었기 때문입니다. 하나님의 아들 그리스도께서 나의 죄 값인 "죽음"을 나 대신 담당해주셨다는데 구원이 있는 것입니다. 이점을 "제자들에게 비로소 가르치신" 주님은, 그 이후로 비장한 마음으로 예루살렘을 향하여 나아가고 계시는 것입니다. "보라 우리가 예루살렘으로 올라가노니 인자가 대제사장들과 서기관들에게 넘겨지매 그들이 죽이기로 결의하고 이방인들에게 넘겨주어 그를 조롱하며 채찍질하며 십자가에 못 박게 할 것이나 제 삼 일에 살아나리라" (20:18-19)고, 1차, 2차, 3차에 걸쳐서(16:21, 19:23, 20:19) 말씀하십니다.

복음을해체시키는설교

⑤ 복음서에는 주님의 행적(行蹟), 교훈(敎訓), 기사이적(奇事異蹟) 등이 수록되어 있습니다. 그런데 이런 주제들을 단편적(斷片的)으로 다루게 되면 "군맹무상"(群盲撫象)같이 되고 맙니다. 다시 말하면 "예수가 누구신가? 왜 오셨는가?" 하는 두 주제를 해체(解體)시키는 것이 되어 복음이 사라지고, 복음서의 기록목적을 이탈하는 것이 되고 맙니다. 어떤 본문을 다루든지 "예수가 누구인가? 그는 왜 오셨는가?" 하는 복음서의

총 주제에 입각해서 증언해야만 구속 주되시는 그리스도가 부각이 되어 기록목적에 충실하게 된다는 점을 유념해야만 합니다.

여기에 설교자들의 착각과 혼동이 있습니다. 복음서를 설교하면서도 복음서의 기록목적과 문맥을 망각한다면 그는 "복음"을 증언하고 있는 것이 아니라 교훈이나 축복을 말하는 것이 되고 맙니다. 왜냐하면 복음서는 주님의 탄생으로 시작하여, 죽으시고 다시 사심을 증언하고 있는 한 편의 설교이기 때문입니다.

그러면 한 번에 마태복음 1장부터 28장까지를 다 전하라는 말인가? 그런 뜻이 아닙니다. 어느 본문을 설교하든지 본문이 놓여있는 좌표와 전체적인 맥락을 염두에 두고 전해야 된다는 말씀입니다. 이런 맥락에서 복음서에 등장하는 기사이적과, 사도행전에 등장하는 기사와 이적은 그 의미가 전연 다른 것입니다. 복음서의 기사이적이, "예수"가 누구인가를 증언하기 위한 표적이라면, 사도행전에 등장하는 기적은 그들이 십자가에 못 박아 죽인 "예수"가 다시 살아나셨음을 증언하기 위한 표적이었던 것입니다.

베드로는 나면서 앉은뱅이 된 자를 일으킨 후에, "너희가 생명의 주를 죽였도다 그러나 하나님이 죽은 자 가운데서 살리셨으니 우리가 이 일에 증인이로라 그 이름을 믿음으로 그 이름이 너희 보고 아는 이 사람을 성하게 하였다" (행 3:15-16)고 증언합니다. 사도들이 박해를 당한 것은, 유대인들이 죽인 "예수"가 그리스도시오, 죽은 자 가운데서 살아나셨다는 "부활하는 도 전 함을 싫어하여 그들을 잡으매" (행 4:2-3), 그래서 순교를 당했던 것입니다. 그러므로 성경은 점(點)들의 집합체가 아니라 선(線)입니다. 오늘의 설교들이 성경을 구속사라는 맥락으로 취급하지를 않고, 교훈적인 점으로 접근하다보니 복음을 사라지게 한 결과를 가져오고 있는 것입니다.

자신을주심

⑥마태복음은 세무서장 출신 마태가 기록한 복음서답게 정돈이 잘 되어 있는 복음서입니다. 마태는 주님이 하신 말씀들을 다섯 꾸러미로 정리를 해놓고 있는데, "말씀을 마치시고" 라는 언급이 5번 등장합니다.

㉠ "예수께서 이 말씀을 마치시매 무리들이 그 가르치심에 놀래니"(7:28) 합니다. 산상수훈을 마치신 것입니다.

㉡ "예수께서 열 두 제자에게 명하시기를 마치시고"(11:1), 즉 파송 설교를 마치신 것입니다.

㉢ "예수께서 이 모든 비유를 마치신 후에"(13:53), 즉 비유의 말씀들을 마치신 것입니다.

㉣ "예수께서 이 말씀을 마치시고"(19:1), 즉 가르치시기를 마치셨습니다.

㉤ 마지막으로 26:1절에서는, "예수께서 이 말씀을 다 마치시고" 합니다. 그러면 주님은 "말씀을 다 마치신" 후에 무엇을 주셨는가? "이틀이 지나면 유월절이라 인자가 십자가에 못 박히기 위하여 팔리우리라"(26:2)고 자신을 주셨던 것입니다.

만일 교훈만을 주셨다면 주님은 철학자와 같은 선생이 되셨을 것이요, 기사이적만을 행하셨다면 신비주의자가 되셨을 것입니다. 주님은 자신을 주심으로 우리에게 생명을 주시는 구주(救主)가 되셨습니다.

영적출애굽

⑦ 또한 마태복음은 그리스도의 사역을 영적 출애굽으로 해석해주고 있습니다. 아기 예수가 헤롯의 음모를 피하여 애굽으로 내려간 것을, "주께서 선지자로 말씀하신바 애굽에서 내 아들을 불렀다 함을 이루려 하심이니라" (2:15)고 말씀합니다.

이는 호세아 11:1절의 인용인데, 이는 구약교회의 출애굽을 가리키는 말씀입니다. 그런데 마태는 예수님이 애굽으로 내려갔다가 돌아온 사건을 출애굽과 결부시키고 있는 것입니다. 이는 엄청난 비약이면서도, 놀라운 영감이라 하지 않을 수가 없습니다.

이런 논리는 예수님을 개인으로 보고 있는 것이 아니라 신약교회의 머리, 즉 대표자(代表者)로 보고 있기 때문에 가능한 것입니다. 다시 말하면 주님이 애굽으로 내려갔다가 올라오신 것을 신약교회 전체가 내려갔다가 올라온 것으로 보고 있다는 말씀입니다. 이는 그리스도의 구속사역이 영적 출애굽 사역임을 드러내기 위해서인 것입니다. 그렇습니다. 복음이 영적 출애굽 사건임이 주님께서 유월절 양이시라는 데서 분명하게 드러납니다.

⑧ 이 점이 산상수훈을 말씀하는 구조(構造)에서도 분명히 드러납니다. "갈릴리와 데가볼리와 예루살렘과 유대와 요단강 건너편에서 허다한 무리가 좇으니라 예수께서 무리를 보시고 산에 올라가 앉으시니 제자들이 나아온지라 입을 열어 가르쳐 이르시되" (4:25-5:2) 하는 구조는, 마치 이스라엘 백성들을 애굽에서 불러내신 후에 시내 산에서 십계명을 말씀하는 장면을 상기하게 합니다.

㉠ 또한 주님은 요단강에서 세례를 받으심으로 홍해 도하를 성취하셨고,

㉡ 성령에 이끌리어 "광야"에서 40일간 시험을 당하심으로 40년 동안의 광야생활을 성취하셨던 것입니다. 예수 그리스도는 하나님의 백성들을 가나안으로 인도하여 드리실 영적 여호수아(예수)였던 것입니다.

㉢ 그리고 가나안을 향한 대 장정(長程)은 지금도 계속되고 있는 것입니다. 구약교회를 불기둥 구름 기둥으로 인도해주심 같이 신약교회를 성령께서 인도해 주십니다. 만나와 생수는 생명의 말씀으로 공급되고 있습니다.

"볼지어다 내가 세상 끝 날까지 너희와 항상 함께 있으리라" 약속하십니다.

1장

아브라함과 다윗의 자손 예수 그리스도의 탄생

첫째 단원(1-17) 아브라함과 다윗 언약의 성취

둘째 단원(18-25) 선지자로 말씀하신 예언의 성취

내용관찰

1장은, "아브라함과 다윗의 자손 예수 그리스도의 계보라" (1)고 시작이 됩니다. 왜냐하면 구속사에 있어서, "아브라함과 다윗"은 하나님께서 메시아언약을 세워주신 언약 당사자들이기 때문입니다. 그러므로 증언의 핵심은, "예수"가 아브라함과 다윗에게 언약하신, "그리스도"이심을 증명하는 데 있습니다.

이를 두 가지 성경적인 근거를 들어서 입증하고 있는데

㉠ 첫째는, "아브라함과 다윗의 자손 예수 그리스도의 계보라"(1) 한, "족보"를 들어서 입증을 합니다. "이 족보를 봐라 '예수'가 하나님께서 아브라함과 다윗에게 언약하신 '그리스도' 이심이 분명하지 않느냐"고, 입증하고 있는 것입니다.

㉡ 둘째는 선지자로 미리 말씀하신 예언을 들어 입증하고 있는데, "예수"가 성령으로 잉태되어 처녀 마리아를 통해서 탄생하신 것이, "보라 처녀가 잉태하여 아들을 낳을 것이요 그의 이름은 임마누엘이라 하리라"(22) 하신 "예언"의 성취임을 증언합니다.

그런데 제시 된 족보가, "그런즉 모든 대(代) 수가 아브라함부터 다윗까지 열네 대요 다윗부터 바벨론으로 사로잡혀 갈 때까지 열네 대요 바벨론으로 사로잡혀 간 후부터 그리스도까지 열네 대더라" (17) 하고 세 대로 나누고 있다는 점입니다. 이렇게 하는 의도가 무엇인가? 특히 주목해야 할 점은, "바벨론으로 사로잡혀 간" 점을 부각시키고 있다는 점인데 이는 예루살렘이 바벨론에 의하여 멸망을 당하고 다윗의 왕위에 앉은, "시드기야의 두 눈을 빼고 놋 사슬로 그를 결박하여 바벨론으로 끌고 갔더라" (왕하 25:7) 한 절망적인 시기에도, 하나님께서는 언약하신 바를 이루시기 위해서 다윗의 왕위를 계승시켜 나오셨다는 점을 족보를 들어서 보여주기 위해서인 것입니다.

이점이, "바벨론으로 사로잡혀 간 후에 여고냐는 스알디엘을 낳고 스알디엘은 스룹바벨을 낳고" (12) 한 진술에 분명히 나타나고 있습니다. 70년의 기한이 차서 포로가 귀환할 때에 스룹바벨의 영도 하에 (스 2:2) 돌아오게 하심으로 다윗의 왕위가 끊어짐이 없이 그리스도에게로 이어지게 하셨던 것입니다. 이점을 누가복음에서는, "그가 큰 자가 되고 지극히 높으신 이의 아들이라 일컬어질 것이요 주 하나님께서 그 조상 다윗의 왕위를 그에게 주시리니" (눅 1:32) 라고 말씀합니다. "상한 갈대를 꺾지 아니하며 꺼져가는 등불을 끄지 아니하신" (사 42:3) 하나님을 찬양하십시다.

적용

사도 바울은, "그리스도 예수 안에서 내가 복음으로써 너희를 낳았음이라" (고전 4:15)고 말씀하는데, 형제는 믿음의 조상 아브라함으로부터 형제에게까지 이어져 내려온 믿음의 족보(구속사)를 알고 있습니까? 이에 확고해야만 뿌리가 박힌 견고한 신앙인이 될 수가 있습니다.

나누어 봅시다

1. "예수가, 그리스도"시라는 첫째 증거에 대해서,
2. "예수가, 그리스도"시라는 둘째 증거에 대해서,
3. 족보를 세 시기로 분류하여 언급하는 의도에 대해서,

2장

선지자로 말씀하신 왕이 오셨다

첫째 단원(1–12) 유대 베들레헴이오니
둘째 단원(13–18) 애굽에서 내 아들을 불렀다
셋째 단원(19–23) 나사렛 사람이라 칭하리라

내용 관찰

2장은, "헤롯 왕 때에 예수께서 유대 베들레헴에서 나시매" (1) 하고 시작이 되는데, 핵심은 동방으로부터 박사들이 예루살렘에 이르러, "유대인의 왕으로 나신 이가 어디 계시냐" (2) 한, "왕"이 나셨다는데 있습니다. 동방 박사들은 "왕이 나셨다"는 점을 증언하는 자로 등장을 합니다. 그리하여 2장에는 "헤롯 왕과, 유대인의 왕" 곧 그리스도 "두 왕"이 등장하는데 이는 불가피하게, "내가 너로 여자와 원수가 되게 하고 네 후손도 여자의 후손과 원수가 되게 하리니" (창 3:15) 하신 대결하는 구도인 것입니다. 그래서 "헤롯 왕과 온 예루살렘이 듣고 소동한지라" (3) 합니다.

그런데 헤롯은 서기관에게 "왕"이라 하지 않고, "그리스도가 어디서 나겠느냐" (4) 라고 묻는 것이 아닌가? 이는 오실 "왕"이 곧 "그리스도"시라는 점을 알았다는 것이 됩니다. 서기관들은, "유대 베들레헴이오니 이는 선지자로 이렇게 기록 된 바 또 유대 땅 베들레헴아 너는 유대 고을 중에서 가장 작지 아니하도다 네게서 한 다스리는 자(왕)가 나와서 내 백성 이스라엘의 목자가 되리라 하였음이니이다" (5-6)고, 선지서 미가 5:2절을 인용하여 대답합니다.

이처럼 2장에는 선지서의 예언을 들어 "예수가, 그리스도"이심을 입증하는 것이,

㉠ 다윗의 동네인 "베들레헴"에서 탄생하실 것(5),

㉡ 애굽으로 피신하실 것(15),

㉢ 헤롯의 영아 살해(17),

㉣ 나사렛으로 귀환(23) 등 4번이나 등장하고, "이루려 하심이라"는 말씀도 3번(15, 18, 23)이나 강조되어 있습니다. "주 여호와께서는 자기의 비밀을 그 종 선지자들에게 보이지 아니하시고는 결코 행하심이 없으시리라"(암 3:7)고 말씀합니다.

이점에서 유념해야 할 점은 예언의 성취를 문자적으로 보고 있는 것이 아니라, 구속사적인 의미로 해석하고 있다는 점입니다. 예를 들면 아기 예수님을 죽이려는 헤롯을 피하여 애굽으로 내려가신 사건을 호세아 11:1절을 들어서, "이는 주께서 선지자를 통하여 말씀하신 바 애굽으로부터 내 아들을 불렀다 함을 이루려 하심이니라" (15)고 인용하고 있는데

호세아는 1차적으로 출애굽을 언급하는 말이었던 것입니다.

그렇다면 마태가 잘못 인용을 했단 말인가? 아닙니다. 출애굽과 영적 출애굽을 겹쳐진 그림, 즉 구속사라는 맥락으로 보고 있는 것입니다. 그리하여

㉠ 아기 예수를 죽이려는 헤롯은, 모세를 죽이려는 바로와 대칭을 이루고,

㉡ 바로의 속박으로부터 이스라엘을 해방시킨 출애굽은, "자기 백성을 그들의 죄에서 구원할 자이심이라"(1:21) 한, 영적 출애굽과 겹쳐져 있는 것입니다.

동방 박사들은, "엎드려 아기께 경배하고 보배 합을 열어 황금과 유향과 몰약을 예물로 드리니라" (11) 합니다. 그런데 실상은 예수님은 예물을 받으시기 위해서 오신 것이 아니라, "도리어 섬기려 하고 자기 목숨을 많은 사람의 대속물로" (20:28) 〈주시려〉 오셨다는 점을 잊지 말아야만 합니다. 말씀하신 바를 이루시는 하나님, 우리를 이처럼 사랑하사 독생자를 주신 하나님을 찬양하십시다.

적용

우리가 행해야 할 일은 "집에 들어가 아기와 그의 어머니 마리아가 함께 있는 것을 보고 엎드려 아기께 경배하고 보배 합을 열어 황금과 유향과 몰약을 예물로 드리니라" (11) 한, "경배와, 헌신"입니다.

나누어 봅시다

1. 구속사란 두 왕의 대결 구도라는 점에 대해서,

2. 동방 박사는 누구를 드러내기 위해서 등장하고 있는가에 대해서,

3. 3번 강조되어 있는 "이루려함이라"에 대해서,

3장

내 사랑하는 아들이요 내 기뻐하는 자라

첫째 단원(1-6) 회개의 세례로 길을 예비하는 자

둘째 단원(7-12) 성령의 세례를 베푸실 자

셋째 단원(13-17) 아버지 하나님의 인 치신 자

내용 관찰

3장은 주님께서 공생애를 시작하시기 위해서 세례를 받으시는 내용인데, 세례를 받으시고 곧 물에서 올라오실 새, "하늘이 열리고 하나님의 성령이 비둘기 같이 내려 자기 위에 임하심을 보시더니"(16) 합니다. 여기 "성부, 성자, 성령" 삼위 하나님의 만남이 있습니다. 이 장면은 공생애를 위한 위임식(委任式) 장면이라 할 수가 있는데, 구원계획은 삼위 하나님의 사역인 것입니다.

핵심은 하나님께서, "이는 내 사랑하는 아들이요 내 기뻐하는 자라"(17) 하신 말씀에 있는데 주님은 이를 가리켜, "인자는 아버지 하나님께서 인 치신 자니라"(요 6:27) 하십니다. 이에 대한 예표를 대제사장의 위임예식(委任禮式)을 통해서 볼 수가 있는데, "나를 섬길 제사장 직분을 위임하여, 물로 씻기고(세례), 관유(성령)를 가져다가 그 머리에 부어 바르라"(출 29:1-7) 하십니다.

이점에서 요한의 세례가, "회개의 세례"(3:11)라면 어찌하여 하나님의 아들 그리스도께서 세례를 받으신단 말인가 하는 물음을 하게 됩니다. 주님은 "이와 같이 하여 모든 의를 이루는 것이 합당하니라"고 대답하십니다. 주님께서 이 땅에 오신 것은 우리의 대표자(代表者)가 되시어 우리의 죄를 대속하시기 위해서 오신 것입니다. 이를 위해서 주님은, "율법 아래" 나셨고, 세례만이 아니라 할례의 수종자(롬 15:8)도 되신 것입니다.

주님은 지금, "하나님의 아들"의 신분으로 세례를 받으시려는 것이 아니라, 한 사람(딤전 2:5) 즉, 죄인들의 대표자로써 세례를 받으시려는 것입니다. 이것이 우리와의 동일화(同一化)입니다. 그리하여 대속제물이 되시는데 결격 사유가 없게 하시려는 것입니다. 이것이 "의를 이루는 것"이라는 뜻입니다.

주님은 하나님의 의를 이루시기 위해서, "하나님과 동등 됨을 취할 것으로 여기지 아니하시고 오히려 자기를 비워 종의 형체를 가지사 사람들과 같이 되셨고 사람의 모양으로 나타나사 자기를 낮추시고 죽기까지 복종하셨던"(빌 2:6-8) 것입니다.

세례 요한을 먼저 보내셔서, "회개하라 천국이 가까이 왔느니라"(2)고 길을 예비하게 하심도, "그는 선지자 이사야를 통하여 말씀하신 자라 일렀으되 광야에 외치는 자의 소리가 있어 이르되 너희는 주의 길을 준비하라 그가 오실 길을 곧게 하라 하였느니라" (3) 하신 예언의 성취임을 증언합니다. 요한은 "내 뒤에 오시는 이는 나보다 능력이 많으시니 나는 그의 신을 들기도 감당하지 못하겠노라" (11)고, 길 예비자로서의 사명을 감당하고 있습니다.

적용

형제를 구원하시기 위해서 삼위 하나님이 역사하셨다는 점을 깨닫게 된 형제의 마음은 어떠합니까? 이제는 그리스도의 구속으로 말미암아 형제가 성령의 인침을 받아 하나님의 사랑하는 자요 기뻐하시는 자가 되었습니다. 그렇다면 우리도 범사에 "의를 이루는" 삶을 살아야 마땅한 것입니다.

나누어 봅시다

1. 하나님의 아들이 왜 세례를 받으셔야 했는지에 대해서,
2. 세례 받으시는 예수님, 임하신 성령, "내 사랑하는 아들이라" 하신 성삼위에 대해서,
3. "모든 의를 이루는 것이 합당하니라" 하신 "의"에 대해서,

4장

첫 아담의 실패를 회복시키시는 마지막 아담

첫째 단원(1-11) 사탄의 시험을 이기심
둘째 단원(12-17) 갈릴리 가버나움에서 전파하심
셋째 단원(18-25) 갈릴리 어부를 제자로 삼으심

내용 관찰

4장은 주님께서 공생애를 시작하시는 내용입니다. 3장에서 아버지의 인 치심을 받으신 주님의 첫 사역이 사탄의 시험을 받으시고 승리하신 사역이라는 점을 인식하는 것은 하나님의 구원계획을 이해하는데 중요한 요점이 됩니다. 왜냐하면 "마지막 아담"으로 오신 그리스도께서 회복시키는 사역을, "첫째 아담"(고전 15:45)이 실패한 그 지점(地點)에서 시작(始作)하고 있음을 나타내고 있기 때문입니다.

주님은 사탄으로부터 3가지 시험을 받으셨는데 첫 시험을, "사람이 떡으로만 살 것이 아니요 하나님의 입으로부터 나오는 모든 말씀으로 살 것이라 하였느니라"(4)고 물리치셨습니다. 주님은 "떡"이라는 인간의 필요를 인정하셨습니다. 그러나 "너도 알지 못하며 네 조상들도 알지 못하던 만나를 네게 먹이신 것은 사람이 떡으로만 사는 것이 아니요 여호와의 입에서 나오는 모든 말씀으로 사는 줄을 네가 알게 하려 하심이니라"(신 8:3), 즉 영혼의 양식이 육신의 떡보다 우선한다는 말씀입니다. 그러므로 주님께서 인용하셔서 물리치신 말씀은, 물질로 시험을 받을 때에 우리들이 대처해야 할 무기인 것입니다.

두 번째 시험을, "또 기록되었으되 주 너의 하나님을 시험하지 말라 하였느니라"(7)고 물리치셨습니다. 왜 하나님을 시험하게 되는가? 하나님의 언약을 믿지 못하는 불신앙 때문입니다. 그러므로 주님의 방법은 우리가 시험을 받을 때에 사용해야 할 성령의 검 곧 하나님의 말씀인 것입니다.

세 번째 시험은, "사탄아 물러가라 기록되었으되 주 너의 하나님께 경배하고 다만 그를 섬기라 하였느니라"(10)고, 물리치셨습니다. 이것이 세상 영광을 주리라는 사탄의 유혹에 대한 우리의 선언이어야 하는 것입니다. 인류의 첫 대표자는 낙원에서 첫 시험에 넘어졌으나 새로운 대표자로 오신 예수님은 광야에서 40일을 굶주리신 중에 세 가지 시험을 이기심으로 넉넉히 승리하셨던 것입니다.

이점에서 주목할 점은, 주님은 사탄의 시험을 세 번 모두, "기록되었으되" 라고 하나님의 말씀, 곧 성령의 검으로 물리치셨다는 점입니다. 주님은 시험을 물리칠 근거를 기사이적에서 구하신 것이 아니라, 기록된 하나님의 말씀에 두셨습니다. 이점이 첫 대표자와 다른 점입니다. 아담 하와는 "네가 먹는 날에는 반드시 죽으리라" 하신 하나님의 말씀을 믿지 않았습니다. "말씀"을 믿지 않는다는 것은 말씀하신 하나님 자신을 불신임하는 것과 같은 것입니다.

"이에 마귀는 예수를 떠나고 천사들이 나아와서 수종드니라"(11) 합니다. 마귀의 시험을 물리치신, "이 때부터 예수께서 비로소 전파하여 이르시되 회개하라 천국이 가까이 왔느니라 하시더라"(17) 합니다. 그리고 "천국 복음"을 전파할 제자들로, "베드로, 안드레, 야고보, 요한"을 부르시고, "나를 따라오라 내가 너희를 사람을 낚는 어부가 되게 하리라"(19) 하십니다.

적용

마귀가 주님을 시험한 3가지 문제인 "물질, 불신앙, 영화"는 그의 제자된 우리를 시험하는 문제이기도 합니다. 형제는 몇 번째 문제에 취약합니까? 첫 사람 아담은 그 첫 번째 시험에 넘어졌으나 새로운 대표자로 오신 주님은 넉넉히 이기셨습니다. 우리도 주님의 승리를 힘입어 이길 수가 있는 것입니다.

나누어 봅시다

1. 주님의 공생애를 마귀의 시험을 이기시는 것으로부터 시작하셨다

는 구속사적 의미에 대해서,

2. 사탄의 3가지 시험문제가 우리에게 어떻게 적용이 되는가에 대해서,

3. 사람을 낚는 어부가 되게 하리라 하신 사명에 대해서,

5장

천국백성의 신앙 인격과 역할

첫째 단원(1-12) 천국백성의 신앙인격

둘째 단원(13-16) 천국백성의 역할

셋째 단원(17-20) 서기관 바리새인보다 나은 의

넷째 단원(21-48) 아버지를 닮은 자녀

내용 관찰

5장-7장의 말씀을 "산에 올라가"(1) 말씀하셨다 하여 "산상설교"(산상수훈)라고 말합니다. 4장 마지막 절에서 "허다한 무리가 좇으니라"(4:25) 했는데, 그들을 향해서, "내가 세울 나라는 이런 나라니라"고 말씀하신 셈입니다. 그래서 "천국헌장"이라고도 말합니다. 중심점은 5장에 5번 등장하는 "천국"에 있습니다.

주님은 우선적으로, "이렇게 하라, 저렇게 하라"고 실천윤리를 말씀하시기 전에 먼저 어떤 "사람"이 되어야 마땅한가 하는 천국백성의 신앙인격을 말씀하십니다. 중요한 것은 "일"이 아니라 "사람"의 됨됨이기 때문입니다. 이를 "8복의 사람"(1-16)이라고 말하는데 이는 산상수훈을 해석하는 열쇠와 같은 말씀입니다. 산상수훈을 곡해하게 되는 것은 이 원리를 놓치기 때문입니다.

그리고 8복은 동떨어진 말씀이 아니라, 마치 계단을 오르듯이 한 단계 한 단계 신앙인격의 성숙을 보여주고 있다는 점입니다. 첫 말씀이, "심령이 가난한 자는 복이 있나니 천국이 그들의 것임이요"(3) 하십니다. 이는 하나님 앞에 내놓을 것이라고는 아무 것도 없는 죄인이라는 고백인 것입니다.

자신이 죄인임을 인식한 사람은, "애통하는 자는 복이 있나니"(4), 즉 "나를 불쌍히 여기소서 나는 죄인이로소이다" 하고 애통하게 되고, 애통한 자는 "온유한 자는 복이 있나니"(5) 한, 온유 겸손해지며, "의에 주리고 목마른 자는 복이 있나니"(6) 하는, 은혜를 갈망하게 된다고 말씀하십니다. 은혜를 입은 자는 "긍휼히 여기는 자는 복이 있나니"(7) 하신, 긍휼히 여기는 사람이 되고, "마음이 청결해지며"(8), "화평하게 하는 자"(9)가 되는데 이처럼 경건하게 살아가고자 하는 자는 필연적으로, "의를 위하여 박해를 받은 자"(10)가 된다는 것입니다. 주님께서 세우실 하나님 나라 백성들은 이러한 사람들의 공동체요, 이들이 "복 받은 사람"이라는 말씀입니다. 이들에게 어떤 복이 주어지는가? 8복은 "천국(天國)이 그들의 것임이요"(3) 하는 "천국"으로 시작하여 "천국이 저희 것임이라"(10)는 천국으로 마치고 있다는 점을 유념해야만 합니다. 산상설교의 주제도, 마태복음의 주제도, "천국"에 있음을 놓치지를 말아야만 합니다.

먼저 원리를 세우신 후에 8복의 사람들의 역할을 말씀하시는데, "너희는 세상의 소금이니(13), 너희는 세상의 빛이라"(14) 하십니다. 그리고 "살인, 간음, 맹세, 이웃 사랑" 등, 계명에 대해 재해석을 해주시는데, "옛 사람에게 말한바 살인하지 말라 누구든지 살인하면 심판을 받게 되리라 하였다는 것을 너희가 들었으나"(21), "너희가 들었으나", 잘못 가르침을 받았다 하십니다. 그들을 가르친 선생들은 표면적인 문자만을 보았으나 주님은, "나는 너희에게 이르노니 음욕을 품고 여자를 보는 자마다 마음에 이미 간음하였느니라"(28)고, 율법의 정신이 내면적인 "마음"의 문제임을 말씀하십니다.

율법의 의로는 흠이 없는 자라고 자부하던 바울도, "곧 율법이 탐내지 말라 하지 아니하였더라면 내가 탐심을 알지 못하였으리라"(롬 7:7)고, "탐심" 곧 마음의 문제임을 깨닫고는, "오호라 나는 곤고한 사람이로다 이 사망의 몸에서 누가 나를 건져내랴"(롬 7:24)고, 애통하게 되었던 것입니다.

5장은 "그러므로 하늘에 계신 너희 아버지의 온전하심과 같이 너희도 온전하라"(48)는 말씀으로 마치고 있는데, 하나님을 "아버지"라 부른다면 아버지와 자녀의 관계는 닮음의 관계라는 말씀입니다.

적용

"심령이 가난한 자는 복이 있나니" 하신 말씀은 산상설교의 명제입니다. 나머지는 이에 대한 상론이라 할 수가 있습니다. "가난한 자"라는 원어적인 의미는 내놓을 것이라고는 아무 것도 없는 극빈자를 가리킵니다. 누가복음 18:9-14절의 바리새인은 심령이 부한 자였고, "하나님이여 불쌍히 여기소서 나는 죄인이로소이다" 한 세리는 심령의 가난함을 깨달은 자입니다. 형제의 심령은 어떠합니까?

나누어 봅시다

1. 주의 일을 하기에 앞서서 8복의 사람이 되어야 한다는 점에 대해서,
2. 8복에 나타난 신앙인격의 8가지 성숙 단계에 대해서,
3. 율법의 정신이 "마음"의 문제라는 점에 대해서,

6장

먼저 그의 나라와 그의 의를 구하라

첫째 단원(1–18) 은밀히 보시는 너의 아버지

둘째 단원(19–34) 한 사람이 두 주인을 섬길 수 없다

내용 관찰

6장의 내용은, "구제, 기도, 금식, 재물, 의식주 문제" 등에 관한 언급입니다. 이를 한마디로 표현하면 성도들의 "신앙생활"이라 할 수가 있습니다. 중심점은 "그러므로 염려하여 이르기를 무엇을 먹을까 무엇을 마실까 무엇을 입을까 하지 말라" 하시면서, "너희는 먼저 그의 나라와 그의 의를 구하라"(33) 하신 "그의 나라와 그의 의"에 있습니다. 그리고 핵심은 하나님이 "네 아버지"라 하심에 있는데 10번 이상 강조되어 있습니다. 모든 문제의 해답은 창조주 하나님이 "네 아버지시라"고 가르쳐주신 이 한 마디에 다 들어 있다 하겠습니다.

그러므로 "구제할 때에 외식하는 자가 사람에게서 영광을 받으려고 회

당과 거리에서 하는 것 같이 너희 앞에 나팔을 불지 말라"(2), "또 너희는 기도할 때에 외식하는 자와 같이 하지 말라(5), 금식할 때에 너희는 외식하는 자들과 같이 슬픈 기색을 보이지 말라"(16)고, "외식하는 자"가 되지 말라 하십니다. 모든 일을 "은밀하게 하라 은밀한 중에 보시는 너의 아버지께서 갚으시리라"(4) 하십니다. 주님은 "외식"을 통렬하게 책망하시는데(23장), 사람 앞에 외식하는 것은 위선이요, 하나님 앞에 외식하는 것은 거짓이기 때문입니다.

"그러므로 염려하여 이르기를 무엇을 먹을까 무엇을 마실까 무엇을 입을까 하지 말라 이는 다 이방인들이 구하는 것이라 너희 하늘 아버지께서 이 모든 것이 너희에게 있어야 할 줄을 아시느니라 그런즉 너희는 먼저 그의 나라와 그의 의를 구하라 그리하면 이 모든 것을 너희에게 더하시리라"(31-33) 하십니다.

그러면 어떻게 하는 것이 "그의 나라와 그의 의를 구하는" 것인가? 이 점이 주님께서 가르쳐주신 기도문에 나타나는데, "하늘에 계신 우리 아버지여", 나를 통해서 아버지의 "이름이 거룩히 여김을 받으시오며" 아버지의 "나라가" 나의 삶 가운데 "임하시오며, 아버지의 뜻이 하늘에서 이루어진 것 같이" 내 가정, 교회, 이 땅에서도 이루어지이다(9-10)를 최우선순위에 두는 것입니다.

적용

우리가 유념해야 할 점은, "한 사람이 두 주인을 섬기지 못할 것이라" (24) 하신 말씀입니다. 그것은 둘을 다 얻는 것이 아니라 둘을 다 잃는 것이라는 점을 명심해야만 합니다. 또 명심할 점은, "외식"하는 삶인데 이 점을 사도 베드로는, "외모로 보시지 않고 각 사람의 행위대로 심판하시는 이를 너희가 아버지라 부른즉 너희가 나그네로 있을 때를 두려움으로 지내라" (벧전 1:17)고 말씀합니다.

나누어 봅시다

1. "은밀한 중에 보시는" 하나님을 매사에 얼마나 의식하고 있는가에 대해서,
2. 하나님이 "네 아버지" 곧 나의 아버지라 하심에 대해서,
3. "먼저 그의 나라와 그의 의를 구하라"는 우선순위에 대해서,

7장

그날, 그때를 예비하라

첫째 단원(1–6) 비판과 분별
둘째 단원(7–12) 구하라 찾으라 두드리라
셋째 단원(13–29) 두 문, 두 나무, 두 건축자

내용 관찰

7장은 산상설교 마지막 부분인데 이점에서 산상설교의 전체적인 구조를 상기할 필요가 있습니다. "심령이 가난한 자는 복이 있나니 천국이 그들의 것임이요"(5:3) 하고, "천국"으로 시작한 산상설교가 마지막에 이르러, "천국에 다 들어갈 것이 아니요 다만 하늘에 계신 내 아버지의 뜻대로 행하는 자라야 들어가리라"(7:21)고 끝마치고 있기 때문입니다.

그렇다면 산상설교가 우리에게 제기(提起)하는 문제는 "어떤 사람이 천국에 들어갈 수가 있는가? 누가 하나님 앞에 설 수가 있는가" 하는 것으로 귀결이 됩니다. 첫째는, "좁은 문으로 들어가라"(13) 하십니다. 둘째는, "나의 이 말을 듣고 행하는 자는 그 집을 반석 위에 지은 지혜로운 사람 같으리니" (24) 하고 실천하라 하십니다.

이런 맥락에서 7장을 푸는 열쇠는, "그 날에 (22), 그 때에" (23) 라는 작은 낱말입니다. "그 날, 그 때"란 종말을 가리키는 말인데 결산하는 날이요, 심판의 날인 것입니다. "그 날에", "비판(심판)을 받지 아니하려거든 비판하지 말라" 하십니다. "그 날에 많은 사람이 나더러 주여, 주여 우리가 주의 이름으로 선지자 노릇" (22) 했노라고 말할 것이지만, "내가 너희를 도무지 알지 못하니 불법을 행하는 자들아 내게서 떠나가라 하리라" (23) 하십니다.

이런 맥락에서, "구하라 그리하면 너희에게 주실 것이요 찾으라 그리하면 찾아낼 것이요 문을 두드리라 그리하면 너희에게 열릴 것이니" (7) 하신 말씀을 무조건적으로 적용할 것이 아니라, "너희는 먼저 그의 나라와 그의 의를 구하라" 하신 맥락에서 먼저, "구하고, 찾고, 두드려야" 할 것이 무엇인가를 생각해야 한다는 점입니다. 그것은 하나님과의 바른 관계인 것입니다.

결론적으로 주님은, "좁은 문으로 들어가라 멸망으로 인도하는 문은 크고 그 길이 넓어 그리로 들어가는 자가 많고 생명으로 인도하는 문은 좁고 길이 협착하여 찾는 자가 적음이라" (13-14)고, 두 문, 두 나무, 두 건축자"의 비유를 들어서, "너는 어느 길을 가겠느냐" 하고 결단을 촉구하십니다.

적용

산상수훈을 대할 때에 문자만을 보고 행위 구원론으로 곡해하기가 쉽다는 점입니다. 곡해하게 되는 것은 원리와 같은 "8복"의 의미를 놓쳤기 때문입니다. 8복의 사람은 "심령이 가난함"을 깨닫고 애통하며 의에 목말라 하는 사람입니다. 이런 사람은 자기 행위로 의롭다함을 얻은 자가 아니라, "인자가 온 것은, 자기 목숨을 많은 사람의 대속물로 주려 함이니라" (20:28) 하신 주님의 구속의 공로를 의지하는 자입니다.

나누어 봅시다

1. 비판과 분별의 다른 점에 대해서,
2. 우선적으로 구하고 찾아야 할 것이 무엇인지에 대해서,
3. 두 문, 두 나무, 두 건축자에 대한 자신의 결단에 대해서,

8장

그가 누구이기에 이런 능력을 행하는가?

첫째 단원(1–17) 이만한 믿음을 만나보지 못하였노라

둘째 단원(18–22) 너는 나를 좇으라

셋째 단원(23–34) 바람과 바다도 순종함

내용 관찰

8-9장은 산상설교를 마치시고 "산에서 내려오셔서" (8:1) 행하신 행적(行蹟)인데, "나병(2), 백부장의 하인의 중풍 병(6), 베드로의 장모의 열병" (14) 등을 고쳐주신 내용입니다. 그러니까 산상설교(5-7장)가 말씀사역이라면, 8-9장은 기사와 이적을 행하신 치유사역입니다. 그렇다면 주께서 행하신 이적을 통해서 드러내고자 하는 바가 무엇인가?

이런 이적을 행하는 "그가 누구인가?" 곧 예수가 그리스도시라는 점을 드러내려는데 있는 것입니다. 복음서는 크게 두 주제(主題)로 되어 있는데 앞부분의 주제가, "너희는 나를 누구라 하느냐" (16:15) 하신, 예수님

이 누구신가 하는 점이고, 뒷부분은 "그런 분이 왜 오셨는가?"를 증언하는 구조임을 놓치지를 말아야만 합니다.

이런 맥락에서 8장을 보면, 이방인 백부장도 주님이 누구인가를 알고, "주여 내 집에 들어오심을 나는 감당하지 못하겠사오니 다만 말씀으로만 하옵소서 그러면 내 하인이 낫겠사옵나이다"(8)라고 믿음을 고백하고, 심지어 귀신들린 자까지도 "하나님의 아들이여 우리가 당신과 무슨 상관이 있나이까"(29) 라고, "하나님의 아들"이심을 알고 있음을 대하게 됩니다.

그런데 유독 선민이라 자처하는 유대인들만 모르고 있다는 것입니다. 그리하여 주님은, "그 나라의 본 자손들은 바깥 어두운 데 쫓겨나 거기서 울며 이를 갈게 되리라"(12) 하십니다.

바다에 큰 놀이 일어나 배가 물결에 덮이게 되자 제자들이 주무시는 주님을 깨우며, "주여 구원하소서 우리가 죽겠나이다" 하니, "어찌하여 무서워하느냐 믿음이 작은 자들아 하시고 곧 일어나사 바람과 바다를 꾸짖으시니 아주 잔잔하게 되거늘 그 사람들이 놀랍게 여겨 이르되 이이가 어떠한 사람이기에 바람과 바다도 순종하는가"(24-27) 하고, 제자들도 예수님이 누구신가를 알아가고 있는 것입니다.

8장에는, "이스라엘 중 아무에게서도 이만한 믿음을 보지 못하였노라(10), 네 믿은 대로 될지어다(13), 어찌하여 무서워하느냐 믿음이 작은 자들아"(26) 하고 "믿음"이 강조되어 있습니다. 그러면 주님이 찾고 계시는 사람은 어떤 사람인가? "이스라엘 중 아무에게서도 이만한 믿음을 보지 못하였노라"(10) 하신 "믿음의 사람"입니다.

적용

주님을 모시고 항해하던 배가 풍랑을 만나듯 주님을 모신 그리스도인들도 시련을 당할 때가 있습니다. 주님은 "어찌하여 무서워하느냐 믿음이 작은 자들아" 하십니다. 형제는 예수님을, "어떠한 사람"으로 고백하면서 "따르고"(22) 있습니까?

나누어 봅시다

1. 나병환자에게 손을 내밀어 대시고 고쳐주셨다는 점에 대해서,
2. 치유사역을 통해서 드러내고자 하는 바가 무엇인가에 대해서,
3. 주님께서 만나기를 원하시는 사람이 어떤 사람인가에 대해서,

9장
죄인을 부르러 오신 그리스도

첫째 단원(1-8) 네 죄 사함을 받았느니라
둘째 단원(9-17) 죄인을 부르러 왔노라
셋째 단원(18-38) 다윗의 자손이여 내가 믿나이다

내용 관찰

9장은 중풍 병자를 치유하신 일(2), 마태를 부르신 일(9), 세례 요한의 제자들에게 하신 말씀(14), 죽은 소녀를 살리신 일(18), 혈루증(20)과, 소경을 고쳐주신 일(27) 등의 내용입니다. 9장에서도 예수가 누구신가? 왜 오셨는가 하는 복음서의 두 주제가 드러나고 있는데, 두 맹인은 예수님을 따라오면서, "다윗의 자손이여 우리를 불쌍히 여기소서"(27) 했습니다. "다윗의 자손"이라 한 것은 예수님이 하나님께서 다윗에게 언약하신 "그리스도"시라는 고백이었던 것입니다. 예수께서 그들의 눈을 만지시며, "너희 믿음대로 되라 하시니 그 눈들이 밝아진지라"(30) 합니다. 예수님이 맹인들이 고백한 대로 다윗에게 언약하신 그리스시라는 점이 입증이 된 것입니다.

또한 예수님이 그리스도시라는 점이, "물러가라 이 소녀가 죽은 것이 아니라 잔다" 하시고, "소녀의 손을 잡으시매 일어나는지라" (25) 한 죽은 야이로의 딸을 살리신 사건을 통해서도 드러납니다. 그러면 하나님의 아들 그리스도께서 왜 오셨는가?

9장은 예수님께 "침상에 누운 중풍병 자를 사람들이 데리고 오거늘" (1-2) 하고 시작이 되는데 그러면 이 사람의 문제가 무엇인가? 주님께서는 "네 죄 사함을 받았느니라" (2하)고, 근본적인 문제가 "죄"임을 지적하십니다. 땅이 저주를 받아 가시와 엉겅퀴를 내듯이, 모든 병과 사망은 근원적으로 "죄"가 세상에 들어옴으로 발생하게 된 엉겅퀴와 같은 것입니다.

그러자 서기관이 속으로, "이 사람이 신성을 모독하도다" (3) 했습니다. 그러자 주님은, "네 죄 사함을 받았느니라 하는 말과 일어나 걸어가라 하는 말 중에 어느 것이 쉽겠느냐" (5)고 물으십니다. 왜냐하면 서기관은 생각하기를, "중풍 병"을 고칠 수가 없으니까 "네 죄 사함을 받았다"라고 말하는 것으로 여겼기 때문입니다. 중풍병자에게, "일어나 네 침상을 가지고 집으로 가라 하시니 그가 일어나 집으로 돌아가거늘" (6-7), 무엇이 입증이 되었는가? "예수"가 그리스도시오, 죄를 사하는 권세가 있으시다는 것이 명백하게 입증이 된 것입니다.

바리새인들은 예수님께서 마태의 집에서 세리들과 음식 잡수시는 것을 보고, "어찌하여 너희 선생은 세리와 죄인들과 함께 잡수시느냐" 고 비난하자 주님은 "건강한 자에게는 의사가 쓸 데 없고 병든 자에게 라야 쓸 데 있느니라" 하시면서, "나는 의인을 부르러 온 것이 아니요 죄인을 부르러 왔노라" (13)고 오신 목적을 밝히시는데 여기에 9장의 중심점이 있습니다. 죄인을 불러 그들의 죄를 사하시기 위해서는 대속이 필요하다는 점을 놓치지 마시기 바랍니다.

"산상설교" (5-7장)를 듣고는, "무리들이 그의 가르치심에 놀랐다" (7:28)고 말했는데, "치유사역"을 통해서는, "무리가 보고 두려워하며 이런 권세를 사람에게 주신 하나님께 영광을 돌리니라" (9:8)고 말씀합니다.

적용

주님께서 형제에게, "네 죄 사함을 받았느니라 하는 말과 일어나 걸어가라 하는 말 중에 어느 것이 쉽겠느냐" 고 물으시면 형제의 대답은 무엇입니까? 또다시 어느 것을 원하느냐고 물으신다면 무엇이라 대답하겠습니까?

나누어 봅시다

1. 중풍 병자와 모든 사람의 근본적인 문제가 무엇인가에 대해서,
2. "죄인을 부르러 오셨다"는 점과 대속에 대해서,
3. "죽은 자"를 살리신 일과, 허물과 죄로 죽은 우리를 살려주신 일에 대해서,

10장

제자들을 파송하시면서 하신 설교

첫째 단원(1–15) 천국이 가까왔다 전파하라

둘째 단원(16–23) 양을 이리 가운데 보냄과 같다

셋째 단원(24–33) 두려워하지 말고 전파하라

넷째 단원(34–42) 합당한자와 합당치 못한 자

내용 관찰

10장은 열 두 사도를 파송하시면서 하신 설교입니다. 중심점은 "전파하여 말하되 천국이 가까이 왔다"(7) 하라 하신, "천국" 곧 하나님의 나라에 있습니다. 세례 요한도 "회개하라 천국이 가까이 왔느니라"(3:2) 하였고, 주님께서도 "회개하라 천국이 가까이 왔느니라"(4:17)고 전파하셨는데 이제 제자들로 확장이 되고 있는 것입니다.

"산상설교"는 무리들을 대상으로 하신 설교요, 본문은 "무리" 중에서 열둘을 택하셔서 사도로 삼으시고 이들을 파송하시면서 하신 설교입니다. "병든 자를 고치며 죽은 자를 살리며 나병환자를 깨끗하게 하며 귀신을 쫓아내되 너희가 거저 받았으니 거저 주라" (7) 하십니다. 그러면 이것이 우리가 전파해야 할 "복음"인가 하는 점입니다. 이점에서 다시 한 번 복음서의 구조(構造)를 상기할 필요가 있는데, "예수가 누구신가? 그 분이 왜 오셨는가" 하는 두 주제로 되어 있다는 점입니다. 기사와 이적을 행하는 주목적은 "천국이 가까이 왔다", 즉 메시아가 오셨다는 점을 드러내는 표적이라는 점을 유념해야만 합니다.

이점이 주님께서 제자들에게, "이방인의 길로도 가지 말고 사마리아인의 고을에도 들어가지 말라" (5) 하신 말씀에 나타나는데, "다 이루었다" 하신 후에는 "모든 민족" (28:19)에게 전하라 하십니다. "인자의 온 것은, 대속물로 주려함이니라" (20:28) 하신 주님은 십자가상에서 비로소, "다 이루었다" (요 20:30)고 선언하셨습니다. 그러므로 우리가 전파해야 할 복음은, "예수는 우리가 범죄한 것 때문에 내줌이 되고 또한 우리를 의롭다 하시기 위하여 살아나셨느니라" (롬 4:25) 한, 죽으시고 다시 사셨다는 십자가 복음인 것입니다. "또 그 집에 들어가면서 평안하기를 빌라" (12), "내가 너희를 보냄이 양을 이리 가운데로 보냄과 같도다 그러므로 너희는 뱀 같이 지혜롭고 비둘기 같이 순결하라" (16) 하십니다. "무엇을 말할까 염려하지 말라 그 때에 너희에게 할 말을 주시리니, 곧 너희 아버지의 성령이시니라" (19-20) 하십니다. 이는 복음전파는, "성령이 너희에게 임하시면" 땅 끝까지 이르러 내 증인이 되리라 하신 성령과 동역하는 사역이라는 점을 나타냅니다.

"몸은 죽여도 영혼은 능히 죽이지 못하는 자들을 두려워하지 말고 오직 몸과 영혼을 능히 지옥에 멸하실 수 있는 이를 두려워하라" (28) 하시면서, "누구든지 사람 앞에서 나를 시인하면 나도 하늘에 계신 내 아버지 앞에서 그를 시인할 것이요 누구든지 사람 앞에서 나를 부인하면 나도 하늘에 계신 내 아버지 앞에서 그를 부인하리라" (32-33) 하십니다.

그리고 주님은 폭탄적인 선언을 하시는데, "내가 세상에 화평을 주러 온 줄로 생각하지 말라 화평이 아니요 검을 주러 왔노라" (34), 즉 싸움을 일으키기 위해서 오셨다 하십니다. 이 말씀을 구속사라는 맥락으로 보면, "여자의 후손은 네 머리를 상하게 할 것이요" (창 3:15) 하신, "이 세상 신" 곧 마귀를 멸하러 오셨다는 뜻인 것입니다.

이런 맥락에서 전도자에게 기대하시는 바도 가히 혁명적입니다. 37-38절에는 "내게 합당치 아니하다"는 말씀을 3번이나 강조하시는데, "또 자기 십자가를 지고 나를 따르지 않는 자도 내게 합당하지 아니하니라" 하십니다. 그리고 "자기 목숨을 얻는 자는 잃을 것이요 나를 위하여 자기 목숨을 잃는 자는 얻으리라" (39), 즉 죽고자 하는 자는 살고 살고자 하는 자는 죽으리라 하시는데 이것이 기독교의 역설입니다.

그러므로 "너희를 영접하는 자는 나를 영접하는 것이요 나를 영접하는 자는 나를 보내신 이를 영접하는 것이니라" (40)고, 전도자를 주님 자신과 동일시하십니다. 그러므로 "누구든지 제자의 이름으로 이 작은 자 중 하나에게 냉수 한 그릇이라도 주는 자는 내가 진실로 너희에게 이르노니 그 사람이 결단코 상을 잃지 아니하리라" (42) 하십니다.

적용

"화평이 아닌 검을 주러 왔노라"는 말씀은 많은 사람을 당황케 하기에 족합니다. 그러나 명심해야 할 점은 사탄을 정복하기 전에는 참 평화가 없다는 사실입니다. 복음 전도는 영적 전투인 것입니다.

나누어 봅시다

1. 양을 이리 가운데 보냄과 같다 하신, 전도의 긴장감에 대해서,
2. 화평이 아닌 검을 주러 오셨다는 도전적인 말씀에 대해서,
3. 합당치 아니하다 하시는 결단에 대해서,

11장

율법시대의 마감과 복음시대의 개막

첫째 단원(1-19) 율법의 예언한 것이 요한까지니
둘째 단원(20-24) 회개치 아니함을 책망하심
셋째 단원(25-30) 무거운 짐 진 자들아 내게로 오라

내용 관찰

11장의 중심점은, "모든 선지자와 율법이 예언한 것은 요한까지니" (13) 하신, 율법시대가 끝났다는데 있습니다. 옥에 갇힌 세례 요한은 제자들을 예수님께 보내어, "오실 그 이가 당신이오니이까 우리가 다른 이를 기다리오리이까" (3) 하는 의외의 질문을 합니다. 어찌하여 이런 질문을 하게 되었는가?

이점을 "율법이 예언한 것이 요한까지니" (13) 하신, 율법 아래 있는 자와 복음, 즉 은혜 아래 있는 자의 관점의 차이인 것입니다. 세례 요한은 제자들이, "주께서 이스라엘 나라를 회복하심이 이 때니이까" (행 1:6) 한 그

런 율법적이고 정치적인 그리스도를 기대했던 것입니다. 그래서 주님은, "새 포도주를 낡은 가죽 부대에 넣지 아니하나니 그렇게 하면 부대가 터져 포도주도 쏟아지고 부대도 버리게 됨이라 새 포도주는 새 부대에 넣어야 둘이 다 보전되느니라"(9:17) 하셨던 것입니다.

그러면 "율법시대와, 복음시대"가 어떻게 다른가? "이 세대를 무엇으로 비유할까 비유하건대 아이들이 장터에 앉아 제 동무를 불러 이르되 우리가 너희를 향하여 피리를 불어도 너희가 춤추지 않고 우리가 슬피 울어도 너희가 가슴을 치지 아니하였다 함과 같도다"(16-17)고, 율법시대를 장례 집으로, 복음시대를 잔치 집으로 비유하십니다.

주님께서 "천지의 주재이신 아버지여 이것을 지혜롭고 슬기 있는 자들에게는 숨기시고 어린 아이들에게는 나타내심을 감사하나이다 옳소이다 이렇게 된 것이 아버지의 뜻이니이다"(25-26) 하신 것은, "육에 속한 사람은 하나님의 성령의 일들을 받지 아니하나니 이는 그것들이 그에게는 어리석게 보임이요, 또 그는 그것들을 알 수도 없나니 그러한 일은 영적으로 분별되기 때문이라"(고전 2:14) 한 그런 뜻입니다.

그러므로 11장의 핵심은 "가난한 자에게 복음이 전파된다 하라"(5) 한 "복음"시대가 개막되었다는데 있습니다. "율법"의 기능이란, "우리를 그리스도께로 인도하는 초등교사"(갈 3:24)의 역할입니다. 그래서 주님은, "수고하고 무거운 짐 진 자들아 다 내게로 오라 내가 너희를 쉬게 하리라"(28)고 초청을 하십니다. 이는 "율법 아래"(롬 3:19), 즉 자력으로 구원을 얻으려 한 자들을 "은혜 아래"(롬 6:15)로 오라는 복음초청인 것입니다.

적용

율법주의자들은 안식일에 병을 고쳐주시는 것을 비난하나 주님은, "그러면 열여덟 해 동안 사탄에게 매인 바 된 이 아브라함의 딸을 안식일에 이 매임에서 푸는 것이 합당하지 아니하냐" (눅 13:16) 하십니다. 이것이 "율법과 복음"의 충돌입니다. 교회 내에서도 이런 일로 갈등이 일어날 수가 있습니다.

나누어 봅시다

1. 세례 요한이 "오실 그 이가 당신이오니이까"라고 질문하게 된 원인에 대해서,
2. 율법을 장례 집에, 복음을 잔치 집에 비유하심에 대해서,
3. 수고하고 무거운 짐 진 자들아 내게로 오라 하신 초청에 대해서,

12장

안식일과 하나님의 나라

첫째 단원(1-21) 안식일에 대한 논쟁

둘째 단원(22-37) 강한 자를 정복하러 오심

셋째 단원(38-45) 최고 최대의 표적

넷째 단원(46-50) 하나님나라의 가족들

내용관찰

12장은 전체가 당시의 교권주의자들과 충돌하는 내용인데 예표를 참 것으로 개혁하러 오신 그리스도와, 그림자, 모형을 붙들고 있으려는 수구세력 간에 분쟁이 일어나게 된다는 것은 불기피한 것입니다. 분쟁의 상대는 바리새인(2, 14, 24, 38)과 서기관(38)들입니다.

먼저 안식일에 대한 논쟁인데 안식일에 밀밭 사이로 지나가시는 중에, "제자들이 시장하여 이삭을 잘라 먹음"(1)으로, 비난을 받게 된 것입니다. 이들을 향해서 주님은, "인자는 안식일의 주인이니라"(8)고, 폭탄적인 선언을 하십니다. 이는 "안식일을 지키라"는 "의문"만을 볼뿐, 구속사적인 의미를 모르고 있기 때문에 하신 말씀입니다.

창세기 2장에서 "창조하시며 만드시던 모든 일을 마치시고 그 날에 안식하셨음이니라"(3) 하신 "안식"은 3장에서 "죄"가 들어옴으로 깨어지고 말았다는 점을 인식해야만 합니다. 하나님께서는 "내가, 여자의 후손"을 보내어 사탄의 머리를 상하게 하리라(창 3:15)고 재창조의 일을 시작하셨습니다. 그러므로 주님께서, "인자는 안식일의 주인이니라" 하신 뜻은, 잃어버린 "안식"을 회복시켜 주기 위해서 오셨다는 그런 뜻이었던 것입니다.

저들은 주님을 송사하려고, "안식일에 병 고치는 것이 옳으니이까"(10) 하고, 시험을 했습니다. 주님은, "너희 중에 어떤 사람이 양 한 마리가 있어 안식일에 구덩이에 빠졌으면 끌어내지 않겠느냐"(11) 하시고, "손을 내밀라" 하심으로 안식일에 한 쪽 손 마른 자를 고쳐주심으로 그에게 안식을 주셨습니다.

두 번째 주제는 "하나님의 나라"인데 주님께서, "귀신 들려 눈멀고 말 못하는 사람"(22)을 고쳐주시자 바리새인들은, "귀신의 왕 바알세불을 힘입지 않고는 귀신을 쫓아내지 못하느니라"(24)고 비난을 했습니다. 주님께서는, "내가 하나님의 성령을 힘입어 귀신을 쫓아내는 것이면 하나님의 나라가 이미 너희에게 임하였느니라"(28)고 선언하십니다.

그리고 설명하시기를, "사람이 먼저 강한 자를 결박하지 않고서야 어떻게 그 강한 자의 집에 들어가 그 세간을 강탈하겠느냐 결박한 후에야 그 집을 강탈하리라"(29), 즉 주님은 여자의 후손으로 사탄을 정복하기 위해서 오셨다는 뜻입니다. 그리고 강한 자를 정복하는 방도는, "악하고 음란한 세대가 표적을 구하나 선지자 요나의 표적 밖에는 보일 표적이 없느니라" (39) 하신, 죽으시고 다시 사심을 통해서만 가능하여진다(히 2:14)는 점입니다.

41-42절에는 "심판 때"라는 말이 두 번 등장하는데, "심판 때에 니느웨 사람들이, 심판 때에 남방 여왕이 이 세대 사람을 정죄하리니" 하십니다. 왜냐하면 니느웨는 선지자 요나의 말을 듣고 회개했고, 남방 여왕은 솔로몬의 지혜로운 말을 들으려고 땅 끝에서 왔기 때문이라는 것입니다. 그러데 요나보다 큰 이가 여기 있으며, 솔로몬보다 더 큰 이가 여기 있는데 이를 들으려 하지 않는다는 책망입니다.

적용

어떤 사람이 예수님께, "당신의 어머니와 동생들이, 밖에 서 있나이다" 하자 주님은 손을 내밀어 제자들을 가리키시며, "나의 어머니와 나의 동생들을 보라 누구든지 하늘에 계신 내 아버지의 뜻대로 하는 자가 내 형제요 자매요 어머니이니라" (50) 하십니다.

나누어 봅시다

1. 인자는 안식일의 주인이니라 하신 의미에 대해서,
2. 강한 자를 정복하러 오셨다는 구속사적인 방도에 대해서,
3. 하나님나라의 가족들은 어떤 자들인가에 대해서,

13장

천국의 아들들과 악한 자의 아들들

첫째 단원(1–23) 좋은 씨 뿌리는 비유
둘째 단원(24–30) 가라지를 뿌린 원수
셋째 단원(31–46) 겨자씨, 누룩, 보화 비유
넷째 단원(47–58) 그물과 곡간 비유

13장은 세 번째 등장하는 "말씀의 묶음"인데, 일곱 가지 비유의 말씀이 있습니다. 그 중 바닷가, "배에 올라가 앉으셔서" (1-2) 하신 말씀이 넷이고, "집에 들어가셔서" (36) 하신 비유가 셋으로 되어 있습니다. 왜 비유로 말씀하시는가? "내가 그들에게 비유로 말하는 것은 그들이 보아도 보지 못하며 들어도 듣지 못하며 깨닫지 못함이니라" (13) 하십니다. 그래서 "비유"란 경험해보지 못한 주제를, 그와 비슷한 잘 알려진 사실을 들어서 설명하는 한 방법입니다. 주님은 청중들이 잘 알고 있는, "농사에 관한 비유, 고기 잡는 비유" 등을 들어서, "천국의 비밀"을 알아듣기 쉽게 설명하신 것입니다.

그러면 비유를 통해서 말씀하시려는 주제가 무엇인가? 9번이나 등장하는, "천국"인데 핵심은, "내가 진실로 너희에게 이르노니 많은 선지자와 의인이 너희가 보는 것들을 보고자 하여도 보지 못하였고 너희가 듣는 것들을 듣고자 하여도 듣지 못하였느니라" (17) 하신 "그리스도와, 복음"이라는 점을 놓치지 말아야만 합니다.

"씨를 뿌리는 자가 뿌리러 나가서 뿌릴 새" (3) 하고, "씨 뿌리는 비유"를 말씀하시고는, "그런즉 씨 뿌리는 비유를 들으라" (18)고 해설까지 해주십니다. 씨 뿌리는 비유에서 유념해야 할 점은 "악한 자가 와서 그 마음에 뿌려진 것을 빼앗는다" (19)는 "악한 자"의 방해와, 좋은 땅에 뿌려진 씨는, "말씀을 듣고 깨닫는 자니 결실하여 어떤 것은 백 배" (23)를 결실한다 하신 점입니다.

두 번째는 가라지 비유인데, "좋은 씨를 뿌리는 자와, 가라지를 뿌리는 원수" (24-25)가 함께 등장하고 있다는 점입니다. 그런데 문제는 "둘 다 추수 때까지 함께 자라게 두라 추수 때에 내가 추수꾼들에게 말하기를 가라지는 먼저 거두어 불사르게 단으로 묶고 곡식은 모아 내 곳간에 넣으라 하리라" (30) 하십니다. 그러니까 지구촌, 이를 축소해서 교회라는 밭에도 두 부류가 섞여 있다는 점입니다.

그리고 "좋은 씨는 천국의 아들들이요 가라지는 악한 자의 아들들이요 가라지를 뿌린 원수는 마귀요 추수 때는 세상 끝이요 추수 꾼은 천사들이니 그런즉 가라지를 거두어 불에 사르는 것 같이 세상 끝에도 그러하리라”(37-40)고 해설해주십니다.

“또 비유를 들어 이르시되 천국은 마치 사람이 자기 밭에 갖다 심은 겨자씨 한 알 같으니(31), 또 비유로 말씀하시되 천국은 마치 여자가 가루 서 말 속에 갖다 넣어 전부 부풀게 한 누룩과 같으니라”(33) 하십니다. “겨자씨, 누룩”은 작고 적은 것을 가리키는데 “천국”은 작은 것으로 시작이 되나 확장되어 나갈 것을 가리킵니다.

“천국은 마치 밭에 감추인 보화와 같으니 사람이 이를 발견한 후 숨겨두고 기뻐하며 돌아가서 자기의 소유를 다 팔아 그 밭을 사느니라(44), 또 천국은 마치 좋은 진주를 구하는 장사와 같으니 극히 값진 진주 하나를 발견하매 가서 자기의 소유를 다 팔아 그 진주를 사느니라”(45-46) 하십니다. 이렇게 “자기 소유를 다 팔아 좋은 진주를 산” 사람이 사도 바울입니다. “모든 것을 해로 여김은 내 주 그리스도 예수를 아는 지식이 가장 고상하기 때문이라 내가 그를 위하여 모든 것을 잃어버리고 배설물로 여김은 그리스도를 얻고 그 안에서 발견되려 함이니”(빌 3:8-9) 합니다.

그런데 우리는 양 손에 든 떡 같이 하고 있는 것은 아닌지 반성하게 합니다.“또 천국은 마치 바다에 치고 각종 물고기를 모는 그물과 같으니 그물에 가득하매 물 가로 끌어내고 앉아서 좋은 것은 그릇에 담고 못된 것은 내 버리느니라”(47-48) 하십니다. “이 모든 것을 깨달았느냐 하시니 대답하되 그러하오이다”(51).

적용

"좋은 씨를 뿌리는 이는 인자요"(37) 하셨는데, 이제는 좋은 씨 곧 복음의 씨를 뿌려야 하는 자는 형제인 것입니다. 성경은 "눈물을 흘리며 씨를 뿌리는 자는 기쁨으로 거두리로다 울며 씨를 뿌리러 나가는 자는 반드시 기쁨으로 그 곡식 단을 가지고 돌아오리로다"(시 126:5-6) 하십니다.

나누어 봅시다

1. 좋은 씨를 뿌리는 자와 가라지를 뿌리는 원수에 대해서,
2. 밭에 감추인 보화를 발견한 사람의 기쁨과 결단에 대해서,
3. 추수 때에 알곡과 가라지로 갈라지게 된다는 점에 대해서,

14장

진실로 하나님의 아들이로소이다

첫째 단원(1–12) 예수님의 소문을 들은 헤롯

둘째 단원(13–21) 5병 2어의 기적

셋째 단원(22–36) 바다 위로 걸어서 제자들에게 오심

내용 관찰

14장은 예수님께서 세례 요한이 헤롯에 의하여 죽임을 당했다는 말을 들으시고, "배를 타고 떠나사 따로 빈들에 가시니" (13) 하신, 빈들에서 행하신 사역입니다. 왜 빈들로 나가시게 되었는가? "회당"에서(12:9) 말씀하셨는데 "어떻게 하여 예수를 죽일꼬" (12:14) 하는 배척을 받으시고, "바닷가"에 앉으셔서(13:1) 말씀하시고 고향으로 돌아가셨으나 "예수를 배척한지라" (13:57), 그러자 "빈들"로 나가신 것입니다.

14장의 중심점은 헤롯이 예수의 소문을 듣고, "세례 요한이 죽은 자 가운데서 살아났다" (1-2) 한, "예수가 누군가"에 있습니다. 주님은, "큰 무

리를 보시고 불쌍히 여기사 그 중에 있는 병자를 고쳐 주시고" (14), "떡 다섯 개와 물고기 두 마리"로 "먹은 사람은 여자와 어린이 외에 오천 명이나 되었더라" (21) 합니다. 이렇게 하시는 분이 누구인가?

이점에서 유념할 점은 "무리를 보시고 불쌍히 여기시니" 한 점인데, 왜 불쌍한가? 가난해서, 병이 들었기 때문이 아닙니다. 이는 "그들이 목자 없는 양과 같이 고생하며 기진함이라" (9:36), 즉 "목자 없는 양" 처럼 방황하고 있기 때문에 불쌍한 것입니다. 병이 들었어도, 가난해도 참 목자만 있다면 불쌍한 자가 아닙니다. 왜냐하면 하나님의 말씀(생명의 꼴)을 먹을 수가 있기 때문입니다.

그러므로 5병2어의 표적은 첫째는 예수가 누구신가? "내가 한 목자를 그들 위에 세워 먹이게 하리니" (겔 34:23) 하신 예언의 성취로 오신 참 목자라는 점을 드러내기 위해서요, 둘째는 무리를 불쌍히 여기셔서 그들의 필요를 공급해주신 것입니다.

이어서 "밤 사경에 예수께서 바다 위로 걸어서 제자들에게 오시니" (25) 한 장면이 등장하는데 이는, "배에 있는 사람들", 즉 제자들에게 "예수가 누구신가"을 확신시키기 위한 훈련이었던 것입니다. 제자들은 절하며, "진실로 하나님의 아들이로소이다" (33) 합니다. 베드로가 "주는 그리스도시요 살아 계신 하나님의 아들이시니이다" 한 고백은 하루아침에 이루어진 것이 아닙니다.

적용

바람을 보고 무서워 빠져 가는 베드로가 "주여 나를 구원하소서" 하자 주님은, "즉시 손을 내밀어 그를 붙잡으시며 이르시되 믿음이 작은 자여 왜 의심하였느냐" 하셨습니다. 주님을 바라볼 때는 물 위로 걸을 수가 있었으나 파도를 바라보자 빠졌다는 점을 생각하십시다.

나누어 봅시다

1. 5병 2어의 기적을 행하신 두 가지 의도에 대해서,
2. 바다 위로 걸어서 제자들에게 오신 의도에 대해서,
3. "진실로 하나님의 아들이로소이다" 한 고백에 대해서,

15장

네 믿음이 크도다

첫째 단원(1-20) 의문의 종교와 마음의 신앙

둘째 단원(21-28) 자녀의 떡과 부스러기를 먹는 개

셋째 단원(29-39) 7병 2어의 표적

내용 관찰

16장은 예루살렘에서 내려온 "종교지도자들과의 논쟁과", 두로와 시돈 지방으로 들어가셔서 "가나안 여자와 대화"하신 일과, 갈릴리로 돌아오셔서 "7병 2어의 기적"을 베푸신 내용입니다. 15장의 핵심은 예수님을 "주 다윗의 자손"(22)이라 부른 것인데 이는 다윗에게 언약하신 그리스도시라는 고백이었던 것입니다.

"그 때에 바리새인과 서기관들이 예루살렘으로부터"(1) 내려와 예수님과 논쟁을 벌였다는 것은 주님의 수난의 날이 가까이 다가오고 있음을 나타내고 있습니다. 그런가 하면 이방(異邦)인 두로와 시돈 지방으로 들

어가셔서 가나안 여자를 만나 대화를 나누셨다는 것은 복음이 이방인에게로 옮겨지게 될 것을 예시해주고 있습니다.

종교지도자들이 책을 잡은, "당신의 제자들이 어찌하여 장로들의 전통을 범하나이까 떡 먹을 때에 손을 씻지 아니하나이다" (2)한 말과, 주님께서 "입으로 들어가는 모든 것은 배로 들어가서 뒤로 내버려지는 줄 알지 못하느냐 입에서 나오는 것들은 마음에서 나오나니 이것이야말로 사람을 더럽게 하느니라 마음에서 나오는 것은 악한 생각과 살인과 간음과 음란과 도둑질과 거짓 증언과 비방이니 이런 것들이 사람을 더럽게 하는 것이요 씻지 않은 손으로 먹는 것은 사람을 더럽게 하지 못하느니라" (16-20) 하신 말씀과 함께 생각해 보시기 바랍니다.

외식하는 그들에게 주님은, "너희는 어찌하여 너희의 전통으로 하나님의 계명을 범하느냐" (3) 하고 반격을 하십니다. "교회 전통과, 하나님의 계명" 중 어느 것이 중요한가? 그런데 저들은 "전통으로 하나님의 말씀" (6)을 폐하고 있었던 것입니다.

"이사야가 너희에 관하여 잘 예언하였도다, 이 백성이 입술로는 나를 공경하되 마음은 내게서 멀도다 사람의 계명으로 교훈을 삼아 가르치니 나를 헛되이 경배하는도다 하였느니라" (7-9)고, 신앙은 "마음"의 문제임을 지적하십니다. 그들은 무리를 하나님의 백성으로 양육한 것이 아니라 교권을 유지하기 위한 "교인"으로 만들었다는 것이, "사람의 계명으로 교훈을 삼아 가르친다"는 뜻입니다.

이점은 현대교회에도 경종이 되는데 하나님의 자녀, 그리스도의 제자로 세우는 것이 아니라, 교회라는 조직을 유지하기 위한 회원, 목회자를 위한 교인으로 양성하고 있는 것은 아닌지 심각하게 반성해야 할 대목입니다. 이런 자들은 "맹인이 되어 맹인을 인도하는 자로다 만일 맹인이 맹인을 인도하면 둘이 다 구덩이에 빠지리라" (14) 하십니다.

그런 후에 장면은, "예수께서 거기서 나가사 두로와 시돈 지방" (21), 즉 이방 땅으로 들어가셔서 가나안 여자로부터, "주 다윗의 자손이여" 하는 칭호를 듣게 되는 장면으로 바뀝니다. "다윗의 자손"이란 메시아의 칭호로, "선생은 하나님께서 다윗에게 언약하신 그리스도십니다" (9:27, 12:23) 라는 고백이었던 것입니다.

가나안 여인은, "나를 불쌍히 여기소서 내 딸이 흉악하게 귀신 들렸나이다" (22) 라고 부르짖으나, 주님은 "한 말씀도 대답하지 아니하시니" (23상) 합니다. 어찌하여 대답을 하지 않으셨을까? 이는 마음이 민망하셨음을 나타냅니다. 이스라엘에서 배척을 받으신 그리스도께서 이방에 오셔서, "다윗의 자손"이라는 고백을 듣게 되자, "이스라엘 집의 잃어버린 양" (24)을 생각하셨기 때문일 것입니다.

이점이 "자녀의 떡을 취하여 개들에게 던짐이 마땅하지 아니하니라" (26) 하신 말씀에 나타납니다. 그러자 여인은, "주여 옳소이다마는 개들도 제 주인의 상에서 떨어지는 부스러기를 먹나이다" (27), 즉 그리스도가 선민 이스라엘에서 나실 것을 인정하면서 그를 통해서 이방인들도 구원에 참여하게 될 것을 고백하는 것이 아닌가! 주님은 "여자여 네 믿음이 크도다 네 소원대로 되리라 하시니 그 때로부터 그의 딸이 나으니라"

(28) 합니다. "말 못하는 사람이 말하고 장애인이 온전하게 되고 다리 저는 사람이 걸으며 맹인이 보는 것을 무리가 보고 놀랍게 여겨 이스라엘의 하나님께 영광을 돌리니라" (31) 하는데, 이제는 "이스라엘의 하나님"이 가나안 여인의 하나님이 되시고, 우리의 하나님이 되신 것을 창양해야 합니다.

예수께서 제자들에게, "내가 무리를 불쌍히 여기노라 그들이 나와 함께 있은 지 이미 사흘이매 먹을 것이 없도다 길에서 기진할까 하여 굶겨 보내지 못하겠노라" (32) 하시고, "떡 일곱 개와 작은 생선 두 마리"로 4000명이, "다 배불리 먹고 남은 조각을 일곱 광주리에 차게 거두었다" (37) 합니다. 이 표적의 강조점은 "불쌍히 여기셨다"는 목자의 돌보심에 있는데, 목자는 양의 필요를 아시고 공급해주시는 분이십니다. "예수가 그리스도"이심이 점점 밝히 드러나고 있는 것입니다.

적용

자신이 가나안 여인이었다면 어떻게 반응했을 것인가를 생각합니다. 이처럼 우리의 믿음을 시험하는 일은 교회 공동체 안에서도 빈번히 일어납니다. "주여 옳소이다마는 개들도 제 주인의 상에서 떨어지는 부스러기를 먹나이다(27), 주여 영생의 말씀이 주께 있사오니 우리가 누구에게로 가오리이까" (요 6:68) 라고 말할 수는 없겠습니까?

나누어 봅시다

1, 의문의 종교와 마음의 신앙에 대해서,

2, 자녀의 떡과 부스러기를 먹는 개에 대해서,

3, 입으로 들어가는 것과, 나오는 것 중 어느 것이 중요한가에 대해서,

16장

너희는 나를 누구라 하느냐

첫째 단원(1-12) 바리새파와 사두개파의 시험

둘째 단원(13-21) 비로소 죽으시고 다시 사실 것을 가르치심

셋째 단원(22-28) 자기 십자가를 지고 따르라

내용 관찰

16장은 마태복음에 있어서 분기점(分岐點)이 되는 장입니다. 주님은 제자들에게, "너희는 나를 누구라 하느냐"(15)고 물으십니다. 이 질문은 이제까지의 사역, 즉 1장부터 16장까지의 초점이, "예수가 누구인가"를 깨닫게 하려는데 맞춰져 있었다는 점을 나타냅니다. 주님은 제자들을 부르신 직후에 이런 질문을 하신 것이 아니라 이때는 공생애가 거의 끝나가는 말기(末期)입니다.

베드로가 대표적으로, "주는 그리스도시요 살아 계신 하나님의 아들이시니이다" 라고 고백합니다. 제자들은 3년간의 훈련을 통해서 주님이,

"그리스도"이심을 확신하게 된 것입니다. 그렇다면 이제 부터는 증언의 초점이, "예루살렘에 올라가 많은 고난을 받고 죽임을 당하고 제 삼일에 살아나야 할 것을 제자들에게 비로소 가르치시니" (21) 한, "하나님의 아들 그리스도"께서 무엇을 위해서 오셨는가"에 맞춰지게 되는 것입니다. 즉 대속제물(20:28)이 되시기 위해서 오셨다고 말씀하십니다.

그런데 주님은, "이에 제자들에게 경고하사 자기가 그리스도인 것을 아무에게도 이르지 말라" (20) 하시는 것이 아닌가? 이런 말씀은 우리를 당황하게 합니다. "예수가 그리스도시라"는 것을 말하지 말라 하시면 무엇을 증언하라는 것인가? "그리스도가, 우리 죄를 위하여 죽으시고 다시 살아나셨다"는 두 주제를 함께 증언하라는 뜻입니다. "그리스도"에게만은 "구원"이 없습니다. 한 알의 밀이 죽지 않으면 한 알 그대로 있게 되기 때문입니다.

이점이 "바리새인과 사두개인들이 와서 예수를 시험하여 하늘로부터 오는 표적 보이기를 청하니(1), 악하고 음란한 세대가 표적을 구하나 요나의 표적 밖에는 보여 줄 표적이 없느니라" (4), 즉 죽으셨다가 다시 살아나시는 것이 최대의 표적임을 말씀하시는 데서도 드러납니다.

"베드로가 예수를 붙들고 항변하여 이르되 주여 그리 마옵소서 이 일이 결코 주께 미치지 아니하리이다" (22) 하니, "사탄아 내 뒤로 물러 가라"고 호통을 치십니다. "주여 그리 마옵소서" 하는 베드로의 저의가 무엇인가? "네가 하나님의 일을 생각하지 아니하고 도리어 사람의 일을 생각하는도다" (23), 즉 베드로는 주님이 누구신가는 알았으나, 왜 오셨는가는 생각하지 않고 자신의 출세만을 생각했기 때문에 "사탄아" 하는 극단적인 책망을 받은 것입니다.

이는 베드로에게 국한된 책망이 아닙니다. "누구든지 나를 따라오려거든 자기를 부인하고 자기 십자가를 지고 나를 따를 것이니라 누구든지 제 목숨을 구원하고자 하면 잃을 것이요 누구든지 나를 위하여 제 목숨을 잃으면 찾으리라"(24-25) 하신 모든 제자 된 자들에게 하시는 말씀입니다.

적용

성경은 지금도 말씀하십니다. 그러므로 "너희는 나를 누구라 하느냐" 하심은 우리에게 하시는 질문이요, "자기를 부인하고 자기 십자가를 지고 나를 따르라" 하심은 우리에게 결단을 촉구하는 말씀인 것입니다. "예수가 누구신가? 왜 오셨는가"에 확고한 자만이 자기 사명에 확고할 수가 있는 것입니다.

나누어 봅시다

1. "요나의 표적"으로 만족하지를 못하고 다른 표적을 구하는 원인에 대해서,
2. "자기 십자가를 지고 나를 따르라" 하신 자신의 십자가에 대해서,
3. "그리스도"임을 말하지 말라 하신 의도에 대해서,

17장

내 사랑하는 아들이니, 저의 말을 들으라

첫째 단원(1-8) 모세와 엘리야로 더불어 말씀하심

둘째 단원(9-21) 얼마나 너희를 참으리요

셋째 단원(22-27) 2차 수난 예고

내용 관찰

17장은, 변화산상(1)에서 있었던 일과, "산에서 내려올 때"(9) 하신 분부와, 산 아래(14)와, 가버나움에 이르러(24) 행하신 사역 등입니다. 이를 문맥적으로 보면 제자들은 예수님을, "주는 그리스도시요 하나님의 아들이라"고 고백하면서도, "비로소 가르치신" 죽임을 당하고 제 삼일에 살아나야 하리라 하신 수난예고는 감당하지를 못했습니다. 그리하여 이를 확신시켜주기 위해서 17장은 마련이 되었다고 볼 수가 있습니다.

하나님께서는, "이는 내 사랑하는 아들이요 내 기뻐하는 자니 너희는 그의 말을 들으라"(5) 하십니다. 이는 세례를 받으셨을 때(3:17)에 이어

두 번째 인치심입니다. 그러므로 "변형 되사 그 얼굴이 해같이 빛나며 옷이 빛과 같이 희어짐" (2)을 보여주심은 두 가지 의도가 있는데 첫째는, 훗날 사도들로 하여금, "우리 주 예수 그리스도의 능력과 강림하심을 너희에게 알게 한 것이 교묘히 만든 이야기를 따른 것이 아니요 우리는 그의 크신 위엄을 친히 본 자라 지극히 큰 영광 중에서 이러한 소리가 그에게 나기를 이는 내 사랑하는 아들이요 내 기뻐하는 자라 하실 때에 그가 하나님 아버지께 존귀와 영광을 받으셨느니라" (벧후 1:16-17) 하고 증언하여 성도들을 견고하게 세워주기 위해서요, 둘째는 "인자가 아버지의 영광으로 그 천사들과 함께 오리니" (16:27) 하신 재림하실 주님의 영광을 잠시 보여주신 것이라 할 수가 있습니다.

변화산상에 나타난 "모세"는 율법의 대표자요, "엘리야"는 선지자의 대표자라 할 수가 있는데 그러면 모세와 엘리야로 더불어 나누신 대화가 무엇인가? 누가복음의 병행구절에서는, "예수께서 장차 예루살렘에서 별세하실 것을 말씀" (눅 9:31)했다고 밝혀주고 있습니다. 이는 구약성경의 대 주제가 그리스도의 수난을 증언하는 일이라는 점을 드러냅니다.

그러므로 17장의 핵심도 "변모" (變貌)에 있는 것이 아니라 변화산상에서 내려오시면서 하신 말씀, "인자가 죽은 자 가운데서 살아나기 전에는 본 것을 아무에게도 이르지 말라" (9) 하신, "죽으심과 살아나심"에 있다는 점을 명심해야 합니다. 갈릴리에 이르러서도, "죽임을 당하고 제 삼일에 살아나리라" (23)고, 2차 수난 예고를 하십니다. 이는 복음서의 핵심이며, 전도자가 증언해야 할 복음의 핵심이기도 한데, 우리의 구원은 그리스도께서 죽으시고 다시 살아나심으로 가능하여졌다는 이 두 주제를 떼어놓아서는 아니 되는 것입니다.

산에서 내려오시니, "주여 내 아들을 불쌍히 여기소서 그가 간질로 심히 고생하여 자주 불에도 넘어지며 물에도 넘어지는지라 내가 주의 제자들에게 데리고 왔으나 능히 고치지 못하더이다"(15-16) 합니다. 주님은, "믿음이 없고 패역한 세대여 내가 얼마나 너희와 함께 있으며 얼마나 너희에게 참으리요 그를 이리로 데려오라"(17) 하십니다. 수난의 날은 다가오는데, 주님은 답답하신 것입니다.

적용

"믿음이 없고 패역한 세대여 내가 얼마나 너희와 함께 있으며 얼마나 너희에게 참으리요" 하심은 바로 우리에게 하시는 말씀이 아닌가? 주님의 재림의 날은 다가오고 있는데 말입니다. 하나님은, "이는 내 사랑하는 아들이요 내 기뻐하는 자니 너희는 그의 말을 들으라" 하십니다.

나누어 봅시다

1. 변형되는 모습을 보여주신 의도와, 모세와 엘리야가 나타난 의미에 대해서,
2. "너희는 그의 말을 들으라" 하심에 대해서,
3. "얼마나 너희를 참으리요"에 대해서,

18장

내 이름으로 모인 교회에는 나도 있느니라

첫째 단원(1-14) 낮아지는 자가 큰 자니라
둘째 단원(15-20) 땅에서 풀면 하늘에서도 풀린다
셋째 단원(21-35) 탕감 받은 것같이 탕감해주어라

내용 관찰

18장은 마태복음에 등장하는 다섯 번의 설교 묶음 중 네 번째 묶음인데, 주님께서 예루살렘으로 올라가서 죽으시고 다시 살아나셔서 승천하시게 될 날이 임박해 온 것입니다. 그러므로 18장의 내용은 주님께서 두고 가시게 될 교회 공동체 중에서 일어나게 될 일들에 관한 것이라 할 수가 있습니다.

"천국에서는 누가 크니이까"(1), 즉 교회에서는 누가 큰 자인가 하는 물음이라 할 수가 있습니다. 주님은, "어린 아이들과 같이 되지 아니하면 결단코 천국에 들어가지 못하리라"(3) 하시면서 "낮아지는 자가 큰 자니라"(4) 하십니다. 그리고 "실족하게 하는 일이 없을 수는 없으나 실족하게 하는 그 사람에게는 화가 있도다"(7) 하시는데 공동체에서는 "실족" 시키는 일이 큰 문제인 것입니다. "누구든지 나를 믿는 이 작은 자 중 하나를 실족하게 하면 차라리 연자 맷돌이 그 목에 달려서 깊은 바다에 빠뜨려지는 것이 나으니라"(6) 하십니다.

형제가 죄를 범하면 어떻게 해야 할 것인가? "너와 그 사람과만 상대하여 권고하라"(15), "만일 듣지 않거든 한두 사람을 데리고 가서 두세 증인의 입으로 말마다 확증하게 하라, 만일 그들의 말도 듣지 않거든 교회에 말하고 교회의 말도 듣지 않거든 이방인과 세리와 같이 여기라"(16-17), 즉 출교시키라 하십니다. 이렇게만 한다면 교회는 평안하고 든든히 서 갈 것입니다. 이런 맥락에서 중심점은, "두 세 사람이 내 이름으로 모인 곳", 즉 교회에는 "나도 그들 중에 있느니라"(20)는 말씀이라 할 수가 있는데, "진실로 너희에게 이르노니 무엇이든지 너희가 땅에서 매면 하늘에서도 매일 것이요 무엇이든지 땅에서 풀면 하늘에서도 풀리리라(18) 하십니다.

그러자 "베드로가 나아와 이르되 주여 형제가 내게 죄를 범하면 몇 번이나 용서하여 주리이까 일곱 번까지 하오리이까"(21) 라고 묻습니다. 주님은 "일곱 번뿐 아니라 일곱 번을 일흔 번까지라도 할지니라"(22) 하시고, "그러므로 천국은 그 종들과 결산하려 하던 어떤 임금과 같으니 결산할 때에 만 달란트 빚진 자 하나를 데려오매 갚을 것이 없는지라, 그 종의 주인이 불쌍히 여겨 놓아 보내며 그 빚을 탕감하여" 주었다는 것입니다.

그런데 탕감함을 받은 자가 자기에게 백 데나리온 빚진 동료 한 사람을 만나 붙들어 목을 잡고 빚을 갚으라 하고, 빚을 갚도록 옥에 가두었다는 것입니다. 주님은 "내가 너를 불쌍히 여김과 같이 너도 네 동료를 불쌍히 여김이 마땅하지 아니하냐"(33) 하시면서, "너희가 각각 마음으로부터 형제를 용서하지 아니하면 나의 하늘 아버지께서도 너희에게 이와 같이 하시리라"(35) 하십니다.

적용

만일 교회 내에서 "누가 크냐" 하는 문제로 다투고, "만 달란트" 탕감함을 받은 자가 "백 데나리온" 빚진 자를 용납하지 못하는 일이 있다면, 그 사람은 과연 복음이 무엇인지를 알고 믿는 사람인가? 그 사람을 그리스도인이라 할 수가 있겠는가? 그런데 이런 사람들은 오늘의 교회 내에도 많다는 것입니다.

나누어 봅시다

1. 낮아지는 자가 큰 자니라에 대해서,

2. 땅에서 풀면 하늘에서도 풀린다는 점에 대해서,

3. 탕감 받은 것같이 탕감해 주라는 점에 대해서,

19장

하나님은 할 수 있느니라

첫째 단원(1–15) 결혼의 구속사적 의미
둘째 단원(16–22) 무엇을 행해야 영생을 얻으리이까
셋째 단원(23–30) 누가 구원을 얻으리이까

내용 관찰

주님은 갈릴리를 떠나 유대지경으로 접어 드셨습니다. 제자들에게 두 번이나 수난예고(16:21, 17:23)를 하신 주님은 십자가를 담당하시기 위해서 예루살렘으로 올라가시려는 것입니다. 유대지경으로 접어들자 바리새인들이 예수님께 나아와, "사람이 어떤 이유가 있으면 그 아내를 버리는 것이 옳으니이까" (3) 하고 시험을 합니다.

"시험"이라 한 것으로 보아 예수님의 성경 지식을 시험한 것으로 여겨지는데, 주님께서는 "그런즉 이제 둘이 아니요 한 몸이니 그러므로 하나님이 짝지어 주신 것을 사람이 나누지 못할지니라" (6) 하십니다. 이는

창세기 2:21-24절에 근거한 창조원리에 입각한 답변인데, "둘이 아니요 한 몸"이라 하심은, "머리+몸=한 몸"이기에 나누지 못할 지니라는 뜻입니다.

여기에는 교훈적인 의미만이 아니라 구속사적인 중요한 진리가 있는 것입니다. 사도 바울은, "주와 합하는 자는 한 영이니라"(고전 6:17), 즉 그리스도인들은 하나님께서 그리스도와 "짝지어 주신 자"라고 말합니다. 그래서 "누가 우리를 그리스도의 사랑에서 끊으리요, 다른 어떤 피조물이라도 우리를 우리 주 그리스도 예수 안에 있는 하나님의 사랑에서 끊을 수 없으리라"(롬 8:35, 39), 즉 나눌 수 없다고 단언합니다.

어떤 사람이 예수님께 와서, "선생님이여 내가 무슨 선한 일을 하여야 영생을 얻으리이까"(16) 라고, "영생"의 문제를 질문합니다. 주님께서는 "네가 생명에 들어가려면 계명들을 지키라"(17) 하십니다. 이렇게 말씀하시는 의도가 무엇인가? "계명"을 들어 자력구원의 불가능성을 드러내기 위해서인 것입니다. 그런데 청년은 "이 모든 것을 내가 지키었사온대 아직도 무엇이 부족하니이까"(20) 라고, "다 지켰다"고 말하는 것이 아닌가?

그러자 주님은, "네가 온전하고자 할진대 가서 네 소유를 팔아 가난한 자들에게 주라 그리하면 하늘에서 보화가 네게 있으리라 그리고 와서 나를 따르라"(21) 하시니, "그 청년이 재물이 많으므로 이 말씀을 듣고 근심하며 가니라"(22) 합니다. 무엇이 드러났는가? "이웃 사랑하기를 네 몸과 같이 하라"는 계명을 다 지키지 못했다는 자력구원의 불가능성이 드러난 것입니다.

주님은 돌아가는 청년의 뒤를 향해서, "내가 진실로 너희에게 이르노니 부자는 천국에 들어가기가 어려우니라,?다시 너희에게 말하노니 낙타가 바늘귀로 들어가는 것이 부자가 하나님의 나라에 들어가는 것보다 쉬우니라" (23-24) 하십니다. 이점에서 "심령이 가난한 자는 복이 있나니 천국이 그들의 것임이요" (5:3) 하신 8복의 사람을 생각해야만 합니다. 어떤 사람이 부자인가? 하나님 앞에서 자신이 죄인임을 깨닫지 못하는, 즉 교만한 사람입니다.

제자들이 듣고 몹시 놀라 이르되, "그렇다면 누가 구원을 얻을 수 있으리이까" (25) 합니다. 주님은, "사람으로는 할 수 없으나 하나님으로서는 다 하실 수 있느니라" (26) 하십니다. 이 말씀이 19장의 핵심이라 할 수가 있는데 성경은, "율법이 육신으로 말미암아 연약하여 할 수 없는 그것을 하나님은 하시나니 곧 죄로 말미암아 자기 아들을 죄 있는 육신의 모양으로 보내어 육신에 죄를 정하사" (롬 8:3) 행해주셨다고 말씀합니다.

적용

"누가, 어떻게 구원을 얻을 수 있는지" 형제는 말해줄 수가 있습니까? 이 구원을 사람으로는 할 수 없는 것을 하나님께서 어떤 방도로 행해주셨는가 하는 점에도 확고합니까?

나누어 봅시다

1. 하나님이 짝지어주신 것을 사람이 나눌 수 없다는 구속사적 의미에 대해서,
2. 누가 구원을 얻으리이까에 대한 답변에 대해서,
3. 사람이 할 수 없는 것을 하나님이 어떻게 행해주셨는가에 대해서,

20장

인자가 온 것은 대속물로 주려 함

첫째 단원(1-16) 포도원 품꾼 비유

둘째 단원(17-28) 나의 잔을 마실 수 있느냐

셋째 단원(29-34) 다윗의 자손이여 불쌍히 여기소서

내용 관찰

20장의 중심점은, "인자가 온 것은, 대속물로 주려 함이니라" (28)에 있습니다. 이는 19장에서 제기된, "누가 구원을 얻을 수 있사오리까"에 대한 답변인 셈입니다. 주님은 지금 "예루살렘으로 올라" (17) 가시는 중입니다. 왜 예루살렘으로 올라가시는가? 주님은, "보라 우리가 예루살렘으로 올라가노니 인자가 대제사장들과 서기관들에게 넘겨지매 그들이 죽이기로 결의하고 이방인들에게 넘겨주어 그를 조롱하며 채찍질하며 십자가에 못 박게 할 것이나 제 삼일에 살아나리라" (18-19)고, 세 번째로 수난 예고를 하십니다.

이런 문맥에서, "천국은 마치 품꾼을 얻어 포도원에 들여보내려고 이른 아침에 나간 집 주인과 같으니"(1) 하신 "포도원 품꾼 비유"를 말씀하시게 된 것입니다. "그가 하루 한 데나리온씩 품꾼들과 약속하여, 이른 아침에, 9시(제 삼시), 12시, 오후 3시에도 들여보내고", 심지어 일할 시간이 1시간 밖에 남지 아니한 제 십 일시(5시)에도 나가 보니 서 있는 사람들이 또 있는지라, "너희는 어찌하여 종일토록 놀고 여기 서 있느냐 이르되 우리를 품꾼으로 쓰는 이가 없음이니이다 이르되 너희도 포도원에 들어가라"(6-7) 했다는 것입니다.그런데 품삯을 이른 아침부터 일한 사람과 1시간 밖에 일한 것이 없는 사람에게 똑같이 "한 데나리온씩"을 주었다는 것입니다. 그러자 먼저 온 자들이 불평을 했다는 것입니다. 결론은, "나중 온 이 사람에게 너와 같이 주는 것이 내 뜻이니라 내 것을 가지고 내 뜻대로 할 것이 아니냐 내가 선하므로 네가 악하게 보느냐 이와 같이 나중 된 자로서 먼저 되고 먼저 된 자로서 나중 되리라"(14-16) 하십니다.

그렇다면 품꾼 비유를 통해서 말씀하시려는 바가 무엇인가? 이는 19:27절에서 베드로가, "우리가 모든 것을 버리고 주를 따랐사온대 그런즉 우리가 무엇을 얻으리이까" 한 질문에 대한 답변이었던 것입니다. 천국은 품꾼이 일을 하고 품값을 받듯 그렇게 주어지는 것이 아니라는 말씀입니다.

그러면 구원이 어떻게 해서 가능하여지는가? 이에 대한 답변이 세 번째 수난 예고인, "조롱하며 채찍질하며 십자가에 못 박게 할 것이나 제 삼 일에 살아나리라"(19) 하신, 그리스도의 대속으로 말미암아 가능해진다는 것입니다.

그런데 이런 문맥에서 요한과 야고보의 어머니가, "나의 이 두 아들을 주의 나라에서 하나는 주의 우편에, 하나는 주의 좌편에 앉게 명하소서" (21) 하고 요청을 하고, "열 제자가 듣고 그 두 형제에 대하여 분히 여겼다" (24)는 말씀을 대하면서 형제는 무엇을 생각하게 됩니까?

주님께서는 "내가 마시려는 잔을 너희가 마실 수 있느냐" (22) 하시면서, "인자가 온 것은 섬김을 받으려 함이 아니라 도리어 섬기려 하고 자기 목숨을 많은 사람의 대속물로 주려 함이니라" (28) 하십니다.

예수님께서 여리고를 지나가실 때에, 맹인 두 사람이 길 가에 앉았다가 예수께서 지나가신다 함을 듣고는 소리 질러 이르되 "주여 우리를 불쌍히 여기소서 다윗의 자손이여" (31) 했다는 것입니다. 제자들은 자리 다툼을 하고 있는 중에 맹인은 "다윗의 자손"으로 오신 그리스도로 알아보고 있다는 것은, 마치 "품꾼으로 쓰는 이가 없어서" 하루 종일 기다리다가 5시에야 포도원에 들어간 사람과 같다 하겠습니다.

적용

십자가를 지기 위해서 올라가시는 하나님의 아들 앞에서 자리다툼을 하는 제자들의 모습은 오늘 우리들의 모습이기도 합니다. 주님은 "너희가 구하는 것을 알지 못하는도다" 하시는데, 형제의 간구는 무엇입니까?

나누어 봅시다

1. 포도원 품꾼 비유가 베드로의 질문(19:27)에 대한 답변이 될 수 있다는 점에 대해서,

2. 대속물로 오셨다는 말씀이 요한의 어머니의 요구에 대한 답변이 된다는 점에 대해서,

3. 나의 마시려는 잔을 마실 수 있느냐 하신 물음에 대한 자신의 대답에 대해서,

21장
호산나 다윗의 자손이여

첫째 단원(1–11) 나귀 타고 입성하는 왕
둘째 단원(12–22) 열매 없는 무화과나무
셋째 단원(23–32) 두 아들의 비유
넷째 단원(33–46) 악한 농부의 비유

내용 관찰

21장은 3차에 걸쳐 예고하신 대로 주님께서 십자가를 담당하시기 위해서 드디어 예루살렘에 입성을 하시는데, 스가랴 선지자의 예언대로 나귀 새끼를 타시고 입성을 하십니다. 입성하셔서 성전을 청결하게 하신 일, 열매 없는 무화과나무를 저주하신 일, "두 아들의 비유"(28)와, "악한 농부의 비유"(33)와, 결론적인 말씀(42)으로 되어 있습니다.

예루살렘에 가까이 오신 주님은 두 제자를 맞은 편 마을로 보내시면서 "나귀와 나귀 새끼가 함께 있는 것을 보리니 풀어 내게로 끌고 오라", 왜 끌어가느냐 하거든, "주가 쓰시겠다 하라" (1-2) 하십니다. 나귀 새끼까지도 선지자로 하신 예언을 성취하는데 쓰임을 받기 위해서 "그 때 거기" 있었다는 것이 됩니다. 그렇다면 나는 무엇을 위해서 이때에 여기 있는가 하고 자문하게 됩니다.

"주의 이름으로 오시는 왕"께서 예루살렘에 입성하시면서 나귀 새끼를 타셨다는 것은, "강함과, 약함"이라는 상반 된 의미가 있는데, 강함은 개선장군의 이미지요, 약함(겸손)은 십자가에 달려 죽으시기 위함인데, 이는 "약할 그 때에 곧 강함이라" (고후 12:10)는 불변의 역설입니다.

따르는 무리들이 소리 높여, "호산나 다윗의 자손이여 찬송하리로다 주의 이름으로 오시는 이여 가장 높은 곳에서 호산나" (9) 한 것은 시편 118:25절을 부른 것인데 소동이 일어났다 합니다. 왜냐하면 이는 메시아에게 바치는 노래이기 때문입니다.

주님은 우선적으로 "성전에 들어가사 성전 안에서 매매하는 모든 사람들을 내쫓으시며 돈 바꾸는 사람들의 상과 비둘기 파는 사람들의 의자를 둘러 엎으시고" (12), 성전을 정화하셨는데 여기에는 교훈적인 의미만이 아니라 그림자로 드려지던 제물이 "개혁할 때까지 맡겨둔 것이라" (히 9:10) 한 실체로 개혁하러 오셨다는 신학적인 의미가 있는 것입니다.

이런 맥락에서 잎사귀만 무성할 뿐 열매가 없는 무화과나무는 이스라엘을 상징하고, "이제부터 영원토록 네가 열매를 맺지 못하리라 하시니 무화과나무가 곧 말랐다" (18-19)는 것은, "하나님의 나라"가 열매 맺는 이방으로 옮겨지게 될 것(43)을 나타냅니다.

이런 맥락에서, "어떤 사람에게 두 아들이 있는데" 하고, "두 아들 비유"를 말씀하시게 된 것입니다. 맏아들에게 얘 오늘 포도원에 가서 일하라 하니 아버지 가겠나이다 하더니 가지 아니하고 둘째 아들은 싫소이다 하더니 그 후에 뉘우치고 갔으니, "둘 중의 누가 아버지의 뜻대로 하였느냐" (31) 라고 물으십니다. 무슨 뜻인가? "내가 진실로 너희에게 이르노니 세리들과 창녀들이 너희보다 먼저 하나님의 나라에 들어가리라" (31) 하십니다.

"다른 한 비유를 들으라"고 적극적인, "악한 농부의 비유"를 말씀하십니다. 주인이 열매를 받으려고 종들을 보내니 "종들을 잡아 하나는 심히 때리고 하나는 죽이고 하나는 돌로 쳤다"는 것입니다. "후에 자기 아들을 보내며 이르되 그들이 내 아들은 존대하리라 하였더니 농부들이 그 아들을 보고 서로 말하되 이는 상속자니 자 죽이고 그의 유산을 차지하자 하고 이에 잡아 포도원 밖에 내쫓아 죽였느니라" (33-39) 하시면서, "그러면 포도원 주인이 올 때에 그 농부들을 어떻게 하겠느냐" (40) 물으십니다.

그런 후에 결론적인 3마디 말씀을 하시는데

㉠ 첫째는, "건축자들이 버린 돌이 모퉁이의 머릿돌이 되었나니 이것은 주로 말미암아 된 것이요 우리 눈에 기이하도다 함을 읽어 본 일이 없느냐"(41) 하십니다. 이는 저들이 배척한 그리스도가 하나님의 교회의 "모퉁이의 머릿돌"(엡 2:20)이 되실 것을 가리킵니다.

㉡ 둘째는, "그러므로 내가 너희에게 이르노니 하나님의 나라를 너희는 빼앗기고 그 나라의 열매 맺는 백성이 받으리라"(43), 즉 천국 복음이 이방인에게로 옮

겨지게 될 것을 말씀하십니다.

ⓒ 셋째는, "이 돌 위에 떨어지는 자는 깨지겠고 이 돌이 사람 위에 떨어지면 그를 가루로 만들어 흩으리라"(44) 하시는데, 지금 유대인들은 머리로 돌을 깨뜨리려 하는 것과 같다는 것입니다. 그런데 "돌이 사람 위에 떨어질" 날 곧 심판 날이 온다는 것입니다.

적용

우리는 백마를 타고 우쭐대려 하나 주님은 나귀 중에서도 새끼를 타셨습니다. 그리고 우리들도 "아버지 가겠나이다 하더니 가지 아니한" 맏아들과 같지 아니한지 돌이켜 보아야만 하겠습니다.

나누어 봅시다

1. 잎만 무성하고 열매가 없는 무화과나무와 우리의 상태에 대해서,
2. 두 아들의 비유 중 자신은 어느 아들과 같은가에 대해서,
3. 구속사를 요약한 악한 농부의 비유에 대해서,

22장

어찌하여 예복을 입지 않고 들어왔느냐

첫째 단원(1-14) 천국은 혼인잔치를 베푼 임금과 같다
둘째 단원(15-33) 성경도 하나님의 능력도 곡해하는 자들
셋째 단원(34-46) 그리스도에 대하여 어떻게 생각하느냐

내용 관찰

22장은 예루살렘에 입성(入城)하신 주님께서 대적 자와 벌인, "진리의 싸움"이라 표현할 만합니다. 왜냐하면 1차로 바리새인들이 공세를 취하고(15), 이들이 패퇴하자 2차로 사두개인들이 공격(23)해 오고, 이들이 패퇴하자 3차로 율법사(34)가 공격해 옵니다. 율법사가 물러가자 이번에는 주님이 반격(41)하시는 구조로 되어 있기 때문입니다.

주님께서, "천국은 마치 자기 아들을 위하여 혼인 잔치를 베푼 어떤 임금과 같으니"(1-2) 하신 "혼인 잔치 비유"(1-14)는, 21장에서 말씀하신

"두 아들의 비유와, 악한 농부의 비유"의 연속인데, 어찌하여 유대인들이 하나님의 나라를 빼앗기게 되고(21:43), "바깥 어두움에 내어 던짐"(13)을 받게 되는가에 대한 설명입니다.

㉠ 첫째로 저들은 혼인 잔치에 오라는 왕의 초청을 거절한 것만이 아니라, "종들을 잡아 모욕하고 죽이니"(6) 한, 대적했기 때문이요,

㉡ 둘째는 "친구여 어찌하여 예복을 입지 않고 여기 들어왔느냐"(12) 한 말씀에 나타나는데 그들은, "하나님의 의를 모르고 자기 의를 세우려고 힘써 하나님의 의에 복종하지 아니하였기"(롬 10:3) 때문이라는 것입니다.

"나의 소와 살진 짐승을 잡고 모든 것을 갖추었으니 혼인 잔치에 오소서"(4) 하신 잔치는, "내가 진실로 진실로 너희에게 이르노니 인자의 살을 먹지 아니하고 인자의 피를 마시지 아니하면 너희 속에 생명이 없느니라 내 살을 먹고 내 피를 마시는 자는 영생을 가졌고 마지막 날에 내가 그를 다시 살리리니 내 살은 참된 양식이요 내 피는 참된 음료로다"(요 6:53-54) 하신 주님의 "살과 피"로 마련하신 잔치인데 이를 거절한다면, "너희 속에 생명이 없고"(요 6:53), 하나님께서 마련해주신 예복을 거부하고 입지 않는다면, "바깥 어두운 데에 내던지라 거기서 슬피 울며 이를 갈게 되리라"(13)고, 하나님의 나라에 들어갈 수가 없는 것입니다.

이러한 선고를 받은 대적자들이 주님을 올무에 걸리게 하려고 시험한 세 가지 문제는 당시로는 민감한 사안으로, 가이사에게 세를 바쳐야 하는가 하는 정치적인 문제와, 부활이 있는가 하는 교리적인 문제와, 어느 계명이 큰가 하는 율법적인 문제였던 것입니다.

세금 문제는, "가이사의 것은 가이사에게, 하나님의 것은 하나님께 바치라" (21) 하시고, 부활의 문제는 "너희가 성경도, 하나님의 능력도 알지 못하는 고로 오해하였도다" 하시면서 "나는 아브라함의 하나님이요 이삭의 하나님이요 야곱의 하나님이로라 하신 것을 읽어 보지 못하였느냐 하나님은 죽은 자의 하나님이 아니요 살아 있는 자의 하나님이시니라" (32), 즉 "아브라함, 이삭, 야곱"은 살아서 주님의 재림의 날을 기다리고 있다는 뜻입니다. 율법사의 시험에는, "하나님 사랑과, 이웃 사랑, 이 두 계명이 온 율법과 선지자의 강령이니라" (40) 하십니다.

이들이 물러가자 주님께서, "너희는 그리스도에 대하여 어떻게 생각하느냐 누구의 자손이냐" (42) 라고 본질적인 문제, 즉 예수가 누구신가 하는 문제로 반격을 하십니다. 이렇게 질문하신 주님의 의도는, 그들이 그리스도를 다윗과 같은 왕, 이스라엘을 회복할 정치적인 지도자로 잘못 인식하고 있었기 때문입니다.

그리스도가 "다윗의 자손"이라는 말은 맞는 말이면서 틀리는 말이기도 했던 것입니다. 왜냐하면 "육신으로는 다윗의 혈통에서 나셨지만" (롬 1:3), "그의 근본은 상고에, 영원에 있느니라(미 5:2), 그 이름은 기묘자라 모사라 전능하신 하나님이라 영존하시는 아버지라 평강의 왕" (사 9:6)이시기 때문입니다.

어느 시대를 막론하고 복음진리에서 그릇되게 되는 원인은 "그리스도에 대하여 어떻게 생각하느냐" 하신, "그리스도 관"의 오류에서 비롯되었던 것입니다. 현대교회가 더욱 그런 오류에 빠져 있습니다.

적용

두 가지 중요한 질문이 있는데, "어찌하여 예복을 입지 않고 여기 들어왔느냐? 그리스도에 대하여 어떻게 생각하느냐?" 하신 질문입니다. 이 두 가지 물음에 대한 형제의 답변이 무엇입니까?

나누어 봅시다

1. "어찌하여 예복을 입지 않고 여기 들어왔느냐" 하신 예복에 대해서,

2. 하나님은 "살아 있는 자의 하나님이시니라"는 점에 대해서,

3. "율법과 선지자의 강령"이라 하신 두 계명에 대해서,

23장

잘못된 지도자의 특성과 그 결과

첫째 단원(1–12) 잘못된 지도자의 다섯 가지 특성
둘째 단원(13–33) 지도자가 범하기 쉬운 일곱 가지 화
셋째 단원(34–39) 지도자의 잘못으로 초래될 결과

내용 관찰

23장은 "서기관들과 바리새인들이 모세에 자리에 앉았으니"(1하) 하신, 지도자가 잘못되었을 때에 그 해독이 얼마나 가공스러운 결과를 가져오게 되는가를 적나라하게 폭로하시는 내용입니다. 그러므로 23장은 모든 시대에 세움 받은 지도자들에게 하시는 경고라 할 수가 있습니다.

23장에는 "외식"이라는 말이 7번(13, 15, 23, 25, 27, 28, 29), "맹인"이라는 말이 5번(16, 17, 19, 24, 26)이나 강조되어 있습니다. "외식"(外飾)은 윤리와 결부되고, "맹인"은 성경을 곡해하여 하나님의 말씀을 잘못 가르치는 신학적인 오류와 결부가 됩니다. 먼저 거짓 지도자의 다섯 가지

행위인데,

㉠ "그들은 말만하고 행치 아니하며"(3하),

㉡ "무거운 짐을 묶어 사람의 어깨에 지우되 자기는 이것을 한 손가락으로도 움직이려 하지 아니하며(4), 즉 자신이 설교한 대로 실천하지 않으며,

㉢ "모든 행위를 사람에게 보이고자 하고"(5상),

㉣ "잔치의 윗자리와 회당의 높은 자리와"(6),

㉤ "시장에서 문안 받는 것과 사람에게 랍비라 칭함을 받는 것을 좋아 한다"(7)는 것입니다. 이러한 특성은 현대교회 내에서도 더욱 나타나고 있습니다. 그러므로 우리는 겸비한 마음으로 이런 특성이 나 자신에게는 없는지 살펴보아야 할 것입니다.

다음은 주님께서 당시 지도자들을 향해서 7번이나, "화 있을진저 외식하는 서기관들과 바리새인들이여" 라고, 책망하신 악행이 무엇인가 하는 점인데, 이는 5장에서 말씀하신 8복의 사람과는 정확히 반대되는 특성입니다. 8복에서도 첫 언급이 "천국이 저희 것임이요"(5:3) 하셨는데, 7가지 화에서도 "천국 문을 닫는 자"(13)라고, "천국"을 첫째로 언급하십니다.

①첫째로, "너희는 천국 문을 사람들 앞에서 닫았다"(13상), 그래서 화가 있다는 것입니다. 어떻게 닫았는가? 이점을 누가복음에서는, "화 있을진저 너희 율법교사여 너희가 지식의 열쇠를 가져가서 너희도 들어가지 않고 또 들어가고자 하는 자도 막았느니라"(눅 11:52) 하시는데 설교자는 "지식의 열쇠"를 맡은 자인 것입니다. 이 열쇠로 성경을 바르게 해

석해서 전해주면 천국 문을 열어주는 것이요, 만일 곡해하면 사람들 앞에 닫는 것이 되는 것입니다.

② 두 번째로, "너희는 교인 하나를 얻으면, 너희보다 배나 더 지옥 자식이 되게 하는도다"(15)고 책망하십니다. 저들에게는 "교인 하나를 얻기 위하여 바다와 육지를 두루 다니는" 열심이 있었다는 것입니다. 그런데 결과는 "배나 더 지옥 자식이 되게" 한다는 것입니다.

③ 세 번째로, "화 있을진저 눈 먼 인도자여"(16상) 하고, "맹인"(17, 19)됨이 강조되어 있는데 성경에서 다른 것은 보면서, "이 성경이 곧 내게 대하여 증언하는 것이니라"(요 5:39) 하신 그리스도는 보지 못하기 때문입니다.

④ 네 번째로, "너희가 박하와 회향과 근채의 십일조를 드리되"(23상) 합니다. "박하, 회향, 근채"란 아주 사소한 것인데 이에 대한 십일조는 철저하게 드리면서 그러나, "율법의 더 중한 바 정의와 긍휼과 믿음은 버렸도다"(23하) 하십니다.

⑤ 다섯 번째로, "잔과 대접의 겉은 깨끗이 하되 그 안에는 탐욕과 방탕으로 가득하게 하는도다"(25) 한 위선이요,

⑥ 여섯 번째로, "화 있을진저, 회칠한 무덤 같으니 겉으로는 아름답게 보이나 그 안에는 죽은 사람의 뼈와 모든 더러운 것이 가득하도다"(27) 한 외식입니다.

⑦ 마지막 일곱 번째 화로, "너희는 선지자들의 무덤을 만들고 의인들의 비석을 꾸미며 이르되 만일 우리가 조상 때에 있었더라면 우리는 그들

이 선지자의 피를 흘리는데 참여하지 아니하였으리라" (29-30) 한다는 것입니다. 그러면서 하나님의 아들 그리스도를 배척하고 죽이려 하고 있으니, "너희 조상의 분량을 채우라" (32), 즉 그리스도를 죽임으로 악의 분량이 차게 된다는 뜻입니다.

결과가 어떻게 될 것인가? "예루살렘아 예루살렘아 선지자들을 죽이고 네게 파송된 자들을 돌로 치는 자여 암탉이 그 새끼를 날개 아래에 모음 같이 내가 네 자녀를 모으려 한 일이 몇 번이더냐 그러나 너희가 원하지 아니하였도다 보라 너희 집이 황폐하여 버려진 ㅅ바 되리라" (37-38) 하십니다.

적용

주님 당시의 지도자들의 문제가 무엇인가? "외식과, 맹인" 됩입니다. 그러면 묻습니다. 우리는 그들보다 외식하지 않습니까? 현대교회 지도자들은 그들보다 눈이 멀지 않았다고 말할 수가 있습니까? 주님께서 지적하신 5가지 특성과, 7가지 화 중에서 나 자신에게 해당되는 종목들은 무엇인가 겸허하게 살펴보아야 할 것입니다.

나누어 봅시다.

1. 잘못된 지도자의 다섯 가지 특성에 대해서,
2. 지도자가 범하기 쉬운 일곱 가지 화에 대해서,
3. 지도자의 잘못으로 초래될 결과에 대해서,

24장

세상 끝에는 무슨 징조가 있사오리까

첫째 단원(1-14) 사람의 미혹을 주의하라
둘째 단원(15-28) 그 때 환난이 있으리라
셋째 단원(29-44) 재림의 징조와 시기
넷째 단원(45-51) 그 집사람들을 맡은 종

내용 관찰

24장-25장의 주제는 주의 재림(再臨)에 관한 것인데, 24장은 강론이고, 25장은 알아듣기 쉽도록 비유를 들어서 하신 말씀입니다. 주님은 죽으시고 부활하시고 승천하실 것만이 아니라, 다시 오신다는 "재림"도 말씀하셨는데 24장에만도 11번(3, 27, 30, 33, 37, 39, 42, 44, 46, 48, 50)이나 강조되어 있습니다.

24장을 말씀하게 된 동기는 주님께서, "보라 너희 집이 황폐하여 버린 바 되리라(23:38), 돌 하나도 돌 위에 남지 않고 다 무너뜨리우리라"(24:2)

고 말씀하시자 제자들이, "우리에게 이르소서 어느 때에 이런 일이 있겠사오며 또 주의 임하심과 세상 끝에는 무슨 징조가 있사오리이까" (3) 라고 질문한데 응하여 하신 말씀입니다. 제자들은 두 가지를 물었는데,

㉠ 예루살렘이 심판을 당할 때가 언제인가?

㉡ 주님의 재림의 때는 어떤 징조가 있겠는가 하는 문제입니다. 그러므로 본문에는 예루살렘의 멸망과 최후심판이 겹쳐진 그림으로 나타나고 있다는 점을 유념해야만 합니다.

첫째로, "사람의 미혹을 받지 않도록 주의하라" (4) 하십니다.

둘째로, "민족이 민족을, 나라가 나라를 대적하여 일어나겠고 곳곳에 기근과 지진이 있으리니 이 모든 것은 재난의 시작이니라" (7-8),

셋째로 "거짓 선지자가 많이 일어나 많은 사람을 미혹하겠으며 불법이 성하므로 많은 사람의 사랑이 식어지리라" (11-12) 하십니다.

넷째로 "이 천국 복음이 모든 민족에게 증언되기 위하여 온 세상에 전파되리니 그제야 끝이 오리라" (14) 하십니다. "증언되기 위하여" 란 법정적인 말인데, 복음을 전해주지 않으면 그 책임이 전도자에게 있으나 "증언"을 했음에도 믿지 않다가 멸망을 당한다면 그 책임이 본인에게 있다는 뜻입니다.

다섯째로 "그 때에 큰 환난이 있겠음이라" (21), 환난 후에 "인자가 구름을 타고 능력과 큰 영광으로 오는 것을 보리라" (30) 하십니다. 노아의 때와 같이 인자의 임함도 그러하리라" (37) 하십니다. "그러나 그 날과 그 때는 아무도 모르나니 (36), 무화과나무의 비유를 배우라 그 가지가 연하

여지고 잎사귀를 내면 여름이 가까운 줄을 아나니 이와 같이 너희도 이 모든 일을 보거든 인자가 가까이 곧 문 앞에 이른 줄 알라"(33) 하십니다. "이러므로 너희도 준비하고 있으라 생각하지 않은 때에 인자가 오리라" (44)는 결론에 이르게 됩니다.

그리고 부언하시기를, "충성되고 지혜 있는 종이 되어 주인에게 그 집 사람들을 맡아 때를 따라 양식을 나눠 줄 자가 누구냐"(45) 하신 "충성된 종"과, "악한 종이 마음에 생각하기를 주인이 더디 오리라"(48) 하는, "악한 종"을 대조해서 말씀하십니다. "세상을 떠나 아버지께로 돌아가실 때가"(요 13:1) 가까워지자 주님의 관심은 두고 가는 양떼를 다시 오실 때까지 누구에게 부탁할 것인가에 있음을 나타냅니다.

적용

24장의 경계는, "사람의 미혹을 받지 않도록 주의하라"(4) 하심과, "너희도 준비하고 있으라 생각지 않은 때에 인자가 오리라" 하신 말씀이요, 명령은 "천국 복음"을 모든 민족에게 증언해야 한다는 점과, "충성되고 지혜 있는 종이 되어" 주님의 피로 사신 양 무리에게 생명의 말씀을 나눠 주는 일입니다.

나누어 봅시다.

1. 사람의 미혹을 주의하라 하심에 대해서,
2. 많은 사람의 사랑이 식어지리라 하심에 대해서,

3. 충성되고 지혜 있는 종과 악한 자에 대해서,

25장
종말적 비유

첫째 단원(1–13) 열 처녀 비유
둘째 단원(14–30) 달란트 비유
셋째 단원(31–46) 양과 염소 비유

내용관찰

25장은 세 가지 비유를 들어서 종말적인 경계를 하시는 내용인데 이는 24장에서, "그러므로 깨어 있으라, 이러므로 예비하고 있으라"(24:42, 44) 하신 "깨어 있고, 예비하고 있음"이 무엇을 의미하는지를 비유를 들어서 설명하시는 문맥입니다.

"그 때에 천국은 마치 등을 들고 신랑을 맞으러 나간 열 처녀와 같다 하리니 그 중의 다섯은 미련하고 다섯은 슬기 있는 자라"(1-2) 하십니다. "미련한 자들은 등을 가지되 기름을 가지지 아니하고 슬기 있는 자들은 그릇에 기름을 담아 등과 함께 가져갔더니"(3-4) 하십니다.

이를 통해서 말씀하시려는 바가 무엇인가? "준비하였던 자들은 함께 혼인 잔치에 들어가고" (10) 한 "예비함"과, "그런즉 깨어 있으라 너희는 그 날과 그 때를 알지 못하느니라" (13) 하신 "깨어 있으라"는 경계입니다.

"또 어떤 사람이 타국에 갈 때 그 종들을 불러 자기 소유를 맡김과 같으니 각각 그 재능대로 한 사람에게는 금 다섯 달란트를, 한 사람에게는 두 달란트를, 한 사람에게는 한 달란트를 주고 떠났더니" (14-15) 하고 "달란트 비유"를 말씀하십니다. 이를 통해서 말씀하시려는 바가 무엇인가? "그 주인이 이르되 잘하였도다 착하고 충성된 종아 네가 적은 일에 충성하였으매 내가 많은 것을 네게 맡기리니 네 주인의 즐거움에 참여할지어다" (21) 하신, "충성"입니다.

이점에서 유념할 점은, "다섯 달란트"로 다섯 달란트를 남긴 종이나, "두 달란트"로 두 달란트를 남긴 종이 차별이 없이 "착하고 충성된 종" (21, 23)이라는 칭찬을 받았다는 점입니다. 그러니까 "한 달란트" 맡은 자가 한 달란트를 남겼다 해도 동일한 칭찬을 받았으리라는 추론을 하게 됩니다. 왜냐하면 이는 "재능"의 차이지 "충성"의 차이는 아니기 때문입니다.

마지막으로 "인자가 자기 영광으로 모든 천사와 함께 올 때에 자기 영광의 보좌에 앉으리니 모든 민족을 그 앞에 모으고 각각 구분하기를 목자가 양과 염소를 구분하는 것 같이 하여 양은 그 오른편에 염소는 왼편에 두리라" (31-33) 하신 "양과 염소의 비유"입니다. 이 비유의 모티브는 "심판"입니다.

그러면 어떤 기준에 의해서 심판을 받게 되는가? "내가 진실로 너희에게 이르노니 너희가 여기 내 형제 중에 지극히 작은 자 하나에게 한 것이 곧 내게 한 것이니라(40), 이 지극히 작은 자 하나에게 하지 아니한 것이 곧 내게 하지 아니한 것이니라"(45) 하십니다. 이 말씀을 거두절미하고 보게 되면, 선행으로 구원을 얻는다는 행위구원론이 되고 맙니다.

아닙니다. 이를 점이 아닌 선으로 보게 되면 어떤 의미가 되는가? 주님은 예루살렘에 올라가서 죽임을 당하고 사흘 만에 다시 살아나실 것을 여러 번 예고하신 후에 드디어 예루살렘에 입성하신 것입니다. 다음 장에서 주님은 잡히시고 십자가에 달리시는 문맥입니다.

하나님의 아들이 왜 이런 고난을 당하셔야만 하는가? "인자가 온 것은, 자기 목숨을 많은 사람의 대속물로 주려 함이니라"(20:28) 말씀하십니다. 그리고 이는 "창세로부터 너희를 위하여 예비 된"(34) 하나님의 구원 계획인 것입니다. 이런 문맥에서 열 처녀 비유의 주제가 "믿음"이라면 양과 염소 비유의 주제는 "사랑"이라 할 수가 있습니다. "충성되고 지혜" 있는 종들에게 두고 가실 양떼들에게 때를 따라 생명의 양식을 나눠줄 것을 부탁하시고, 성도들에게는 형제를 사랑하기를 주님께 하듯 하라는 분부인 것입니다.

적용

주님은 어려운 것을 부탁하시는 것이 아니라, "예비하고, 깨어 있으라"

는 점과, 믿음의 분량과 받은 은사대로 충성을 다 하라 분부하십니다.

나누어 봅시다

1. 열 처녀의 비유를 통해서 말씀하시려는 중심점이 무엇인가에 대해서
2. 달란트 비유의 핵심이 무엇인가에 대해서,
3. 양과 염소 비유의 중심주제가 무엇인가에 대해서,

26장

마지막 유월절과, 첫번 성찬

첫째 단원(1-13) 내 장사를 위하여 예비함이라

둘째 단원(14-30) 죄 사함을 위한 언약의 피니라

셋째 단원(31-46) 겟세마네의 기도

넷째 단원(47-75) 종교적인 재판

내용 관찰

26장은 주님께서 잡히셔서 공회에서 심문을 당하시는 내용입니다. 크게 두 부분으로 나누어지는데 앞부분(1-46)은 최후만찬에 있고, 뒷부분(47-75)은 종교재판인데, 핵심은 "네가 하나님의 아들 그리스도인지 우리에게 말하라" 한 말에 주님께서, "네가 말하였느니라, 이 후에 인자가 권능의 우편에 앉아 있는 것과 하늘 구름을 타고 오는 것을 너희가 보리라" (63-64) 하신 주님의 답변에 있습니다.

26장은, "예수께서 이 말씀을 다 마치시고 제자들에게 이르시되" (1) 하고 시작이 되는데 이는 마태복음에 5번 등장하는, "말씀을 마치시고" (7:28, 11:1, 13:53, 19:1, 26:1)의 마지막 마치심입니다. 그래서 "다 마치시고" 하는 것입니다. 그런데 여기서 끝이셨다면 예수님은 소크라테스나 공자 같은 성현이 되셨을 뿐이요, 복음이 되지 못했을 것입니다. 말씀을 "다 마치시고, 너희가 아는 바와 같이 이틀이 지나면 유월절이라 인자가 십자가에 못 박히기 위하여 팔리리라"(2)고 자신을 주심으로 우리의 구주가 되신 것입니다.

네 개의 복음서는 공통적으로 초점을 "유월절"에 맞추고 있는데, 그렇다면 주님의 죽으심과 유월절이 어떤 관계가 있는가? 출애굽이 유월절 어린 양의 피로 말미암아 가능했다는 예표가, "유월절 양 곧 그리스도께서 희생되셨느니라"(고전 5:7)고, 그리스도에게서 성취가 됨으로 영적 출애굽도 가능하게 되었다는 점을 드러내기 위해서인 것입니다. "그들이 먹을 때에 예수께서 떡을 가지사 축복하시고 떼어 제자들에게 주시며 이르시되 받아서 먹으라 이것은 내 몸이니라 하시고 또 잔을 가지사 감사기도 하시고 그들에게 주시며 이르시되 너희가 다 이것을 마시라 이것은 죄 사함을 얻게 하려고 많은 사람을 위하여 흘리는바 나의 피 곧 언약의 피니라"(26-28) 하십니다.

첫 언약도 "피 없이 세운 것이 아니라"(히 9:18) 짐승이 대신 죽음으로 세워졌는데 이는 그림자였던 것입니다. 그러면 누구와 맺은 "언약의 피"인가? 하나님께서 택하신 자들의 죄 값을 주님께서 대신 속량하시겠다는 언약이었던 것입니다. 그러므로 이 날은 예표로 지켜 내려오던 마지막

유월절이요, 그림자가 실체로 개혁(히 9:10)이 되는 첫 번 성찬의 밤이었던 것입니다

하나님은 구약성경에서, "피를 먹지 말라" 하셨는데 왜 금하셨는가? "내가 이 피를 너희에게 주어"(레 17:11), 즉 우리에게 주셔서 죄를 속하게 하기 위하여 범하지 못하게 하셨다는 것입니다. 그러면 주님의 살과 피를 먹고 마시는 방도가 무엇인가? 십자가 복음을 받아먹는 것입니다.

겟세마네 동산에서 주님은, "내 아버지여 만일 할 만하시거든 이 잔을 내게서 지나가게 하옵소서"(39) 하고, 3번이나 간구하셨는데 여기서 끝이신 것이 아니라, "그러나 나의 원대로 마시옵고 아버지의 원대로 하옵소서" 하고, 아버지의 뜻에 죽기까지 복종하셨습니다. 어찌하여 하나님은 자기 아들이 십자가를 지기를 원하셨는가? "여호와께서 그에게 상함을 받게 하시기를 원하사 질고를 당하게 하셨은즉 그의 영혼을 속건제물로 드리기에 이르면 그가 씨를 보게 되며"(사 53:10) 하신 "씨" 곧 우리의 구원을 위해서였던 것입니다.

예수님은 힘이 모자라 십자가에 달리신 것이 아닙니다. 주님은 "너는 내가 내 아버지께 구하여 지금 열두 군단 더 되는 천사를 보내시게 할 수 없는 줄로 아느냐 내가 만일 그렇게 하면 이런 일이 있으리라 한 성경이 어떻게 이루어지겠느냐"(53-54) 하십니다.

"예수를 잡은 자들이 그를 끌고 대제사장 가야바에게로 가니 거기 서기관과 장로들이 모여 있더라"(57), 주님은 먼저 종교적인 재판을 받으셨는데, "예수께서 침묵하시거늘"(63), 시종일관 침묵하셨습니다. 그러

나 대제사장이, "네가 하나님의 아들 그리스도인지 우리에게 말하라"(63하) 하는 대목에서도 침묵하셨던가?

아닙니다. "네가 말하였느니라 그러나 내가 너희에게 이르노니 이 후에 인자가 권능의 우편에 앉아 있는 것과 하늘 구름을 타고 오는 것을 너희가 보리라"(64) 하셨습니다. 이 말씀 속에는 "죽으심, 다시 살아나심, 승천하셔서 하나님 우편에 앉아 계시다가 심판 주로 재림"하실 것이 들어 있는 것입니다. 주님은 이 한 말씀을 하셨기 때문에 십자가에 못 박히신 것이요, 주님은 말씀하심 같이 이를 이루심으로 우리의 구주가 되어주신 것입니다.

적용

인생도처에 "이것이냐? 저 것이냐" 하는 겟세마네라는 갈림길이 있습니다. 이럴 경우 우리는 "나의 원대로 마시고 아버지의 원대로 하옵소서"라고 의뢰하고 의탁하는 것이 가장 힘든 기도요 하나님의 뜻대로 하는 기도입니다.

나누어 봅시다

1. 죄 사함과 언약의 피라 하신 의미에 대해서,
2. "그러나" 하신 겟세마네 기도의 반전에 대해서,
3. 대제사장 앞에서 선언하신 주님의 최후진술에 대해서,

27장

그리스도께서 십자가에 못 박히시다

첫째 단원(1-10) 무죄한 피

둘째 단원(11-26) 네가 유대인의 왕이냐

셋째 단원(27-56) 휘장이 찢어져 둘이 됨

넷째 단원(57-66) 장사지낸바 됨

내용 관찰

27장은 예수 그리스도께서 빌라도 앞에서 정치적인 재판을 받고, 십자가에 못 박혀죽으시고, 장사되는 내용입니다. 27장은 크게 두 부분으로 나누어지는데 앞부분(1-26)에서 총독 빌라도는, "네가 유대인의 왕이냐"고 묻습니다. 이 질문에 대한 답변은, "네가 하나님의 아들 그리스도인지 우리에게 말하라"(26:63) 한 질문에 대한 답변과 함께 "죽느냐 사느냐"가 걸려 있는 문제였던 것입니다. 대제사장에게, "네가 말하였느니라" 하신 주님은 빌라도에게도, "네 말이 옳도다"(11) 라고, "그리스도시오, 왕"이심을 선언하셨는데 여기에 앞부분의 핵심이 있습니다.

뒷부분의 핵심은, "이에 성소 휘장이 위로부터 아래까지 찢어져 둘이 되었다" (51)는 것인데, 1500년 동안이나 굳게 닫혀있던 휘장이 찢어졌다는 것은 무엇을 의미하는가? "오직 너희 죄악이 너희와 너희 하나님 사이를 갈라놓았다" (사 59:2) 한, "죄"가 청산이 되고 하나님께 나아가는 길이 열렸다는 점을 말해줍니다. 하나님은 이를 계시하시기 위해서 지성소와 성소를 휘장으로 막으라 하셨던 것입니다.

"새벽에 모든 대제사장과 백성의 장로들이 예수를 죽이려고 함께 의논하고 결박하여 끌고 가서 총독 빌라도에게 넘겨 주니라(1-2), 예수께서 총독 앞에 섰으매 총독이 물어 이르되 네가 유대인의 왕이냐 예수께서 대답하시되 네 말이 옳도다 하시고" (11), 그 외에는 아무 대답도 아니 하셨다 합니다.

그 때에 예수를 판 유다는 예수님이 정죄됨을 보고 스스로 뉘우쳐 그 은 삼십을 대제사장들과 장로들에게 도로 갖다 주며, "내가 무죄한 피를 팔고 죄를 범하였도다" (3)고 말하고, 빌라도도 물을 가져다가 무리 앞에서 손을 씻으며, "이 사람의 피에 대하여 나는 무죄하니 너희가 당하라" (24) 합니다. 그러자 백성들은 얼마나 무서운 말인지도 모르고, "그 피를 우리와 우리 자손에게 돌릴지어다" (25) 라고 말했던 것입니다.

빌라도는, "그리스도라 하는 예수를 내가 어떻게 하랴"고 묻습니다. 이에 대한 답변에 우리의 사활이 걸려 있는 것입니다. 그런데 저들은 "십자가에 못 박혀야 하겠나이다" (22)고 배척했던 것입니다. "그들이 예수를 십자가에 못 박은 후에 그 옷을 제비 뽑아 나누고(35), 그 머리 위에 이는 유대인의 왕 예수라 쓴 죄패를 붙였더라" (37). "제 구시쯤에 예수께서 크게 소리 질러 이르시되 엘리 엘리 라마 사박다니 하시니 (46), 이에 성소 휘장이 위로부터 아래까지 찢어져 둘이 되고 땅이 진동하며 바위가 터지고(51), 백부장과 및 함께 예수를 지키던 자들이 지진과 그 일어난 일들을 보고 심히 두려워하여 이르되 이는 진실로 하나님의 아들이었도다 하더라" (54) 합니다.

27장을 통해서 드러내고자 하는 바를 3가지로 요약할 수가 있는데,

㉠ 예수님이 하나님의 아들이요, 왕, 그리스도(11, 17, 22, 29, 37, 40, 42, 43, 54) 시라는 점과,

㉡ 그런 분이 가장 비참한 십자가 형틀에 달려 죽임을 당했다는 것과,

㉢ 죄가 없으시다는 점입니다. "죄가 없으시다"는 점이 배신자 유다의 입을 통해서(4), 재판관 빌라도를 통해서(24), 심지어 빌라도의 아내의 입을 통해서(19), 사형 집행관인 백부장의 입(54)을 통해서 말해지고 있습니다.

그렇다면 죄가 없으신 하나님의 아들 그리스도께서 왜 죽으셔야 했단 말인가? 그 이유를 말해주는 증거가 죄로 말미암아 1500년 동안이나 막혀 있던, "이에 성소 휘장이 위로부터 아래까지 찢어져 둘이 된" (51) 엄청난 사건인 것입니다.

아리마대 부자 요셉이, "시체를 가져다가 깨끗한 세마포로 싸서 바위 속에 판 자기 새 무덤에 넣어 두고 큰 돌을 굴려 무덤 문에 놓고 가니" (59-60), 대제사장과 바리새인들이 빌라도에게, "저 속이던 자가 살아 있을

때에 말하되 내가 사흘 후에 다시 살아나리라 한 것을 우리가 기억하노니 그러므로 명령하여 그 무덤을 사흘까지 굳게 지키게 하소서 그의 제자들이 와서 시체를 도둑질하여 가고 백성에게 말하되 그가 죽은 자 가운데서 살아났다 하면 후의 속임이 전보다 더 클까 하나이다" 하니 빌라도가 이르되, "너희에게 경비병이 있으니 가서 힘대로 굳게 지키라 하거늘 그들이 경비병과 함께 가서 돌을 인봉하고 무덤을 굳게 지키니라"(63-66) 합니다.

적용

사도 바울은 디모데에게 보낸 최후 서신에서, "만물을 살게 하신 하나님 앞과 본디오 빌라도를 향하여 선한 증언을 하신 그리스도 예수 앞에서 내가 너를 명하노니"(딤전 6:13) 라고 말했습니다. 주님께서 "빌라도를 향하여 선한 증언을 하신" 것이 무엇인가? 빌라도가 "네가 왕이 아니냐" 하는 말에, "네 말과 같이 내가 왕이니라"(11, 요 18:37)고 선언하신 것입니다. 바울도 이를 증언하다가 순교를 당한 것입니다. 형제가 담대히 선포해야 할 증언은 무엇입니까?

나누어 봅시다

1. 주님의 죄가 없으시다는 여러 사람의 증언에 대해서,
2. "네 말과 같이 내가 왕이니라" 하신 선언에 대해서,
3. 휘장이 찢어졌다는 구속사적인 의미에 대해서,

28장

부활하신 주님의 지상명령

첫째 단원(1-10) 말씀하신 대로 살아나심
둘째 단원(11-15) 도적질하여 갔다 하라
셋째 단원(16-20) 제자를 삼아 가르쳐 지키게 하라

내용 관찰

마지막 장에 이르렀습니다. 마태복음은 주님의 탄생으로 시작하여 죽은 자 가운데 부활하셨다고 선포함으로 마치고 있는데, 이는 네 개의 복음서가 동일(마 28:6, 막 16:6, 눅 24:6, 요 20:16) 합니다. "안식일이 다 지나고 안식 후 첫날이 되려는 새벽에 막달라 마리아와 다른 마리아가 무덤을 보려고 갔더니"(1), 그들에게 천사가 한 말은 논리가 정연합니다.

㉠ "너희는 무서워 말라"고, 우선적으로 안위(安慰)해 줍니다.

㉡ "십자가에 못 박히신 예수를 너희가 찾는 줄을 아노니"(5하) 하고, 저들의 심정을 안다고 말합니다.

㉢ "그가 여기 계시지 않고 그의 말씀하시던 대로 살아나셨느니라"(6상)고, 주님께서 미리 예고하신 "말씀"을 상기시킴으로 부활하심을 증언합니다.

㉣ "와서 그의 누우셨던 곳을 보라"(6하)고 부활현장을 확인(確認)을 시킵니다.

부활하신 주님께서도 그들을 만나, "평안하냐, 무서워하지 말라 가서 내 형제들에게 갈릴리로 가라 하라 거기서 나를 보리라" (9-10) 하십니다. 어찌하여 갈릴리에서 만나자 하시는가? 그곳은 부름을 받은 곳이요, 처음으로 사명을 받은 곳이기 때문일 것입니다.

반면 경비병들의 보고를 들은 대제사장은 군인들에게 돈을 많이 주며, "너희는 말하기를 그의 제자들이 밤에 와서 우리가 잘 때에 그를 도둑질하여 갔다 하라" (13)고 끝끝내 회개하지를 않고 대적합니다.

"열한 제자가 갈릴리에 가서 예수께서 지시하신 산에 이르러 예수를 뵈옵고 경배하나 아직도 의심하는 사람들이 있더라" (16-17) 합니다. 그러면 주님의 부활이 무엇에 대한 증거가 되는가?

㉠ 그가 과연 하나님의 아들 그리스도시라(롬 1:4)는 증거입니다.

㉡ 사망의 권세 잡은 자 마귀를 정복하셨다(히 2:14)는 증거입니다.

㉢ 우리를 의롭다 하심을 위하여 살아나셨느니라(롬 4:25), 즉 우리의 죄가 다 청산이 되고 하나님께서 받아주심이 가능하게 되었다는 증거입니다.

㉣ 우리 몸의 부활의 보증(고전 15:20)이 됩니다.

18-20절은 주님의 최후분부인데 4마디로 되어 있습니다. ① 하늘과 땅의 모든 권세를 내게 주셨으니, ② 그러므로 너희는 가서 모든 민족을 제자로 삼아 아버지와 아들과 성령의 이름으로 세례를 베풀고, ③ 내가 너

희에게 분부한 모든 것을 가르쳐 지키게 하라. ④ 볼지어다 내가 세상 끝날까지 너희와 항상 함께 있으리라(18-20) 하십니다.

"그러므로 가라"고 명하시는데, 전도자는 누가 보낸 사람들인가? "하늘과 땅의 모든 권세"를 가지신 분이 보내노라 말씀하십니다. 바울도, 베드로도 주님께서 보내시고 그들과 함께 하셨기 때문에 선한 싸움을 싸웠고, 승리할 수가 있었던 것입니다. 그들은 자기 시대에 자기 사명을 완수하고 구속사의 무대를 떠났습니다. 그러나 "예수 그리스도는 어제나 오늘이나 영원토록 동일하시니라"(히 13:8) 합니다. 바울과 함께 하셨던 주님은 지금 형제와 함께 하심을 약속의 말씀에 의지하여 확신하면서 사명을 감당하시기를 기원합니다.

적용

주님의 부활을 진심으로 믿는다면 재림하실 것도 확신하게 됩니다. 재림을 확신하는 자라면 주님의 마지막 분부에도 충성할 수가 있는 것입니다.

나누어 봅시다.

1. 주님의 부활이 보증해주는 4가지 증거에 대해서,
2. 도적질하여 갔다 하라고 말하는 제사장의 심령 상태에 대해서,
3. 4마디로 되어 있는 주님의 지상명령에 대해서,
4. 마태복음 장별 연구를 마치는 소감과, 깨달은 점에 대해서,

02
마가복음

마가복음 파노라마

주제

하나님의 아들 예수 그리스도 복음의 시작이라(1:1).

마가복음의 구조(構造)도, "너희는 나를 누구라 하느냐" (8:29) 하신 주님의 물으심을 분기점으로 하여 두 부분으로 나누어집니다. 전반부의 주제는 "예수가 누구신가"이고, 후반부의 주제는 "그가 왜 오셨는가"에 초점이 맞춰져 있습니다. 복음서는 이 두 주제에 의하여 해석이 되어야 기록한 목적대로 바로 증언하는 것이 됩니다.

마가복음의 특징

①마가복음은 건물에 비하면 골조(骨組)만 세워져 있는 것 같고, 나무에 비하면 나목(裸木)과 같은 복음서입니다. 그러니까 지엽적(枝葉的)인 해설보다는 복음의 뼈대를 세워주는데 역점을 두고 있다는 말씀입니

다. 그래서 마가복음이 초대교회 당시 각처에 있는 가정교회 지도자(指導者)들을 위한 교재로 기록되었다고 말하는 것은 일리가 있다 하겠습니다.

현대교회 설교는 복음진리의 뼈대는 빈약하고 내장만 아름답게 꾸미듯 하는 현학적(衒學的)입니다. "긍정의 심리학(心理學), 칭찬의 처세술(處世術), 축복의 미학"(美學)들이 판을 치고 있습니다. 이점을 사도 바울은, "누가 철학과 헛된 속임수로 너희를 사로잡을까 주의하라 이것은 사람의 전통과 세상의 초등학문을 따름이요 그리스도를 따름이 아니니라, 머리를 붙들지 아니하는지라"(골 2:8, 19)고 말씀합니다. 즉 지엽적(枝葉的)인 것을 붙들고 중심(中心) 주제인 복음은 망각하고 있다는 것입니다. 현대교회는 마가복음을 통해서 뼈대를 세워주는, 복음적인 설교를 회복해야만 하겠습니다.

창조의 시작과 복음의 시작

② 창세기는 "태초에 하나님이 천지를 창조하시니라"(창 1:1)고 시작이 되는데, 마가복음은 첫 말씀이, "하나님의 아들 예수 그리스도 복음의 시작이라"고, 복음이 시작되었다는 선언으로 시작이 됩니다. 유념할 점은 첫 창조와 재창조의 다른 점인데, 첫 창조는 말씀만으로 가능하였으나 재창조는 인간이 범한 죄가 청산이 되어야 가능해진다는 점입니다. 이를 누군가가 책임을 져야만 하는 것입니다. 그래서 주님은 "자기 목숨을 많

은 사람의 대속물로 주려고" (10:45) 왔노라 하십니다.

③ 마가복음의 요절은, "인자가 온 것은 섬김을 받으려 함이 아니라 도리어 섬기려 하고 자기 목숨을 많은 사람의 대속물로 주려 함이니라" 하신 10:45절입니다. 이는 두 마디로 되어 있는데 첫째는, "섬기려 왔다", 즉 종으로 오셨다는 점인데 어디까지 섬기로 오셨는가?

둘째는 "목숨을 많은 사람의 대속물로 주려 함이니라", 즉 우리를 위하여 대신 죽으시기까지 "섬기려" 오셨다는 것입니다. 그래서 마태가 그리스도를 "왕"으로 증언하고 있는 것과는 대조적으로 마가는 그리스도를 "종"이라는 점을 부각시키고 있는 것입니다.

④ 그러므로 종으로써 섬기는 삶을 사시다가 종래는 자기 목숨을 대속제물로 내어주신 "수난의 종"으로 묘사하고 있는 마가복음에는 족보도 없고, 생일도 없고, 축하해주러 오는 동방박사도, 목자들도 없습니다. 서론도 없이 "하나님의 아들 예수 그리스도 복음의 시작이라" (1:1) 하고 직행하고 있습니다.

그러므로 내용도 선생(先生)의 입장에서 회중들을 가르치시는 "말씀사역"은 극소화(極小化)하고, 1장부터 "귀신을 내어좇고, 나병을 고치시는" 섬기는 사역을 극대화(極大化)시키고 있습니다.

⑤ 그리하여 마가복음에서는 다른 복음서에서는 볼 수 없는 하나님의 아들 그리스도의 손이 죄인들과 접촉(接觸)하는 장면이 자주 등장합니

다. 벙어리 되고 귀신들린 자를 고쳐주시되 마태나 누가복음에서는 말씀만으로 "꾸짖으시니" 나갔다(마 17:18, 눅 9:42) 하는 것을, 마가복음에서는 "손을 잡아 일으키셨다"(9:27) 라고 말씀합니다.

어린아이를 축복하시는 장면도 마태나 누가복음에서는 그냥 안수하는 것으로 되어 있는데, 마가복음은 "그 어린아이들을 안고 그들 위에 안수하시고 축복하시니라"(10:16, 9:36) 합니다. 나병환자에게 "손을 내밀어 그에게 대시며"(1:41), "맹인의 손을 붙드시고" 마을 밖으로 데리고 나가사 안수하여 고쳐주시고(8:23), 귀먹은 사람에게 "손가락을 그의 양 귀에 넣고 침을 뱉어 그의 혀에 손을 대시며"(7:33) 고쳐주십니다.

마치 궂은일을 도맡아 하는 머슴과 같으십니다. 이런 광경을 보고 "사람들이 심히 놀라 이르되 그가 모든 것을 잘하였도다 못 듣는 사람도 듣게 하고 말 못하는 사람도 말하게 한다"(7:37) 라고 말했던 것입니다.

⑥ 이런 맥락에서 마가복음의 특징은 예수가 그리스도시요 구주이심을 교훈이나 설명보다는 행하시는 사역을 통해서 증언하고 있다는 점이 특징입니다. 마태복음서에는 구약성경의 인용과, 주님의 강론 등이 풍부합니다. 비유의 말씀도 14번이나 등장합니다. 그런데 마가복음서에는 4개의 비유만 있는 반면 기사이적을 행하신 행적은 20번이나 나옵니다.

이사야는 예언하기를, "그가 곤욕을 당하여 괴로울 때에도 그의 입을 열지 아니하였음이여 마치 도수장으로 끌려가는 어린 양과 털 깎는 자 앞에서 잠잠한 양 같이 그의 입을 열지 아니하였도다"(사 53:7)고 예언하고 있는데, 마가복음의 주님은 전반부에서는 묵묵히 섬기시는 종의 모습으로, 후반부에서는 잠잠한 양 같이 십자가를 담당하시는 대속 제물로 등장하고 있습니다. 이점은 잎만 무성한 무화과나무처럼 말만 무성하고 행함이 따르지 않는 현대교회에 규범(規範)이 된다 하겠습니다.

⑦ 그리스도가 "종"으로 부각이 되어 있는 마가복음에는 "말하지 말라"고 은익(隱匿)하는 대목이 5번이나 등장합니다. 나병환자를 고쳐주신 후에, "삼가 아무에게 아무 말도 하지 말라"(1:44) 하십니다. 귀신을 쫓아내신 후에도, "자기를 나타내지 말라고 많이 경계하시니라"(3:12) 합니다.

회당장 야이로의 죽은 딸을 살리신 후에도, "이 일을 아무도 알지 못하게 하라"(5:43)고 금하십니다. 귀먹고 어눌한 자를 고쳐주신 후에도, "경계하사 아무에게도 이르지 말라"(7:36) 하십니다. 더욱 놀라게 하는 것은 "주는 그리스도시니이다"하는 베드로의 고백을 들으신 후에도 "자기의 일을 아무에게도 말하지 말라"(8:29-30)고 경계하셨다는 점입니다. 이처럼 은익하신 주님의 의도가 무엇일까?

⑧이점을 9:9절을 통해서 깨달을 수가 있는데 변화산상의 사건이 있은 후에 주님은, "인자가 죽은 자 가운데서 살아날 때까지는 본 것을 아무에게도 이르지 말라" 하십니다. 인간의 생각으로는 변형되시는 모습을 제사장, 서기관, 장로와 많은 군중 앞에 보여주시기를 원할 것입니다. 그러

나 주님은 "죽은 자 가운데서 살아날 때까지는" 말하지 말라 하십니다.

그러니까 죽은 자 가운데서 살아난 후에는 말하라는 것입니다. 무엇을 말입니까? 하나님의 아들 그리스도께서 너의 죄를 위하여 죽으시고 다시 살아나셨다는 "복음"입니다. 그리하여 부활하신 후에는, "너희는 온 천하에 다니며 만민에게 복음(福音)을 전파하라" (16:15)고 명하셨던 것입니다. 주님은 기사이적을 행하는 분으로가 아니라 우리 죄를 위하여 죽으시고 다시 살아나신 구주(救主)로 전파되기를 원하셨던 것입니다.

주님은 죽으시고 다시 살아나시게 될 것을 "비로소" 말씀하신 후로는 무리들과의 접촉은 되도록 피하시는데, "이는 제자들을 가르치시며 또 인자가 사람들의 손에 넘겨져 죽임을 당하고 죽은 지 삼 일만에 살아나리라는 것을 말씀하셨기 때문이더라" (9:31) 합니다. 주님은 10장에서 "보라 우리가 예루살렘으로 가노니" (33) 하십니다. 누가복음에서도 "예루살렘을 향하여 올라가기로 굳게 결심하시고" (9:51) 합니다.

왜 예루살렘으로 올라가시려는가? "그들은 능욕하며 침 뱉으며 채찍질하고 죽일 것이나 저는 삼일 만에 살아나리라" (10:34) 하신 대속 제물이 되시기 위해서입니다. 주님은 이 사실을 1차, 2차, 3차에 걸쳐 말씀하십니다. 그리고 11장에서, "예루살렘에 가까이 와서" (1), 나귀새끼를 타고 입성(7)하십니다. 이를 우리는 종려주일로 기념을 하고 있는데 11장에서 벌써 고난의 주간이 시작이 된 것입니다. 마가복음은 ⅓을, 요한복음은 ½을 고난의 한 주간(週間)에 할애하고 있습니다.

유월절 어린양과 그리스도

⑨ 복음서들은 공통적으로 초점이 "유월절", 즉 주님의 죽으심에 맞춰져 있습니다. 마가복음에서도, "이틀이 지나면 유월절과 무교절이라 대제사장들과 서기관들이 예수를 흉계로 잡아 죽일 방도를 구하며" (14:1) 라고, "유월절과, 예수를 잡고자" 하는 음모를 결부시키고 있는 것을 보게 됩니다. 주님은 유월절 어린 양으로 희생이 되시기 위해서 유월절에 맞춰서 예루살렘으로 올라오셨고, 저들은 유월절 양을 잡을 음모를 꾸미고 있는 것입니다.

형제는 첫 번 유월절과, 마지막 유월절이 언제인지, 그리고 하나님께서는 왜 유월절을 자손 대대로 지키라 명하셨는지 말해 줄 수가 있습니까? 주님은 잡히시던 날 밤에 "이것이 내 몸이니라, 이것은 많은 사람을 위하여 흘리는바 나의 피 곧 언약의 피니라" (14:22-24) 하십니다. 이 밤이 그림자로 주어져서 지켜져 내려왔던 것이 참 것으로 "개혁" (히 9:10)이 되는 마지막 유월절이요, 첫 성찬의 밤이었던 것입니다. 이를 망각하지 않게 하시려고 유월절을 지키라 명하셨던 것입니다.

그러므로 이스라엘 백성들이 바로의 노예에서 해방된 것이 유월절 양의 피로 말미암은 것같이, 우리가 사탄의 노예에서 구속된 것은 어린 양 예수 그리스도의 피로 말미암은 것입니다. 하나님은 범죄 한 아담 하와에게 "가죽옷"을 지어 입히셨다고 말씀합니다. "가죽"이라는 표현 속에는 희생제물이 암시되어 있는 것입니다. 아벨이 드린 "양의 첫 새끼"는 누구의 무엇에 대한 예표입니까? 생각해보면 그리스도는 실로 창세로부터 대속 제물로 죽임을 당하신(계 13:8) 셈입니다.

살아나심으로 무엇이 입증이 되었는가?

⑩ 그런데 복음서는, "죽으심"으로 끝나고 있는 것이 아니라 "살아나심"까지 나아가고 있는 것입니다. 그러면 살아나심으로 무엇이 입증(立證)이 되었는가?

㉠ "죽은 자 가운데 부활하여 하나님의 아들로 인정되셨으니"(롬 1:4), 즉 그 분이 진정 하나님의 아들이심이 입증이 되었습니다.

㉡ "예수는 우리 범죄함을 위하여 내어줌이 되고 또한 우리를 의롭다 하심을 위하여 살아나셨느니라"(롬 4:25), 즉 우리 죄가 다 청산이 되었다는 점이 증명이 되었습니다.

㉢ "그리스도께서 죽은 자 가운데서 다시 살아 잠자는 자들의 첫 열매가 되셨도다"(고전 15:20), 즉 우리 몸의 부활의 보증이 되신 것입니다. 다시 강조합니다만 우리의 구원은 그리스도의 "죽으시고 다시 사심"으로 말미암아 가능하여졌다는 것입니다. 하나님께서 자기 아들을 통해서 이루어주신 것이기에 "하나님의 아들 예수 그리스도 복음"(1:1)인 것입니다.

그러므로 명심해야 할 점은 "복음서" 안에는 여러 편의 복음이 들어있는 것이 아니라 오직 하나의 복음인데 두 가지 주제, 즉 "하나님의 아들이 육신을 입고 오셔서, 우리 죄를 위하여 죽으시고, 다시 살아나셨다"는 1

장부터 마지막 장까지가 한 편의 복음인 것입니다. 두 주제를 떼어놓게 되면 복음이 사라지게 된다는 점을 망각하지 말아야만합니다. 그러므로 "구원은 "예수를 주로 시인하며 또 하나님께서 그를 죽은 자 가운데서 살리신 것을 네 마음에 믿으면 구원을 얻으리니" (롬 10:9) 하십니다.

⑪ 마가복음은, "하나님의 아들 예수 그리스도 복음의 시작이라" (1:1) 고 "복음" 으로 시작하여, "너희는 온 천하에 다니며 만민에게 복음을 전파라" (16:15)는 "복음" (福音)으로 마치고 있습니다. 그리고 마태복음이 "하늘과 땅의 모든 권세를 내게 주셨으니" (마 28:18) 하신 천지의 주재자가 되시는 왕으로 끝맺고 있으나 마가복음은, "제자들이 나가 두루 전파할 새 주께서 함께 역사하사 그 따르는 표적으로 말씀을 확실히 증거하시니라" (16:20) 하는, 함께 일하시는 동역자로 마치고 있습니다. 이는 이제도 주님은 형제와 함께 동역하고 계신다는 "섬김"의 진행(進行) 형임을 나타냅니다.

하나님의 아들로 오셨으나 종처럼 섬김의 삶을 사시다가 종래는 대속제물이 되어주신 마가복음에 계시된 그리스도의 발자취는 그의 제자 된 우리가 따라야 하는 발자취인 것입니다. 우리의 신분은 하나님의 자녀요 왕 같은 제사장들이지만, 그와 함께 영광을 받기 위해서는 지금은 종으로 섬기는 삶을 살아야만 하는 것입니다.

1장

삼위 하나님이 이루실 복음시대의 개막

첫째 단원(1-13) 복음 시대의 개막
둘째 단원(14-20) 복음을 전파하기 시작하심
셋째 단원(21-45) 역사하기를 시작하심

내용 관찰

1장은 크게 두 문단으로 나누어지는데 첫째 문단(1-13)의 중심점은, "하나님의 아들 예수 그리스도 복음의 시작이라"(1)고 막(幕)이 열리는데 있습니다. 첫 절을 도식(圖式)으로 나타내면, "예수+그리스도+하나님의 아들=복음의 시작"이라는 것이 됩니다. 이는 마가복음을 통해서 증언하려는 명제(命題)와 같은 말씀인데, "예수"가 누구신가? 하나님의 아들 그리스도시다. 그분이 왜 오셨는가? 우리를 위한 대속제물이 되기 위하여 육신을 입고 오심으로 "복음의 시대가 개막이 되었다"는 뜻입니다.

마태, 누가복음에서는 4장에 가서야 등장하는 "복음"(福音)이라는 말이 마가복음에서는 1:1절에서 등장하고, 죽으실 것에 대한 암시도 "그러나 신랑을 빼앗길 날이 이르리니" 하고 벌써 2장에서 등장(2:20)을 합니다.

"복음의 시작이라"를 중심으로 먼저,

㉠ "네 길을 예비하리라"고 선지자로 예언하신 길 예비자 세례 요한이 길을 예비하자,

㉡ "그 때에 예수께서" 하고, 복음의 주인공(主人公)이 등장하여 세례를 받으시니,

㉢ "성령이 비둘기 같이 임하시고"(10), ㉣ 하늘에서는 "너는 내 사랑하는 아들이라 내가 너를 기뻐하노라"(11)는 음성이 들려옵니다.

주목해 보셨습니까? 이처럼 복음은, "성부, 성자, 성령", 삼위일체 하나님께서 이루시는 사역인 것입니다. 이어서, "성령이 곧 예수를 광야로 몰아내신지라"(12) 하고, 사탄에게 시험을 받으시는 것이 등장하는데 어찌하여 광야로 몰아내셨는가? 구원계획은 인류의 시조가 실패한 현장에서 이를 회복시키는 것으로부터 시작되고 있다는 점을 드러내고 있는 것입니다. 그러므로 구속사역이란 인류의 시조를 타락시킨 사탄과 대결하여 사로잡혀 있는 자들을 구원하시는 영적 전투(戰鬪)인 것입니다.

둘째 문단(14-45)의 중심점은, "때가 찼고 하나님나라가 가까웠다"(15)는 점인데, "요한이 잡힌 후"(14상), 즉 장면은 빠르게 바뀌어 "길 예비자" 세례 요한은 구속사의 무대에서 퇴장(退場)을 하고, "요한이 잡힌 후 예수께서 갈릴리에 오셔서 하나님의 복음을 전파하여 이르시되"(14)

하고, 주인공(主人公)이 등장(登場)하여 복음을 전파하기 시작하시는 것입니다. 이는 율법시대가 막을 내리고 복음시대가 개막이 되었다는 점을 나타냅니다.

"하나님나라가 가까웠다"를 중심으로,

㉠ "나를 따라오라 내가 너희로 사람을 낚는 어부가 되게 하리라"(17)고 제자를 삼으시고,

㉡ "회당에 들어가 가르치기를"(21) 시작하십니다.

㉢ 그리고 "귀신 들린 자"를 내어 쫓아 고쳐주시니, "이는 어찜이냐 권위 있는 새 교훈이로다 더러운 귀신들에게 명한즉 순종하는도다"(27) 합니다.

1장에는 "귀신"이라는 말이 6번이나 등장하면서 축출하시는 것이 강조되어 있는데 이는 "하나님의 나라"가 임했다는 증거인데 주님은, "내가 만일 하나님의 손을 힘입어 귀신을 쫓아낸다면 하나님의 나라가 이미 너희에게 임하였느니라"(눅 11:20) 하십니다.

적용

복음시대는 "때가 찬" 경륜 가운데 개막이 되어 "때가 찬" 경륜 가운데 재림하심으로 완성이 되는 것입니다. 그 기간 동안 제자 된 우리가 행해야 할 일은, "하나님의 아들 예수 그리스도의 복음의 시작이라"(1)고 시작이 된 복음을 만민에게 전파하는 사명, 즉 사람을 낚는 어부가 되는 일입니다.

나누어 봅시다

1. 1:1절에 함의되어 있는 의미에 대해서,

2. 성령이 예수님을 광야로 몰아내신 의도에 대해서,

3. 구원계획과 성삼위 하나님의 사역에 대해서,

2장

의의 직분과 정죄의 직분의 충돌

첫째 단원(1-12) 어느 것이 쉽겠느냐?

둘째 단원(13-17) 죄인을 부르러 왔노라

셋째 단원(18-22) 혼인집과 장례 집

넷째 단원(23-28) 안식일의 주인이신 그리스도

내용 관찰

2장의 중심점은, "나는 의인을 부르러 온 것이 아니요 죄인을 부르러 왔노라" (17)는 말씀에 있습니다. 2장에서 벌써 주님을 배척하고 십자가에 못을 박게 될 "서기관(6, 16)과 바리새인" (16, 18, 24)이 등장하여 주님과 네 번(7, 16, 18, 24)의 충돌을 일으킵니다. 그러므로 2장의 내용은 율법과 복음, 즉 정죄의 직분과 사죄의 직분의 충돌이라 할 수가 있습니다.

①첫 번 충돌은, "사람들이 한 중풍병자를 네 사람에게 메워 가지고 예수께로 옴으로" (3) 일어납니다. 주님께서, "네 죄 사함을 받았느니라 하

시니"(5), 그들은 "신성 모독이로다"(7) 합니다. 그러면 의문에 속한 자들이 할 수 있는 일이 무엇인가? 이 사람이 중풍에 걸린 것은 자신이나 부모의 "죄" 때문이라고 정죄하는 일입니다. 그런데 주님은 "일어나 네 상을 가지고 집으로 가라"(11) 하십니다. "그가 일어나 곧 상을 가지고 모든 사람 앞에서 나가거늘", 무엇이 입증이 되었는가? 예수님이 죄를 사해주시기 위해서 오셨다는 점이 입증이 된 것입니다. "그들이 다 놀라 하나님께 영광을 돌리며 이르되 우리가 이런 일을 도무지 보지 못하였다"(12) 합니다.

② 두 번째는 바리새인들과 서기관들이, "어찌하여 세리 및 죄인들과 함께 먹는가"(16) 하고 비난함으로 충돌합니다. 그러자 주님은, "건강한 자에게는 의사가 쓸 데 없고 병든 자에게 라야 쓸 데 있느니라 나는 의인을 부르러 온 것이 아니요 죄인을 부르러 왔노라"(17) 하십니다. 그들은 "세리와 죄인"을 정죄하고 멀리할 수는 있으나, 그러나 주님은 저들의 죄를 대속하러 오셨다고 말씀하십니다.

③ 세 번째는, "금식"문제로 충돌하게 되는데 그들은, "어찌하여 당신의 제자들은 금식하지 아니하나이까"(18)라고 비난했습니다. 주님은 대답하시기를, "혼인 집 손님들이 신랑과 함께 있을 때에 금식할 수 있느냐"(19), 즉 복음시대란 기뻐하고 즐거워하는 "혼인 집"과 같다 하십니다. 그러면 율법의 집은 무엇과 같은가? 장례집인 것입니다.

이점을 스가랴서에는, "만군의 여호와가 이같이 말하노라 넷째 달의 금식(예루살렘 멸망)과 다섯째 달의 금식(성전이 불에 탐)과 일곱째 달의 금식(총독 암살당함)과 열째 달의 금식(예루살렘 포위)이 변하여 유다 족속에게 기쁨과 즐거움과 희락의 절기들이 되리니 오직 너희는 진리와 화평을 사랑할지니라"(슥 8:19)고 말씀합니다, "그러나 신랑을 빼앗길 날이 이르리니 그 날에는 금식할 것이니라"(20)고, 벌써 죽으시게 될 것을 말씀하십니다.

④ 네 번째는, "안식일" 문제로 충돌하게 되는데 저들은, "어찌하여 안식일에 하지 못할 일을 하나이까"(24)고 비난을 합니다. 주님은, "안식일이 사람을 위하여 있는 것이요 사람이 안식일을 위하여 있는 것이 아니니 이러므로 인자는 안식일에도 주인이니라"(27-28) 하십니다. 무슨 뜻인가? 주님은 죄가 들어옴으로 잃어버린 "안식"을 회복시켜주시기 위해서 오셨다는 말씀입니다.

적용

바울 사도는, "그가 또한 우리를 새 언약의 일꾼 되기에 만족하게 하셨으니 율법 조문으로 하지 아니하고 오직 영으로 함이니 율법 조문은 죽이는 것이요 영은 살리는 것이니라"(고후 3:6) 합니다. 이런 "복음"을 바리새인들 같이 또 다른 "조문"으로 만들지 않도록 조심해야만 합니다.

나누어 봅시다

1. 죄인을 부르러 오셨다는 것이 어떻게 가능해지는가에 대해서,

2. 복음과 율법을 혼인집과 장례 집에 비하신데 대해서,

3. 안식일이 사람을 위하여 있는 것이라는 의미에 대해서,

3장

죽이려는 의문과 살리려는 복음운동

첫째 단원(1-12) 어떻게 예수를 죽일꼬

둘째 단원(13-21) 열두 사도를 세우심

셋째 단원(22-35) 영적인 형제와 자매

내용 관찰

3장에서도 "안식일"에 관한 갈등은 계속되는데 예수님께서 회당에 들어가시니, "한쪽 손 마른 사람이 거기 있는지라 사람들이 예수를 고발하려 하여 안식일에 그 사람을 고치시는가 주시하고 있거늘"(1-2), 주님은 "안식일에 선을 행하는 것과 악을 행하는 것, 생명을 구하는 것과 죽이는 것, 어느 것이 옳으냐"(4)고, "죽이는 것과, 살리는 것"을 대조해서 물으십니다. 왜냐하면 "율법 조문은 죽이는 것이요 영은 살리는 것이요(고후 3:6), 도둑이 오는 것은 도둑질하고 죽이고 멸망시키려는 것뿐이요", 주님은 "양으로 생명을 얻게 하고 더 풍성히 얻게 하려고"(요 10:10) 오셨기 때문입니다.

의문에 속한 자들은 안식일을 거룩하게 지키는 것은, "아무 일도 하지 않는 것"으로 인식하고 있으나 주님은, "내 아버지께서 이제까지 일하시니 나도 일한다"(요 5:17)고 말씀하십니다. 무슨 뜻인가? 본래 안식은 계명으로 주어진 것이 아니라, "하나님이 그 일곱째 날을 복되게 하사 거룩하게 하셨으니"(창 2:3) 하고, 하나님이 창조하여주신 복을 누리라고 주신 것이었습니다.

그런데 죄로 말미암아 안식은 깨어지고 도리어 사탄의 노예로 전락했기 때문에, "너는 기억하라 네가 애굽 땅에서 종이 되었더니 네 하나님 여호와가 강한 손과 편 팔로 거기서 너를 인도하여 내었나니 그러므로 네 하나님 여호와가 네게 명령하여 안식일을 지키라 하느니라"(신 5:15), 즉 사탄의 노예 하에 있는 자들에게 안식을 회복시켜주실 메시아를 대망케 하기 위해서 계명으로 주어진 것이라는 점을 인식해야만 합니다.

"더러운 귀신들도 어느 때든지 예수를 보면 그 앞에 엎드려 부르짖어 이르되 당신은 하나님의 아들이니이다"(11) 하고, "예수가 누구신가"를 알아보는데 유독 의문에 속한 자들은 몰라보고, "어떻게 하여 예수를 죽일꼬"(6) 하고 죽이려 합니다.

"또 산에 오르사 자기가 원하는 자들을 부르시니 나아온지라 이에 열둘을 세우셨으니 이는 자기와 함께 있게 하시고 또 보내사 전도도 하며 귀신을 내쫓는 권능도 가지게 하려 하심이러라"(13-15) 합니다. "자기와 함께 있게 하시고"가 먼저요, "또 보내사 전도도 하며"는 다음이요, "귀신을 내쫓는 권능도 가지게 하려 함이라" 하심은 복음 전도란 악의 세력과의 영적 싸움임을 나타냅니다. 진상을 조사하기 위해서 "예루살렘에서 내려온 서기관들은 그가 바알세불이 지폈다 하며 또 귀신의 왕을 힘입어 귀신을 쫓아낸다"(22)고 말합니다. 이는 역설적으로 주님이 행하시는 능력을 부인할 수가 없었다는 증거입니다.

심지어 "예수의 친족들이 듣고 그를 붙들러 나오니 이는 그가 미쳤다 함일러라(21), 그 때에 예수의 어머니와 동생들이 와서 밖에 서서 사람을 보내어 예수를 부르니"(31) 합니다. 주님께서는 둘러앉은 자들을 보시며, "내 어머니와 내 동생들을 보라 누구든지 하나님의 뜻대로 행하는 자가 내 형제요 자매요 어머니이니라"(33-34) 하십니다.

적용

이제는 형제가 주님께서 "원하는 자들을 부르시니"(13) 한 그리스도의 제자요, 또한 "성도들과 동일한 시민(市民)이요 하나님의 가족"(엡 2:19)임을 망각하지 마시기 바랍니다.

나누어 봅시다

1. 의문에 속한 자들과 복음의 충돌에 대해서,
2. 열두 사도를 택하신 세 가지 이유에 대해서,
3. 영적인 형제자매와 형제우애에 대해서.

4장

하나님의 나라를 비유로 말씀하심

첫째 단원(1-20) 씨 뿌리는 비유와 해석

둘째 단원(21-34) 등불과, 겨자씨와 같다

내용 관찰

4장은, "우리가 하나님의 나라를 어떻게 비교하며 또 무슨 비유로 나타낼꼬"(30) 하신, 비유를 들어 하나님의 나라를 설명하신 내용인데, "씨 뿌리는 비유, 등불 비유, 겨자씨 비유" 등입니다.

4장은 꼭 있어야 할 자리에 놓여있다 하겠습니다. 왜 그런가? 1-3장까지는 주로 주님께서 행(行)하신 기사와 이적에 강조점을 두었습니다. 그것은 "예수가 누구신가" 하는 점을 드러내기 위해서였습니다. 그러다가 4장에 이르러, "하나님의 나라는 사람이 씨를 땅에 뿌림과 같으니"(26) 하는 "말씀" 사역을 하십니다.

많은 사람들이 "하나님의 나라는 기사와 이적"으로 이루어지는 양 오해를 하고 있는데, 기사와 이적을 통해서는 구속의 은혜를 깨달을 수가 없고, 그러므로 기사와 이적으로는 "거듭남"을 줄 수도 없습니다. 하나님의 아들 그리스도께서 우리의 죄를 "대속"(代贖)하셨다는 것을 믿는 복음은 "말씀"을 통해서만 전해줄 수가 있는 것입니다.

4장의 핵심은 3번(11, 26, 30) 등장하는 "하나님 나라"에 있는데,

㉠ 먼저 "하나님의 나라는 씨를 땅에 뿌림 같으니"(26) 하시면서, 뿌리는 씨는 "말씀"(14)이라 하십니다. 그래서 본문에는 "말씀"이 8번이나 강조되어 있습니다. "씨를 뿌릴 때에" 4가지 반응이 나타나게 될 것을 지적하시면서(4-8), 좋은 땅에 뿌려진 말씀은 "30, 60, 100배"의 결실을 맺는다 하십니다.

㉡ "또 그들에게 이르시되 사람이 등불을 가져오는 것은 말 아래에나 평상 아래에 두려 함이냐 등경 위에 두려 함이 아니냐"(21), 즉 그리스도인들이란 소극적으로는 모든 사람들이 주시하는 대상이요, 적극적으로는 빛을 비춰야 하는 자들이라는 뜻입니다.

㉢ 또 "겨자씨 한 알과 같으니 땅에 심길 때에는 땅 위에 모든 씨보다 작은 것이로되 심긴 후에는 자라서 모든 풀보다 커진다"(30-32) 하십니다.

하나님의 나라는 말씀(복음)의 씨를 뿌려 거듭나게 함으로만이 가능하여 지는 것이요, 그 "씨"는, "한 알의 밀이 땅에 떨어져 죽음"(요 12:24)으로만이 번성할 수가 있는 것입니다. 이점이 26-28절에 잘 나타나 있는데, "하나님의 나라는 사람이 씨를 땅에 뿌림과 같으니 그가 밤낮 자고 깨고 하는 중에 씨가 나서 자라되 어떻게 그리 되는지를 알지 못하느니라" 하시면서 "땅이 스스로 열매를 맺되 처음에는 싹이요 다음에는 이삭이요

그 다음에는 이삭에 충실한 곡식이라 열매가 익으면 곧 낫을 대나니 이는 추수 때가 이르렀음이라" (26-29)고 설명하십니다.

이는 파종(播種)에서부터 추수(秋收)하기까지의 과정(過程)을 요약하신 것인데, 복음을 전파하는 것으로 시작하여 한 영혼을 천국창고에 들이기까지의 과정이라 할 수가 있습니다.

적용

겨자씨 비유와 같이 예수님 한 분, 그리고 120명이라는 작은 수로 시작이 된 하나님의 나라가 하늘의 별 같이 번성했습니다. 이제 울면서 씨를 뿌리러 나가야 하는 것은 형제입니다.

나누어 봅시다

1. 씨를 뿌렸을 때의 4가지 반응에 대해서,
2. 26-29절에 나타난 파종으로부터 결실하기까지의 과정에 대해서,
3. 공중의 새들이 깃들일 만큼 커진다는 겨자씨 비유의 비전에 대해서,

5장

구원을 베푸실 전능자

첫째 단원(1–20) 군대 귀신을 쫓아내심

둘째 단원(21–43) 죽은 자를 살리심

내용 관찰

4:35절부터 5:43절 안에는,

㉠ 광풍을 잠잠하게 하신 일(4:37),

㉡ 군대 귀신을 쫓아내신 일(5:9),

㉢ 혈루증을 고쳐주신 일(25),

㉣ 야이로의 죽은 딸을 살리신 일(42) 등 네 개의 기적이 연속적으로 나옵니다. 이 표적을 통해서 드러내고자 하는 바가 무엇인가? "그들이 심히 두려워하여 서로 말하되 그가 누구이기에 바람과 바다도 순종하는가"(4:43) 한, "예수가 누구신가" 하는 점을 깨닫게 하기 위해서입니다.

다시 강조합니다만 복음서는 두 가지 주제로 되어 있는데 전반부는,

"예수가 누구신가"를 증언하는데 초점을 맞추어, "너희는 나를 누구라 하느냐"고 물으십니다. "예수가 하나님의 아들 그리스도"이심을 고백한 것을 분기점으로 하여 후반부는, "그런 분이 왜 오셨는가"를 증언하는데 초점을 맞추어, "인자의 온 것은, 대속물로 주려 함이니라" (10:45) 하십니다.

어느 시대를 막론하고 교회 내에서 일어나는 모든 문제는 "예수가 누구신가? 왜 오셨는가"를 망각한데 원인이 있는 것입니다. 주님을 모르면 자신이 죄인이라는 점과 값을 주고 사신바 되었다는 변화된 신분과 삶의 목적을 모르게 됩니다. 그러므로 "예수님이 누구신가"에 확고해야만 하겠습니다.

① "광풍"이 일어나 배가 침몰할 지경에 이르자 제자들은 주무시는 주님을 깨웁니다. "잠잠 하라, 고요하라" 하시니 바람이 그치고 잔잔해졌다는 것은, "예수"가 창조주시오, 만유의 주관자이심을 나타내고,

② "배에서 나오시매 곧 더러운 귀신 들린 사람이 무덤 사이에서 나와 예수를 만나니라" (2) 한, "군대 귀신을 쫓아내신 일"을 통해서는, "내가 하나님의 성령을 힘입어 귀신을 쫓아내는 것이면 하나님의 나라가 이미 너희에게 임하였느니라" (마 12:28), 즉 복음시대가 개막이 되었다는 점을 나타냅니다.

③ 죽었던 회당장 야이로의 딸을, "달리다굼" 하시어 살려주셨다는 것은, "죽음의 세력을 잡은 자 곧 마귀를 멸하시는" (히 2:14) 권세가 있으시다는 점을 드러내는 표적인 것입니다.

④ 그런데 막간에 혈루증 앓는 여인에게, "딸아 네 믿음이 너를 구원하였으니 평안히 가라 네 병에서 놓여 건강할 지어다" (34) 하신 "구원"이란 통찰력이 필요한 말씀인데, 사건이 놓여 있는 좌표가 어디인가를 인식해야만 바르게 이해할 수 있는 말씀입니다. 왜냐하면 여인의 "믿음"은 예수가 누구인가를 믿는 믿음이요, "너를 구원하였다" 하심은 사로잡혀 있던 병마로부터의 구원이기 때문입니다. 궁극적인 구원은, "네가 만일 네 입으로 예수를 주로 시인하며 또 하나님께서 그를 죽은 자 가운데서 살리신 것을 네 마음에 믿으면 구원을 받으리라" (롬 10:9) 하신, "죽으시고 다시 사신" 구속으로 말미암아 가능하여진다는 점을 명심해야만 합니다.

적용

우리의 삶이란 주님을 모시고 항해하는 것과 같은데 때로는 광풍을 만나고, 그 때에 주님은 주무시는 것 같을 때가 있습니다. 그럴 경우 주님이 우리에게 기대하시는 바는, "어찌하여 이렇게 무서워하느냐 너희가 어찌 믿음이 없느냐" 하신 "믿음"입니다. 사도 바울도 이런 시험을 당한 적이 있는데, "이는 우리로 자기를 의뢰하지 말고 오직 죽은 자를 다시 살리시는 하나님만 의뢰하게 하심이라" (고후 1:9) 합니다.

나누어 봅시다

1. 광풍을 잔잔케 하신 표적의 의미에 대해서,
2. 죽은 야이로의 딸을 살리신 표적의 의미에 대해서,

3. 혈루증 앓던 여인에게, "네 믿음이 너를 구원했다" 하신 "구원"의 의미에 대해서,

6장
이 사람이 누구냐

첫째 단원(1-6) 고향에서 배척을 당한 그리스도
둘째 단원(7-13) 12제자에 대한 전도훈련
셋째 단원(14-29) 수난의 전조인 요한의 죽음
넷째 단원(30-56) 너희가 먹을 것을 주어라

내용 관찰

6장은 크게 두 부분(1-29, 30-56)으로 나누어지는데 앞부분의 중심점은, "이 사람이 누구냐"는데 있습니다. 본문에는 "이 사람이 누군가" 하는 뜻이 6번(2, 2, 3, 15, 15, 16)이나 등장합니다. 예수께서 고향으로 가셔서, "안식일에 회당에서 가르치시니 많은 사람이 듣고 놀라 이르되 이 사람이 어디서 이런 것을 얻었느냐 이 사람이 받은 지혜와 그 손으로 이루어지는 이런 권능이 어찌됨이냐"(2), 이 사람이 마리아의 아들 목수가 아니냐 하고 배척했다는 것입니다.

"어떤 이는 그가 엘리야라 하고 또 어떤 이는 그가 선지자니 옛 선지자 중의 하나와 같다"(15)고 말하고, 헤롯은 듣고 이르되 "내가 목 벤 요한이 살아났다"(16)고 말했다는 것입니다. 세례 요한의 죽음은 주님의 수난을 예고하는 것으로 등장합니다. 이런 맥락에서 주님은 열두 제자를 둘씩 짝을 지어, "회개하라"(12) 전파하게 하셨는데 이는 주님께서 부활 승천하신 이후를 대비한 전도훈련이었던 것입니다.

뒷부분의 중심점은, "목자 없는 양 같은 무리를 불쌍히 여기심"(34)에 있습니다. 주님이 가시는 곳마다 많은 무리가 모여들고 따르므로 인산인해를 이루었습니다. 이는 긍정적으로 보면 주님의 명성이 널리 퍼지고 있다는 것이 되지만, 이는 목자 없는 양떼의 방황(彷徨)이기도 했던 것입니다.

"예수께서 나오사 큰 무리를 보시고 그 목자 없는 양 같음으로 인하여 불쌍히 여기사 이에 여러 가지로 가르치시더라"(34) 합니다. 그리고 "떡 다섯 개와 물고기 두 마리"(38)로, "다 배불리 먹고 남은 떡 조각과 물고기를 열두 바구니에 차게 거두었으며 떡을 먹은 남자는 오천 명이었더라"(42-44) 합니다.

"목자 없는 양"이라는 주제를 구속사의 맥락에서 보면 그 의미가 심원(深遠)한 바가 있습니다. 약속의 땅에 들어가지 못하리라는 선고를 받은 모세는, "하나님이시여 원하건대 한 사람을 이 회중 위에 세워서, 회중이 목자(牧者) 없는 양과 같이 되지 않게 하옵소서"(민 27:16-17) 하고 간구합니다.

예루살렘이 바벨론에 의하여 멸망당하게 된 원인을, "목자(牧者)가 없음으로 그것들이 흩어지고 흩어져서 모든 들짐승의 밥이 되었도다" (겔 34:5) 하십니다. 그래서 하나님은, "내가 한 목자(牧者)를 그들 위에 세워 먹이게 하리니 그는 내 종 다윗이라 그가 그들을 먹이고 그들의 목자가 될지라" (겔 34:23) 하셨는데, 예수 그리스도는 그 목자(牧者)로 오신 것입니다.

문제는 저들이 바라는 목자와 하나님께서 보내신 "목자"의 기대치(期待値)가 다르다는데 있습니다. 저들은 오병이어의 기적을 베푸는 정치적인 목자를 구했으나, 하나님께서 이루시려는 것은 하나님의 나라건설이었던 것입니다. 이점을 요한복음에서는 떡을 얻어먹은 무리들이 예수님을, "억지로 붙들어 임금으로 삼으려는 줄 아시고 다시 혼자 산으로 떠나 가시니라" (요 6:15) 합니다. 주님이 왕이 되면 한 자리를 하려던 제자들이 얼마나 실망했겠습니까?

주님은 제자들의 메시아 관을 바로잡아주기 위해서, "밤 사경쯤에 바다 위로 걸어서 그들에게 오시는" (48) 표적을 행하시게 된 것입니다. 제자들은 "유령인가 하여 소리 지르니" 주님은, "안심하라 내니 두려워하지 말라" (50) 하십니다.

적용

6장에는 "이 사람"이 누구냐 하는 점이 부각이 되어 있습니다. 고향 사람들은 마리아의 아들 목수로 알고 배척했고, 헤롯은 자신이 죽인 세례 요한으로 알고 두려워하고, 무리들은 잘 먹고 잘 살게 해줄 자로, 또는 병 고쳐주는 자로 알고 따르고, 제자들은 "마음이 둔하여졌다"고 말씀합니다. 문제는 오늘날 "주여, 주여" 하면서 따르는 자들의 목적이 어디에 있는가 하는 점이 문제인 것입니다.

나누어 봅시다.

1. 그리스도께서 고향에서 배척을 당한 이유에 대해서,
2. "목자 없는 양"이라는 주제의 구속사적 의미에 대해서,
3. 물 위로 걸어오신 표적을 행하신 의도에 대해서,

7장

형식적인 종교와 마음의 신앙

첫째 단원(1-23) 형식적인 종교인들

둘째 단원(24-30) 마음의 신앙인

셋째 단원(31-37) 그가 모든 것을 잘하였도다

내용 관찰

7장의 내용은 예루살렘에서 내려온 종교 지도자들과의 논쟁과, 수로보니게 여인과의 대화로 되어 있습니다. 바리새인과 서기관은 예수님의 제자 중 몇 사람이 씻지 아니한 손으로 떡 먹는 것을 보고는, "어찌하여 당신의 제자들은 장로들의 전통을 준행하지 아니하고 부정한 손으로 떡을 먹나이까" (5) 라고 비난을 했습니다.

주님은 이사야 29:13절을 인용하여, "이 백성이 입술로는 나를 공경하되 마음은 내게서 멀도다 사람의 계명으로 교훈을 삼아 가르치니 나를 헛되이 경배하는도다" (6-7)고 저들의 외식을 지적하시면서, "너희가 하나님의 계명은 버리고 사람의 전통을 지키느니라" (8) 하십니다.

"하나님의 계명과 사람의 전통"을 대조하여 말씀하시는데, 문제는 하나님의 말씀에 의한 신앙인격의 형성에 있는 것이 아니라, 교회 전통이나 관습에 의한 종교인(宗教人)을 만들고 있다는 것입니다. 한 사람이 교회 문을 들어서게 되면 그리스도의 제자로 양육이 되는 것이 아니라, "교회 생활에 익숙한 종교인, 즉 "교인"이 되어 간다는데 문제가 있는 것입니다. 이점은 현대교회가 심각하게 고민해야 할 문제라 하겠습니다.

이와는 대조적으로 예수님께서 두로 지방으로 가시니 더러운 귀신 들린 어린 딸을 둔 한 이방 여인이 예수님의 발 아래에 엎드려, "자기 딸에게서 귀신 쫓아내 주시기를 간구하는" (26) 장면이 등장합니다. 그런데 주님은, "자녀의 떡을 취하여 개들에게 던짐이 마땅치 아니하니라" (27) 하시는 것이 아닌가?

여기서 "자녀"는 유대인을, "개들"은 이방인을 가리킵니다. 이 말씀은 우리를 당황케 하기에 족합니다. 그런데 "주여 옳소이다마는 상아래 개들도 아이들이 먹던 부스러기를 먹나이다" (28 라고 대답하는 것이 아닌가? 이 말은 우리를 다시 한 번 놀라게 합니다. "이는 구원(救援)이 유대인에게서 남이라" (요 4:22) 한 메시아언약을 인정하는 말이요, 그리하여 이방인들도 구원에 참여하게 될 것을 고백하는 말이기 때문입니다.

그러자 주님은, "이 말을 하였으니 돌아가라 귀신이 네 딸에게서 나갔느니라" (29) 하십니다. "이 말을 하였으니"가 무슨 뜻인가? 언약(言約) 밖에 있던 이방 여인으로 하여금 메시아언약을 시인(是認)하게 함으로 언약 안으로 끌어들이신 것입니다. 바리새인들과 서기관들을 통해서 화석화(化石化) 된 죽은 종교인을 봅니다. 이방 여인을 통해서 살아 숨 쉬는 신앙을 대하게 됩니다.

적용

그러면 어떤 결론(結論)에 이르게 되었는가? 가장 경건하고, 가장 깨끗한 자로 자부하고 있던 바리새인들과 서기관들이 언약 밖에 있는 "개들"이 되고, 저들에게 개 취급을 받던 이방 여인이 "자녀"가 되었다는 것이 됩니다.

나누어 봅시다

1. "입술로는 나를 공경하되 마음은 내게서 멀도다"에 대해서,
2. 하나님의 말씀에 의한 신앙인격과 관습에 의한 교인이 되는 것에 대해서,
3. "이 말을 하였으니" 하신 구속사적 의미에 대해서,

8장

아직도 알지 못하며 깨닫지 못하느냐

첫째 단원(8:1-10) 7병 2어의 기적
둘째 단원(11-21) 바리새인의 누룩을 주의하라
셋째 단원(22-26) 나무 같은 것이 걸어가는 것을 보나이다
넷째 단원(27-38) 너희는 나를 누구라 하느냐

내용 관찰

8장의 중심점은 2번이나 말씀하시는, "아직도 알지 못하며 깨닫지 못하느냐 너희 마음이 둔하냐"(17, 21)에 있습니다. 이 말씀은, "너희는 나를 누구라 하느냐"(29) 하신 질문과 결부가 되는데, 주님의 공생애 3년이 왜 필요했는가? 이는 12사도들에게 "예수가 누구신가? 그 분이 왜 오셨는가"를 깨닫게 하시려는 훈련기간이라 할 수가 있습니다. 주님은 이제 곧 십자가를 담당하시기 위해서 예루살렘으로 올라가시게 되는 시점(時點)인데, "아직도 알지 못하며 깨닫지 못하느냐 너희 마음이 둔하냐"고

탄식하시는 것입니다.

1-10절은 떡 일곱 개로 4천명을 먹이신 표적인데 여기에는 주님이 누구신가만을 알리려는 것이 아니라, "내가 무리를 불쌍히 여기노라 그들이 나와 함께 있은 지 이미 사흘이 지났으나 먹을 것이 없도다 만일 내가 그들을 굶겨 집으로 보내면 길에서 기진하리라 그 중에는 멀리서 온 사람들도 있느니라"(2-3) 하신, 목자 없는 양 같은 저들을 "불쌍히 여기시고" 저들의 필요를 공급(供給)해주시는 참 목자의 사랑의 마음이 나타나 있는 것입니다.

제자들은 주님께서, "삼가 바리새인들의 누룩과 헤롯의 누룩을 주의하라"(15) 하시자, "떡이 없음"을 지적하신 것으로 이해를 했다는 것입니다. 그래서 "너희가 어찌 떡이 없음으로 수군거리느냐 아직도 알지 못하며 깨닫지 못하느냐 너희 마음이 둔하냐"(17)고 탄식하시는 것입니다.

이런 맥락에서 맹인을 치료하시는 표적이 등장하는데 그에게 안수하시고, "무엇이 보이느냐 물으시니, 사람들이 보이나이다 나무 같은 것들이 걸어가는 것을 보나이다"(23-24) 합니다. "이에 그 눈에 다시 안수하시매 그가 주목하여 보더니 나아서 모든 것을 밝히 보는지라"(25) 합니다. 이처럼 두 번에 걸쳐서 치료하심은 주님이 실수하신 것이 아니라 제자들의 영적인 상태를 상징적으로 나타내고 있는 것입니다.

이점이 이어지는 말씀에 나타나는데 주님께서, "너희는 나를 누구라 하느냐"(29) 하시니 베드로가 대답하기를, "주는 그리스도시니이다" 합니다. 그러자 주님은 "많은 고난을 받고, 죽임을 당하고 사흘 만에 살아나야 할 것을 비로소 그들에게 가르치셨다" (31) 합니다.

그러자 "베드로가 예수를 붙들고 항변하매, 사탄아 내 뒤로 물러가라" (33)는 책망을 받게 됩니다. 베드로는 예수가 누구신가는 알았으나, 왜 오셨는가는 몰랐던 것입니다. 그의 영적 상태는, "나무 같은 것들이 걸어가는 것을 보나이다" 한 희미한 상태였던 것입니다. 오순절 성령강림 후에야 밝히 깨닫게 되었던 것입니다.

이점에서 자기가 그리스도인 것을 "아무에게도 말하지 말라" (30) 경고하신 주님의 의도를 깨달아야만 합니다. 예수가 누구신가만을 아는 것으로 족하지 않습니다. 그 분이 나를 위해서 무엇을 행해주셨는가를 믿고 고백하는데 까지 나아가야만 하는 것입니다. 구원을 얻는 믿음은 그리스도가 우리 죄를 위하여 죽으시고 다시 살아나셨음을 믿는데 있다는 점에 확고해야만 합니다. 그렇지 않으면 복음을 전하는 줄로 아나 복음이 아닐 수가 있고, "나무 같은 것들이 걸어가는 것을 보나이다" 한 희미한 상태가 되기 때문입니다.

적용

주님은 "너희가 어찌 떡이 없음으로 수군거리느냐 아직도 알지 못하며 깨닫지 못하느냐 너희 마음이 둔하냐 너희가 눈이 있어도 보지 못하며 귀가 있어도 듣지 못하느냐 또 기억하지 못하느냐" (17-18)고 책망하십니다. 우리들도 "아직도" 깨닫지 못하고 마음이 둔한 상태에 있지 아니한지 돌이켜 보아야만 하겠습니다.

나누어 봅시다

1. 7병 2어의 기적의 의미에 대해서,

2. "나무 같은 것이 걸어가는 것을 보나이다" 한 영적 상태에 대해서,

3. 그리스도인 것을 아무에게도 말하지 말라 하신 의도에 대해서,

9장

이는 내 사랑하는 아들이니 그의 말을 들으라

첫째 단원(1–13) 주님의 변형이 주는 의미

둘째 단원(14–29) 믿음이 없는 세대여

셋째 단원(30–37) 누가 크냐 쟁론한 제자들

넷째 단원(38–50) 영접하는 복과 실족시키는 화

내용 관찰

9장의 첫째 문단(1-29)은 "엿새 후에" (2) 하고 시작이 되는데 이는 베드로의 신앙고백을 들으신 후에, "죽임을 당하고 사흘 만에 살아나야 할 것을 비로소 가르치신" (8:29-31) 엿새 후라는 뜻입니다. 제자들은 주님이 "누구신가"는 알았으나 "왜 오셨는가"에 대해서는 불확실한 상태에 있었습니다. 이런 배경에서 주님께서는, "베드로와 야고보와 요한을 데리시고 따로 높은 산에 올라가셨더니 그들 앞에서 변형"이 되는 것을 보여주셨는데, 그 의도는 영광은 고난 후에 주어진다는 점을 가르치시기 위해서입니다. 이점을 베드로는, "우리 주 예수 그리스도의 능력과 강림하심을 너희에게 알게 한 것이 교묘히 만든 이야기를 따른 것이 아니요 우리는 그의 크신 위엄을 친히 본 자라 지극히 큰 영광 중에서 이러한 소리가 그에게 나기를 이는 내 사랑하는 아들이요 내 기뻐하는 자라 하실 때에 그가 하나님 아버지께 존귀와 영광을 받으셨느니라"(벧후 1:16-17)고 증언합니다.

복음서에는 하나님께서 예수님을 가리켜, "내 사랑하는 아들이라"고 친히 증언하시는 것이 세 번 등장하는데, 첫 번은 공생애를 시작(1:11)하실 때인데 이는 신임장(信任狀)과 같은 의미가 있고, 두 번째는 본문(9:7)으로 "왜 오셨는가"를 말씀하는 문맥에서인데 이는 주님의 사명에 대한 확증이고, 세 번째는 십자가를 앞에 둔(요 12:28) 시점에서인데 이는 주님의 죽으심이, "내가 이미 영광스럽게 하였고 또 영광스럽게 하리라"(요 12:28) 하신 하나님의 영광을 위해서라는 점을 나타냅니다. 이를 가리켜 주님은, "인자는 아버지 하나님께서 인(印)치신 자니라"(요6:27) 하십니다.

산에서 내려오시면서 주님은, "인자가 죽은 자 가운데서 살아날 때까지는 본 것을 아무에게도 이르지 말라"(9)고 경고하십니다. 어찌하여 변형되는 모습을 많은 사람에게 보여주지 않으시고, 세 제자만을 데리고 올라가셨는가? 그리고 말하지 말라고 경고까지 하시는가? 구원은 "변형"으로 말미암아 가능하여지는 것이 아니기 때문입니다. 이점을 30-31절에서는, "예수께서 아무에게도 알리고자 아니하시니 이는 제자들을 가르치시며 또 인자가 사람들의 손에 넘겨져 죽임을 당하고 죽은 지 삼 일 만에 살아나리라는 것을 말씀하셨기 때문이더라" 합니다. 세 제자는 훗날 증인(벧후 1:16-18)이 되어야 하기 때문에 대동하신 것입니다.

산에서 내려오니 귀신들린 자의 아버지가, "내가 선생님의 제자들에게 내쫓아 달라 하였으나 그들이 능히 하지 못하더이다"(18)고 말합니다. 주님은 "믿음이 없는 세대여 내가 얼마나 너희와 함께 있으며 얼마나 너희에게 참으리요"(19) 하시고, 고쳐주셨습니다.

둘째 문단(30-50)의 중심점은 제자들이, "누가 크냐"(34) 하고 쟁론하는 내용인데, 주님은 지금 십자가를 담당하기 위해서 예루살렘으로 올라가시는데 제자들은 자리다툼을 하고 있다니 그래서, "얼마나 너희와 함께 있으며 얼마나 너희에게 참으리요" 하시는 것입니다.

주님은, "누구든지 첫째가 되고자 하면 뭇 사람의 끝이 되며 뭇 사람을 섬기는 자가 되어야 하리라"(35) 하시고, "어린 아이 하나를 데려다가 그들 가운데 세우시고 안으시며 제자들에게 이르시되 누구든지 내 이름으로 이런 어린 아이 하나를 영접하면 곧 나를 영접함이요 누구든지 나를 영접하면 나를 영접함이 아니요 나를 보내신 이를 영접함이니라"(36-37) 하십니다.

적용

9장에는 "믿음"이 4번이나 강조되어 있으면서, "믿음이 없는 세대여" 하십니다. 이는 제자들을 위시한 당시의 불신풍조를 한탄하시는 말씀입니다. 결전(決戰)의 날은 다가오는데 "얼마나 너희와 함께 있으며 얼마나 너희를 참고" 기다려야 한단 말이냐? "재림"이라는 지구상의 최대지일(最大之日)은 다가오는데, "믿음이 없는 세대여, 얼마나 너희를 참으리오" 하시는 것으로 적용이 됩니다.

나누어 봅시다

1. 변형되시는 것을 보여주신 것과 말하지 말라 하신 의도에 대해서,
2. 하나님께서 3번, "내 사랑하는 자라" 하신 각각의 의미에 대해서,
3. 산 밑의 제자들과 우리의 모습에 대해서,

10장
인자의 온 것은 대속물로 주려 함이라

첫째 단원(1-12) 하나님이 짝지어주신 것
둘째 단원(13-16) 어린아이같이 받들어야
셋째 단원(17-34) 하나님만이 하실 수 있는 구원
넷째 단원(35-45) 섬기는 자와 종이 되어야 한다
다섯째 단원(46-52) 네 믿음이 너를 구원하였느니라

내용 관찰

10장은 크게 두 문단으로 나누어지는데 첫째 문단(1-31)의 중심점은, "그런즉 누가 구원을 얻을 수 있는가"라는 제자들의 질문에, "사람으로는 할 수 없으되, 하나님으로서는 다 하실 수 있느니라"(26-27) 하심에 있고, 둘째 문단(32-52)의 중심점은, "자기 목숨을 대속물로 주려함이라"(45)에 있습니다. 그러므로 이 두 주제는 구원이란, "율법이, 할 수 없는 그것을 하나님은 하시나니 곧 죄로 말미암아 자기 아들을 죄 있는 육신의 모양으로 보내어 육신에 죄를 정하사"(롬 8:3) 가능하여진다는 하나의

주제로 귀결이 되는 것입니다.

"예수께서 거기서 떠나 유대 지경과 요단 강 건너편으로 가시니" (1) 합니다. 이 기간을 "베뢰아 전도기간"이라 하는데 이는 "예루살렘으로 올라가는" (32) 노정입니다. 첫 장면은 바리새인들이 "이혼"문제를 들어 예수님을 시험을 합니다. 주님은 "하나님이 짝지어주신 것을 사람이 나누지 못할 지니라" (9) 하십니다.

"하나님이 짝지어주신 것"이란 말씀에는 교훈적인 뜻만이 아니라 심오한 구속사적인 의미가 있는 것입니다. 하나님은 아담의 배필을 지으시되, 한 사람을 둘로 만드신 후에 "둘이 한 몸을 이룰지로다" (창 2:24)고 "하나"가 되게 하셨습니다. 이를 가리켜 바울은, "이 비밀이 크도다 나는 그리스도와 교회에 대하여 말하노라" (엡 5:32) 합니다. 그리스도와 연합한 그리스도인이란 "머리와 몸"의 관계와 같아서 누구도 나눌 수도, 떼어 놓을 수가 없다는 것이 구속사적인 의미입니다. "남편과 아내"는 이에 대한 예표라 할 수가 있는 것입니다. 이 진리를 알고 믿는 자라면 어찌 이혼을 할 수가 있겠는가?

두 번째 장면은, "사람들이 예수께서 만져 주심을 바라고 어린 아이들을 데리고 오매 제자들이 꾸짖거늘 예수께서 보시고 노하셨다" (13-14) 합니다. 왜냐하면 어린이들도 그리스도를 만나야 하기 때문입니다. 그러므로 어리다는 이유로 "복음"을 전해주지 않는다면 제자들 같이 그리스도께 오는 것을 금하는 것이 되고, 주님은 노하실 것입니다.

세 번째 장면은 어떤 사람이, "내가 무엇을 하여야 영생을 얻으리이까"

(17) 라고 묻자 계명을 지키라 하시니, "내가 어려서부터 다 지켰나이다" (20) 합니다. 과연 그는 다 지켰는가? 그렇다면 "네게 있는 것을 다 팔아 가난한 자들에게 주라 하시니 그 사람은 재물이 많은 고로, 슬픈 기색을 띠고 근심하며 가니라" (21-22) 합니다. 그는 "네 이웃을 네 몸같이 사랑하라"는 계명도 지키지 못했다는 것이 드러난 것입니다.

그러자 주님은 제자들에게, "낙타가 바늘귀로 나가는 것이 부자가 하나님의 나라에 들어가는 것보다 쉬우니라" 하십니다. 이점에서 "부자"란 물질만이 아니라, 심령이 부자인 교만한 자 모두를 가리키는 말씀입니다. 제자들이 매우 놀라, "그런즉 누가 구원을 얻을 수 있는가 하니, 사람으로는 할 수 없으되, 하나님으로서는 다 하실 수 있느니라" (25-27) 하십니다. 이는 자력구원의 불가능성을 가리키는 말씀인데, 형제는 하나님께서 어떻게 행해주셨는지 말해줄 수가 있습니까?

이에 대한 대답이, "보라 우리가 예루살렘에 올라가노니 인자가 대제사장들과 서기관들에게 넘겨지매 그들이 죽이기로 결의하고 이방인들에게 넘겨주겠고 그들은 능욕하며 침 뱉으며 채찍질하고 죽일 것이나 그는 삼 일 만에 살아나리라" (32-34) 하신 말씀에 나타나는데 이는 세 번째 수난 예고입니다.

그러자 네 번째로 야고보와 요한이, "주의 영광중에서 우리를 하나는 주의 우편에, 하나는 좌편에 앉게 하여 주옵소서" (37) 하는 장면이 등장합니다. 주님이 예루살렘으로 올라가시니 왕위에 오르실 것으로 여겼던 모양입니다. 이 말을 들은 다른 제자들은 "화를 냈다" (41)고 말합니다.

주님은 "너희는 너희가 구하는 것을 알지 못하는도다 내가 마시는 잔을 너희가 마실 수 있으며 내가 받는 세례를 너희가 받을 수 있느냐" (38) 하시면서, "인자가 온 것은 섬김을 받으려 함이 아니라 도리어 섬기려 하고 자기 목숨을 많은 사람의 대속물로 주려 함이니라" (45) 하십니다. 이 말씀을 듣는 형제의 마음은 어떠합니까?

다섯 번째 장면은 여리고의 맹인 거지인 바디메오가, "다윗의 자손 예수여 나를 불쌍히 여기소서, 더욱 크게 소리 질러 이르되 다윗의 자손이여 나를 불쌍히 여기소서" (46-47) 하는 장면인데, 이는 예수님을 하나님께서 다윗에게 언약하신 "그리스도"임을 고백하는 말이었던 것입니다. 주님은 "네 믿음이 너를 구원하였느니라 하시니 그가 곧 보게 되어 예수를 길에서 따르니라" (52) 합니다.

적용

10장에는 "하나님의 나라"가 5번(14, 15, 23, 24, 25)이나 강조되어 있습니다. 문제는 "누가 하나님의 나라에 들어갈 수 있는가" 하는 점입니다. "사람으로는 할 수 없으되, 하나님으로서는 다 하실 수 있느니라" 하십니다. 그러면 우리들이 행해야 하는 것은 무엇인가? "하나님의 나라를 어린 아이와 같이 받들지 않는 자는 결단코 그 곳에 들어가지 못하리라" (15) 하신 믿음, 거지 바디메오와 같은 순수한 "믿음"입니다.

나누어 봅시다

1. 부부는 하나님이 짝지어주신 것이라는 구속사적 의미에 대해서,
2. 하나님은 하실 수 있느니라 한 하나님의 방도에 대해서,
3. 어린이와 같은 믿음이 어떤 믿음인가에 대해서,

11장

찬송하리로다 주의 이름으로 오시는 이여

첫째 단원(1-11) 나귀타고 입성하시는 왕
둘째 단원(12-14, 20-26) 뿌리까지 말라버린 무화과나무
셋째 단원(15-19, 27-33) 너희는 강도의 굴혈을 만들었도다

내용 관찰

11장의 중심점은 "찬송하리로다 주의 이름으로 오시는 이여"에 있습니다. 첫째 장면은 예루살렘에 가까이 오신 주님께서 제자 중 둘을 보내시며, "너희는 맞은편 마을로 가라 그리로 들어가면 곧 아직 아무도 타 보지 않은 나귀 새끼가 매여 있는 것을 보리니 풀어 끌고 오라 만일 누가 너희에게 왜 이렇게 하느냐 묻거든 주가 쓰시겠다 하라"(1-2) 하십니다.

그 동안은 서기관, 바리새인들이 예루살렘에서 내려와(3:22, 7:1) 죽이려 하였으나 때가 되매 주님께서 십자가에 달려 죽으시기 위하여 예루살렘 성으로 입성(入城)을 하시는 것입니다. 그러면 나귀 새끼를 타고 입성

하시는 분이 누군가? 이는 스가랴 선지자가 예언한 "왕의 입성" (슥 9:9) 인 것입니다. 개선장군은 "백마" (白馬)를 타고 입성(入城)을 합니다. 그러면 나귀새끼를 타고 입성하는 왕은 어떤 왕인가? 첫째는 정치적인 왕이 아니라 겸손한 평화의 왕으로 입성을 하신다는 의미가 있습니다.

그런데 예루살렘 성은 비어 있는 성이 아니라 "이 세상 임금" (요 12:31, 16:11)의 지배 하(支配下)에 있다는 사실입니다. 그런 예루살렘 성으로 입성을 하신다는 것은 마치 다윗이 골리앗과 대결을 하듯 "이 세상 임금"과의 결전(決戰)의 날이 이르렀음을 의미합니다. 주님은 "이 세상 임금이 쫓겨나리라" (요 12:14, 31)고 선언하십니다.

둘째 장면은 이튿날 시장하신 주님은, "잎사귀 있는 한 무화과나무를 보시고 혹 그 나무에 무엇이 있을까 하여 가셨더니 가서 보신즉 잎사귀 외에 아무 것도 없더라" 합니다. 주님은 "이제부터 영원토록 사람이 네게서 열매를 따 먹지 못하리라" (12-14) 하시니 무화과나무가 말라 죽었다 합니다. 이에 대한 설명이, "하나님의 나라를 너희는 빼앗기고 그 나라의 열매 맺는 백성이 받으리라" (마 21:43) 하신 말씀에 나타납니다.

셋째 장면은 주님께서 "성전 안에서 매매하는 자들을 내쫓으시며, 기록된바 내 집은 만민이 기도하는 집이라 칭함을 받으리라고 하지 아니하였느냐 너희는 강도의 소굴을 만들었도다" (15-17)고 책망하십니다. 그렇습니다, 예루살렘 성전을 영적으로는 "강도"와 같은 사탄이 점령하고 있었던 것입니다. 대제사장들과 서기관들과 장로들이, "무슨 권위로 이런 일을 하느냐 누가 이런 일할 권위를 주었느냐" 하니 주님은, "나도 한 말을 너희에게 물으리니, 요한의 세례가 하늘로부터냐 사람으로부터냐 내게 대답하라" 하고 반문하십니다.

그들은 "만일 하늘로부터라 하면 어찌하여 그를 믿지 아니하였느냐 할 것이요", 사람으로부터라 하면 모든 사람이 요한을 참 선지자로 여기므로 백성들이 두렵다 하여 "우리가 알지 못하노라" 하니, 주님께서도 "나도 무슨 권위로 이런 일을 하는지 너희에게 이르지 아니하리라" (27-33) 하십니다. "너희 진주를 돼지 앞에 던지지 말라" (마 7:6), 즉 사탄에게 사로잡힌 저들에게 전해주어야 깨닫지 못할 것을 아셨기 때문입니다.

적용

우리는 "주가 쓰시겠다" 고 택하신 나귀새끼와 같은 자들입니다. 나귀는 본래 부정한 짐승에 속했는데 주님을 태우는 영광을 얻게 된 것입니다. 우리도 본래는 부정한 자들이었는데 주님을 태운 전도자들이 된 것입니다. 성경은 "아름답도다 좋은 소식을 전하는 자들의 발이여" (롬 10:15) 합니다.

나누어 봅시다

1. 나귀타고 입성하신 의미에 대해서,
2. 뿌리까지 말라버린 무화과나무의 상징성에 대해서,
3. 하나님의 집을 강도의 굴혈을 만들었다는 영적 의미에 대해서,

12장

건축자들이 버린 돌이 모퉁이의 머릿돌이 되다

첫째 단원(1–12) 악한 농부의 비유

둘째 단원(13–27) 정치와 교리적인 문제로 시험함

셋째 단원(28–37) 첫째 되는 계명과 성경의 중심주제

넷째 단원(38–44) 서기관과 가난한 과부

내용 관찰

12장은, "한 사람이 포도원을 만들어, 농부들에게 세로 주고 타국에 갔더니"(1) 하신, "악한 농부의 비유"로 시작이 됩니다. 때가 이르매 소출 얼마를 받으려고 종들을 보냈다는 것입니다. 그런데 악한 농부들이 종을 잡아 때리고 능욕하고 더러는 죽였다 합니다. 최후로 아들을 보내며, "내 아들은 존대하리라 하였더니, 이는 상속자니 자 죽이자 그러면 그 유산이 우리 것이 되리라 하고 이에 잡아 죽여 포도원 밖에 내던졌느니라 포도원 주인이 어떻게 하겠느냐"(6-8) 하십니다. 이 비유는 실로 구약시대(舊約

時代)를 한마디로 요약해주는 말씀이었던 것입니다.

이 비유를 말씀하신 후에, "너희가 성경에 건축자들이 버린 돌이 모퉁이의 머릿돌이 되었나니 이것은 주로 말미암아 된 것이요 우리 눈에 놀랍도다 함을 읽어 보지도 못하였느냐" (10-11) 하십니다. 이는 주님께서 예루살렘 성에 입성하실 때에 백성들이 "호산나", 즉 여호와여 구하옵나니 이제 구원하소서(11:9) 한 말씀과 함께 나오는 시편 118:22-23절의 인용으로 그리스도가 자기 백성들에게 버림을 당할 것을 예언한 말씀입니다.

이스라엘을 "건축자" (建築者)에 비유한 것은 하나님의 나라건설(建設)을 위해서 택한 선민이기 때문입니다. 그런데 건축자들이 "버린 돌"을 하나님께서는 "가장 요긴한 모퉁이의 머릿돌"이 되게 하셨다는 것입니다. "이는 하나님으로 말미암아 된 것이요 우리 눈에 기이(奇異)하도다" (11) 합니다. 이 예언이 성취될 날이 왔다는 말씀입니다.

"건축자들이 버린 돌이 모퉁이의 머릿돌이 되었다"는 것은 중요한 주제로 베드로가 성령이 충만하여 공회원들 앞에서 증언한 것도, "이 예수는 너희 건축자들의 버린 돌로서 집 모퉁이의 머릿돌이 되었느니라 다른 이로서는 구원을 얻을 수 없나니 천하(天下) 인간에 구원을 얻을 만한 다른 이름을 우리에게 주신 일이 없음이니라" (행 4:10-12)고 증언한 말씀입니다.

바리새인과 헤롯당들이 주님을 올무에 걸리게 하려고, "가이사에게 세금을 바치는 것이 옳으니이까 옳지 아니하니이까" 하는 정치적으로 민감한 질문을 합니다. 주님은 "가이사의 것은 가이사에게, 하나님의 것은 하나님께 바치라"(13-17)고 지혜롭게 물리치십니다. 바리새인이 패퇴하자 부활이 없다 하는 사두개인들이 한 여자를, "일곱 사람이 다 그를 아내로 취하였으니 부활 때에 그 중의 누구의 아내가 되리이까" 하는 교리적인 문제로 공격합니다. 주님은 부활 때는, "장가도 아니 가고 시집도 아니 가고 하늘에 있는 천사들과 같으니라"(25) 하시면서, "하나님은 죽은 자의 하나님이 아니요 산 자의 하나님이시라 너희가 크게 오해하였도다"(27) 하고 물리치십니다.

그러자 서기관이 등장하여, "모든 계명 중에 첫째가 무엇이니이까" 라고 묻습니다. 첫째는 "네 마음을 다하고 목숨을 다하고 뜻을 다하고 힘을 다하여 주 너의 하나님을 사랑하라 하신 것이요 둘째는 이것이니 네 이웃을 네 자신과 같이 사랑하라 하신 것이라 이보다 더 큰 계명이 없느니라"(28-31) 하십니다. 한마디로 "사랑" 안에 모든 계명이 다 들어 있다는 뜻입니다.

저들이 패퇴하자 주님께서, "어찌하여 서기관들이 그리스도를 다윗의 자손이라 하느냐(35), 다윗이 그리스도를 주라 하였은즉 어찌 그의 자손이 되겠느냐"(37) 하고 반격을 하십니다. 이 기독론은 성경의 중심주제 중 하나님입니다. 주님 당시의 지도자들이 그리스도를 배척한 것도 기독론에 대한 곡해 때문이요, 오늘날 자유주의 신학자들의 치명적인 잘못도 기독론에 대한 곡해인 것입니다. 그리스도는 다윗의 자손으로, 다윗의 동네인 베들레헴에서 탄생하시나, "그의 근본은 상고에, 영원에 있느니라"(미 5:2) 한 분이십니다.

적용

오늘의 건축자들 중에도 예수님께서 담당하신 십자가를 거치는 돌로 여기고 버리는 자들이 있습니다. "예수가 누구신가? 왜 오셨는가" 하는 복음서의 두 주제에 확고하게 서서, "하나님 사랑, 이웃 사랑"을 실천한다면 바르고 건강한 교회가 되어, 세상의 소금과 빛의 사명을 감당하게 될 것입니다.

나누어 봅시다

1. 구약의 요약이라 할 수 있는 악한 농부의 비유에 대해서,
2. 그리스도가 누구신가? 왜 오셨는가 하는 두 주제에 대해서,
3. 하나님 사랑과 이웃 사랑에 대해서,

13장

예루살렘의 멸망과 종말적인 예언

첫째 단원(1-13) 종말적인 징조들

둘째 단원(14-23) 종말적인 대 환난

셋째 단원(24-37) 종말적인 각성과 주의 재림

내용 관찰

13장의 내용은, "예루살렘의 멸망과 종말적인 예언"입니다. 본문은 주님께서 잡히시기 이틀 전에 하신 유언과도 같은 예언이요, 경계입니다. 가까운 장래(將來)에 있을 예루살렘의 멸망을 예표로 하여 먼 미래(未來)에 있게 될 종말(終末)을 계시하시는 것입니다. 그러니까 본문에는 "예루살렘의 멸망과, 최후심판"이 겹쳐진 그림으로 나타나고 있습니다. 그러므로 예표가 역사적으로 성취가 되었다면 그 실제인 종말 계시도 성취(成就)될 것을 확신하게 되는 것입니다.

구약의 선지자들도, "시온에서 나팔을 불며 나의 거룩한 산에서 경고의 소리를 질러 이 땅의 주민들로 다 떨게 할지니 이는 여호와의 날이 이르게 됨이니라 이제 임박하였다"(욜 2:1) 라고, 일제히 "여호와의 날"을 경고했는데, 이 "여호와의 날"도 바벨론에 의한 "예루살렘의 멸망과, 최후심판"이 겹쳐져있습니다. 그리고 경고한 대로 예루살렘이 멸망을 당하고 성전이 불에 타는 1차적인 "여호와의 날"은 임하고야 말았던(암 5:18) 것입니다.

주님께서 "이 큰 건물들을 보느냐 돌 하나도 돌 위에 남지 않고 다 무너뜨려지리라"(2) 하시니 제자들이, "우리에게 이르소서 어느 때에 이런 일이 있겠사오며 이 모든 일이 이루어지려 할 때에 무슨 징조가 있사오리이까"(4) 라고 묻습니다.

주님의 말씀을 요약하면 첫째로, "사람의 미혹을 받지 않도록 주의하라"(5) 하십니다. 그리고 "민족이 민족을, 나라가 나라를 대적하여 일어나겠고 곳곳에 지진이 있으며 기근이 있으리니 이는 재난의 시작이니라"(8)고 "고통하는 때"(딤후 3:1)가 이르게 되리라 하시고, "또 복음이 먼저 만국에 전파되어야 할 것이니라"(10) 하십니다.

"그 때에 그 환난 후 해가 어두워지며 달이 빛을 내지 아니하며 별들이 하늘에서 떨어지며 하늘에 있는 권능들이 흔들리리라 그 때에 인자가 구름을 타고 큰 권능과 영광으로 오는 것을 사람들이 보리라"(24-26) 하십니다. 주님은 십자가에 달려 죽으시기 위해서 예루살렘으로 올라오셨는데 벌써 "영광으로 오실" 재림을 말씀하고 계십니다.

"무화과나무의 비유를 배우라 그 가지가 연하여지고 잎사귀를 내면 여름이 가까운 줄 아나니, 이런 일이 일어나는 것을 보거든 인자가 가까이 곧 문 앞에 이른 줄 알라" (28-29) 하셨는데 경계하신 그때가 지금이 아닌지 경성해야 할 것입니다.

적용

그렇다면 우리는 어떻게 해야 하는가? "주의하라 깨어 있으라 그 때가 언제인지 알지 못함이라 깨어 있으라 내가 너희에게 하는 이 말은 모든 사람에게 하는 말이니라" (33-37)고 4번 (33, 34, 35, 37)이나 강조하신 "깨어 있는" 일입니다.

나누어 봅시다

1. 두 장면이 겹쳐진 복합적인 계시라는 점에 대해서,
2. 종말적인 징조들에 대해서,
3. 어떻게 하는 것이 "주의하고, 깨어 있는" 일인지에 대해서,

14장

유월절 어린 양으로 오신 그리스도

첫째 단원(1-11) 내 장사를 미리 준비하였느니라
둘째 단원(12-26) 많은 사람을 위한 언약의 피니라
셋째 단원(27-42) 아버지의 뜻대로 하옵소서
넷째 단원(43-72) 하나님 우편에 앉았다가 다시 오리라

내용 관찰

14장은 예수님께서 잡히시어 종교적인 재판을 받으시는 내용입니다. 14장에는 두 큰 주제가 있는데 "유월절 양 잡는 날에"(12) 한, "유월절 양"과, "네가 찬송 받을 이의 아들 그리스도냐"(61) 한, "그리스도"입니다. 1-16절 안에 "유월절"이란 말이 5번이나 등장하는데 1500년 동안이나 지켜 내려오던, "유월절 양"이라는 예표가, "그리스도의 죽으심"으로 성취되고 있다는 점을 보여주고 있습니다.

"이틀이 지나면 유월절과 무교절이라 대제사장들과 서기관들이 예수

를 흉계로 잡아 죽일 방도를 구했다" (1) 하는데, "하나님이 제사와 예물을 원치 아니하시고 오직 나를 위하여 한 몸을 예비(豫備)하셨도다" (히 10:5), 즉 자기 아들을 준비해놓으셨는데, "준비해 놓으신 유월절 양"을 잡을 날이 이르렀다는 뜻이 됩니다.

형제는 첫 번 유월절과 마지막 유월절이 언제인지 말해줄 수 있습니까? 출애굽의 밤이 첫 번 유월절이요, 주님이 잡히시던 밤이 마지막 유월절이었던 것입니다. 주님의 죽으심은 예표로 지켜 내려오던 그림자가 실체로 개혁(히 9:10)이 되는 첫 성찬의 밤이었던 것입니다.

그러므로 본문에서는 유월절 양(羊)을 어떻게 준비하고, 잡고, 먹었는가 하는 "양"에 대한 언급이 전연 없고 오직, "떡을 가지사 축복하시고 떼어 제자들에게 주시며 이르시되 받으라 이것은 내 몸이니라 하시고 또 잔을 가지사 감사기도 하시고 그들에게 주시니 다 이를 마시매 이르시되 이것은 많은 사람을 위하여 흘리는 나의 피 곧 언약의 피니라" (22-24) 하시는 주님의 "살과 피"만이 등장합니다.

어찌하여 복음서들이 최후의 한 주간, 즉 고난주간에 초점을 맞추고 있는가? 출애굽이 유월절 어린 양의 피로 가능하였듯이, 사탄의 속박에서 구원하심이 오직 그리스도의 죽으시고 다시 사심으로 말미암아 가능하게 되었다는 점을 드러내기 위해서입니다. 이를 잊지 않게 하시려고 주님은 "너희가 이를 행하여 나를 기념(記念)하라" (눅 22:19) 하셨던 것입니다.

둘째 문단(43-72)은 주님이 잡히시어 종교적인 재판을 받으시는 내용인데 저들은, "네가 찬송 받을 이의 아들 그리스도냐" 고 묻습니다. 그런데 다른 심문에는 일체 대답하지 않으시던 주님께서, "내가 그니라" 하시면서 "인자가 권능자의 우편에 앉은 것과 하늘 구름을 타고 오는 것을 너희가 보리라" (61-62)고 묻지 않은 재림하실 것까지 말씀하십니다. 예수님을 처형하기 위해서는 "증거"가 필요했는데 이 말씀이 결정적인 증거가 되었던 것입니다.

14장에서 주님은 두 번의 결단을 하시는데 첫 번은, "그러나 나의 원대로 마시옵고 아버지의 원대로 하옵소서" (36) 하신 겟세마네의 기도요, 둘째는 "내가 그니라" 하신 선언입니다. 주님은 이 선언이 어떤 결과(結果)를 가져오게 될 것을 아셨으나, "침묵"하지 않으셨습니다. "예, 아니요" 라고 피치 못해서 답변하신 것도 아닙니다. 저들이 십자가에 못을 박아 죽여도 다시 살아나실 것과, 승천하셔서 "하나님 우편에 앉아 계시다가", 심판주(審判主)로 "다시 오실 것"을 선언하신 것입니다.

적용

그리스도의 증인들은 하나님의 아들 그리스도께서 죽으심으로 성취하여 놓으신 복음을 목숨을 걸고 보수하고 증언해야 할 사명이 있는 것입니다. 그런데 오늘날은 구속교리를 부정하는 자들도 있고 이에 대해 침묵하고 축복이나 자기계발과 같은 세상의 초등학문을 말하고 있습니다. 우리는 주님의 증언을 상기하여 자다가 깬 자같이 각성하고 분발해야 마땅합니다.

나누어 봅시다

1. 첫 유월절과 마지막 유월절과 개혁에 대해서,
2. "아버지의 뜻대로 하옵소서" 한 결단하는 기도에 대해서,
3. 죽으심으로 이루어 놓으신 복음을 목숨을 걸고 증언해야 한다는 점에 대해서,

15장

십자가에 달려 죽으시고 장사지낸바 됨

첫째 단원(1–15) 십자가에 못 박게 하소서

둘째 단원(16–32) 십자가에 못 박히심

셋째 단원(33–47) 막혔던 휘장이 찢어져 열려짐

내용 관찰

15장의 내용은 주님께서 "십자가에 달려, 죽으시고, 장사지낸바 됨"에 있습니다. "새벽에 대제사장들이 즉시 장로들과 서기관들 곧 온 공회와 더불어 의논하고 예수를 결박하여 끌고 가서 빌라도에게 넘겨주니"(1), "빌라도가 묻되 네가 유대인의 왕이냐" 합니다. 대제사장은 "네가 그리스도냐" 물었고 빌라도는 "네가 왕이냐" 라고 물었습니다. 주님은 종교재판에서는 "내가 그리스도라" 하셨고, 정치적인 재판에서는 "내가 왕이라"(2) 선언하셨기 때문에 십자가에 달리시게 되었던 것입니다.

사도 바울은 디모데에게 보낸 목회서신에서, "만물을 살게 하신 하나님 앞과 본디오 빌라도를 향하여 선한 증언을 하신 그리스도 예수 앞에서 내가 너를 명하노니"(딤전 6:13) 합니다. 바울에게는 이 장면이 인상 깊게 각인이 되었던 모양입니다. 사도는 "복음은 하나님의 아들이 죽으심으로 이루어 놓으신 것이다. 나는 이 복음을 목숨을 걸고 증언했다. 너도 목숨을 걸고 증언하라"고 명하고 있는 셈입니다.

명절이 되면 백성들이 요구하는 대로 죄수 한 사람을 놓아 주는 전례가 있었는데, "대제사장들이 무리를 충동하여 도리어 바라바를 놓아 달라"(11) 하고 주님을, "십자가에 못 박게 하소서, 십자가에 못 박게 하소서"(13, 14) 라고 외치게 했습니다. "때가 제삼시가 되어 십자가에 못 박으니라 그 위에 있는 죄패에 유대인의 왕이라 썼다"(25-26) 합니다. "예수께서 큰 소리를 지르시고 숨지시니라 이에 성소 휘장이 위로부터 아래까지 찢어져 둘이 되니라"(37-38) 합니다.

주님은 힘이 모자라서 십자가에 못 박히신 무능한 자도 아니요, 그렇다고 자유주의 신학자들의 주장대로 "오살자"로 죽임을 당하신 것도 아닙니다. 이점을 베드로는, "그가 하나님께서 정하신 뜻과 미리 아신 대로 내준 바 되었거늘 너희가 법 없는 자들의 손을 빌려 못 박아 죽였도다"(행 2:23)고 증언합니다.

"아리마대 사람 요셉이 와서 당돌히 빌라도에게 들어가 예수의 시체를 달라 하니 이 사람은 존경 받는 공회원이요 하나님의 나라를 기다리는 자라"(43) 합니다. 당시 상황으로 볼 때 요셉이 예수님의 시체를 달라 한 것은 "당돌히 빌라도에게 들어가" 한 말인 것입니다. 주님은 분명 십자가에 달려 죽으셨습니다. 그리고 장사지낸바 되었습니다.

무엇을 위해서 죽으셨는가? 이 과정에서 일어난 경이로운 일이 무엇인가? "성소 휘장이 위로부터 아래까지 찢어져 둘이 되니라" (38) 한 일입니다. 여기에 15장의 중심점이 있는데, 이는 우리의 죄가 다 해결이 되었다는 증거요, 하나님 앞으로 나아가는 길이 열렸다는 명백한 증거이기 때문입니다.

이처럼 우리의 구원은 그리스도의 죽으시고 다시 사심으로 말미암아 가능하여진 것입니다. 그러므로 "피 흘림이 없은즉 사함이 없느니라" (히 9:22) 합니다. 왜냐하면 죄 값은 사망이기 때문입니다.

적용

이를 알고 믿는 자라면 "내가 너희 중에서 예수 그리스도와 그의 십자가에 못 박히신 것 외에는 아무것도 알지 아니하기로 작정하였음이라(고전 2:2), 내게는 우리 주 예수 그리스도의 십자가 외에 결코 자랑할 것이 없다" (갈 6:14) 라고 "당돌히" 말하게 될 것입니다.

나누어 봅시다

1. 총독 앞에서 "내가 왕이라" 선언하신 일에 대해서,
2. 휘장이 찢어졌다는 구속사적 의미에 대해서,
3. 부자 요셉의 무덤에 장사된 성경적인 성취 (사 53:9)에 대해서,

16장

그가 살아나셨다, 만민에게 복음을 전파하라

첫째 단원(1-8) 여기 계시지 않고 살아나셨다

둘째 단원(9-14) 믿음 없음을 꾸짖으심

셋째 단원(15-20) 만민에게 복음을 전파하라

내용관찰

마지막 장입니다. 16장의 중심점은, "그가 살아나셨다, 만민에게 복음을 전파하라"는 두 주제로 되어 있습니다. "안식일이 지나매 막달라 마리아와 야고보의 어머니 마리아와 또 살로메가 가서 예수께 바르기 위하여 향품을 사다 두었다가 안식 후 첫날 매우 일찍이 해 돋을 때에 그 무덤으로" (1-2) 갔다고 합니다. 그들은 "누가 우리를 위하여 무덤 문에서 돌을 굴려 주리요" (3) 하고 걱정을 했는데, "눈을 들어본즉 벌써 돌이 굴려져 있는데 그 돌이 심히 크더라" (4) 합니다.

"무덤에 들어가서 흰 옷을 입은 한 청년이 우편에 앉은 것을 보고 놀라매 청년이 이르되 놀라지 말라 너희가 십자가에 못 박히신 나사렛 예수를 찾는구나 그가 살아나셨고 여기 계시지 아니 하니라 보라 그를 두었던 곳이니라" (5-6) 하는, 부활의 소식을 듣게 됩니다. 만일 예수님의 죽음이 끝이었다면 사망의 세력을 잡은 자 사탄에게 패한 것이 되고 말았을 것이나 부활하심으로 사망권세를 정복하신 것입니다. 주님의 부활은 무엇에 대한 증거인가?

㉠ 죽은 자 가운데 다시 살아나심으로, "하나님의 아들 그리스도"이심이 입증이 되었습니다. 이점을 사도 바울은, "성결의 영으로는 죽은 자들 가운데서 부활하사 능력으로 하나님의 아들로 선포되셨으니 곧 우리 주 예수 그리스도시니라"(롬 1:4) 합니다.

㉡ "죽음을 통하여 죽음의 세력을 잡은 자 곧 마귀를 멸하셨다"(히 2:14)는 것이 입증이 되었고,

㉢ 또한 우리 부활의 보증이 되셨는데, "그리스도께서 다시 살아나신 일이 없으면 너희의 믿음도 헛되고 너희가 여전히 죄 가운데 있을 것이요 또한 그리스도 안에서 잠자는 자도 망하였으리니"(고전 15:17–18) 합니다.

"예수께서 안식 후 첫날 이른 아침에 살아나신 후 전에 일곱 귀신을 쫓아내어 주신 막달라 마리아에게 먼저 보이시니 마리아가 가서 예수와 함께 하던 사람들이 슬퍼하며 울고 있는 중에 이 일을 알리매 그들은 예수께서 살아나셨다는 것과 마리아에게 보이셨다는 것을 듣고도 믿지 아니하니라" (9-11) 합니다. 16장에는 "믿지 아니 하니라"는 말이 3번(11, 13, 14)이나 등장하는데 주님께서 "죽으시고 다시 살아나실 것"을 미리 3번

(8:31, 9:31, 10:34)이나 예고를 하셨는데도 말입니다.

"그 후에 열한 제자가 음식 먹을 때에 예수께서 그들에게 나타나사 그들의 믿음 없는 것과 마음이 완악한 것을 꾸짖으시니 이는 자기가 살아난 것을 본 자들의 말을 믿지 아니함일러라"(14) 합니다. 그리고 주님은 "너희는 온 천하에 다니며 만민에게 복음을 전파하라"(15) 명하십니다. "하나님의 아들 예수 그리스도의 복음의 시작이라"(1:1)고 시작한 마가복음은, "너희는 온 천하에 다니며 만민에게 복음을 전파하라"(15)는 명령으로 마치는 구조입니다.

"주 예수께서 말씀을 마치신 후에 하늘로 올려지사 하나님 우편에 앉으시니라 제자들이 나가 두루 전파할 새 주께서 함께 역사하사 그 따르는 표적으로 말씀을 확실히 증언하시니라"(19-20) 합니다. 우리가 믿는 하나님은, "죽은 자를 살리시며 없는 것을 있는 것같이 부르시는"(롬 8:17) 하나님이십니다. 우리가 믿는 예수 그리스도는, "죽으실 뿐 아니라 다시 살아나신 이는 그리스도 예수시니 그는 하나님 우편에 계신 자요 우리를 위하여 간구하시는 자"(롬 8:34)이십니다.

또한 우리가 믿는 성령님은, "진리의 성령이 오실 때에 그가 나를 증언하실 것이요"(요 15:26) 하신, 그리스도께서 이루어 놓으신 복음을 증언하러 오신 분이십니다. 또한 "예수를 죽은 자 가운데서 살리신 이의 영이 너희 안에 거하시면 그리스도 예수를 죽은 자 가운데서 살리신 이가 너희 안에 거하시는 그의 영으로 말미암아 너희 죽을 몸도 살리시리라"(롬 8:11) 한, 우리 죽을 몸을 영화되게 하실 분이십니다.

이처럼 구원계획은 성 삼위 하나님의 역사요, 우리가 전파해야 할 복음의 핵심은, "예수는 우리가 범죄한 것 때문에 내줌이 되고 또한 우리를 의롭다 하시기 위하여 살아나셨느니라"(롬 4:25) 한 "죽으심과 다시 사심"인 것입니다.

적용

하나님의 아들 그리스도께서 우리를 대신하여 죽으셨다면 우리는 이미 죽은 자들인 것입니다. 이를 믿는 그리스도인이라면, "우리 중에 누구든지 자기를 위하여 사는 자가 없고 자기를 위하여 죽는 자도 없도다 우리가 살아도 주를 위하여 살고 죽어도 주를 위하여 죽나니 그러므로 사나 죽으나 우리가 주의 것이로다"(롬 14:7-8)고 고백하게 되는 것입니다.

나누어 봅시다

1. 주님의 부활이 입증하고 있는 세 가지 증거에 대해서,
2. 증인들이 증언해야 할 복음의 핵심이 무엇인가에 대해서,
3. 복음 전파와 주님의 동역하심에 대해서,
4. 마가복음 장별 연구를 통해서 깨달은 바와 소감에 대해서,

03
누가복음

누가복음 파노라마

주제

인자의 온 것은 잃어버린 자를 찾아 구원하려 함이니라(19:10).

누가복음에는 부활하신 주님께서 의심하는 제자들에게 성경을 해석하여 깨우쳐 주시는 대목이 나오는데, "내가 너희와 함께 있을 때에 너희에게 말한바 곧 모세의 율법과 선지자의 글과 시편에 나를 가리켜 기록된 모든 것이 이루어져야 하리라 한 말이 이것이라 하시고 이에 그들의 마음을 열어 성경을 깨닫게" (24:44) 하셨다고 말씀합니다.

"모세의 율법과 선지자의 글과 시편"이라 하심은 구약 성경 전체(全體)를 가리킵니다. 구약성경 전체의 중심주제가 그리스도를 증언하는데 초점이 맞춰져 있다는 것입니다. 주님은 성경을 구속사라는 맥락에서 설명을 해주신 것입니다. 그렇게 하였을 때에 그들의 눈이 밝아지고, "우리에게 성경을 풀어주실 때에 우리 속에서 마음이 뜨겁지 아니 하더냐" (24:31, 32) 했습니다. 그리스도의 증인된 우리들도 맡겨주신 성경을 이런 관점으로 보고 이렇게 증언해야 마땅한 것입니다.

다시 상기시키면서 강조합니다만, 마태복음(16:15), 마가복음(8:29), 누가복음(9:20)은 한결같이 "너희는 나를 누구라 하느냐"고 물으신 주님의 질문을 중간쯤에 배치(配置)하고 있습니다. 이를 분기점으로 하여 전반부는, "예수가 누구신가"를 증언하는데 초점이 맞춰져 있고 후반부는 그가 우리에게 무엇을 행해주셨는가 하는 오신 목적을 증언하는데 강조점이 있습니다. 이 두 주제가 합해져서 하나의 "복음"을 이루고 있는 것입니다.

① 누가복음은 1장에서 천사가 마리아에게, "보라 네가 수태하여 아들을 낳으리니 그 이름을 예수라 하라" (1:31)고 수태고지를 한 다음에, "그가 큰 자가 되고 지극히 높으신 이의 아들이라 일컬을 것이요 주 하나님께서 그 조상 다윗의 위를 그에게 주시리니 영원히 야곱의 집에 왕 노릇하실 것이며" (1:32-33) 라고, 그분이 바로 다윗에게 언약하신 대로(삼하 7:12-16) 다윗의 위에 오르실 영원한 왕이심을 증언하고 있습니다.

㉠ 마리아의 찬가에서도 "우리 조상에게 말씀하신 것과 같이 아브라함과 및 그 자손에게 영원히 하시리로다"(1:55)고 아브라함에게 세워주신 언약의 성취임을 찬양하고,

㉡ 사가랴도 성령의 충만함을 입어, "우리를 위하여 구원의 뿔을 그 종 다윗의 집에 일으키셨으니…곧 우리 조상 아브라함에게 맹세하신 맹세라"(1:67–73)고, 아브라함과 다윗에게 언약하신 메시아이심을 거듭 증언하고 있습니다.

㉢ 예수님께서 "너희는 나를 누구라 하느냐"고 물으시니 베드로가 "하나님의 그리스도시니이다"(9:20) 라고 고백합니다. 이것이 복음서 전반부의 주제입니다.

② 복음서 후반부의 주제(主題)는 하나님의 아들 그리스도께서 왜 사람의 몸을 입으시고 이 땅에 오셨는가를 증언하는데 초점을 맞추고 있습니다. 베드로의 신앙고백을 들으신 후에 "인자가 많은 고난을 받고 장로들과 대제사장들과 서기관들에게 버린바 되어 죽임을 당하고 제 삼일에 살아나야 하리라" (9:22), 즉 대속제물이 되시기 위해서 오셨다는 점을 말씀하시는데, 이것이 복음서 후반부의 주제입니다.

그렇다면 복음서가 왜 네 개나 되는가 하는 질문이 가능합니다. 그것은 예수가 그리스도이심을 증언함에 있어 마태는 왕으로, 마가는 종으로, 누가는 인자(人子) 즉 사람의 아들로, 요한은 하나님의 아들로 각기 부각시켜 네 개의 복음서가 합하여 예수가 그리스도이심을 확고하게 증언하기 위해서 복음서를 네 개나 주신 것입니다. 그리고 마태는 유대인을 위하여, 마가는 로마인을, 누가는 이방인들을 위하여, 그리고 요한은 보다 신령한 면을 염두에 두고 기록했기 때문입니다. 이는 그리스도의 구속을 예표하는 제사 제도를, "번제, 소제, 화목제, 속죄제, 속건제" 등 5대 제사로 설명해 주심과도 같습니다(레 1-5장).

③ 누가복음에는 "인자" (人子)라는 말이 26번이나 등장하는데, 예수 그리스도는 인자로 오셨습니다. 그래서 누가복음에 기록된 예수님의 족보는 인류의 시조 아담까지 소급해 올라가고 있음을 봅니다. 뿐만 아니

라 누가복음에서는 예수님의 탄생은 물론 다른 복음서에서 찾아볼 수 없는 유년기와 소년기의 기사까지 전해 주고 있습니다. 그리스도가 인자로 오셨음을 철두철미하게 증언해 주고 있는 것입니다.

어찌하여 누가복음은 예수 그리스도를 인자(人子), 즉 사람의 아들로 부각시켜 주고 있을까요? 한마디로 우리의 대표자가 되기 위해 오셨음을 증언하기 위해서입니다. 성경은 "자녀들은 혈육에 함께 속하였으매 그도 또한 한 모양으로 혈육(인자)에 함께 속하심은" (히 2:14) 하십니다. 나아가 인자로 오신 것은, "사망(죽으심)으로 말미암아 사망의 세력을 잡은 자 곧 마귀를 없이하시기" 위해서라는 점을 드러내기 위해서인 것입니다. "사망이 사람으로 말미암았으니 죽은 자의 부활도 사람으로 말미암아" (고전 15:21) 가능하기 때문에 그리스도는 인자 곧 사람의 아들로 오신 것입니다.

④ 그러므로 누가복음을 통해 계시된 그리스도는 마음씨 좋은 이웃 아저씨같이 묘사되어 있습니다. 그는 언제나 가난하고 소외되고 억압당한 자의 편이 되어 주셨습니다. 선한 사마리아인의 모습으로 자신을 나타내셨고, 부자와 나사로의 비유에서는 거지 나사로의 위로받는 모습을 보여주시고, 비난을 무릅쓰고 소외당한 삭개오의 집에 유하러 들어가셨습니다.

또 십자가 상에서는 불법자와 동류가 되어 함께 못 박히시어 회개한 강도의 친구가 되어 주셨고, 실의에 잠겨 엠마오로 내려가는 두 제자의 길동무가 되어 주시기도 했습니다.

⑤ 그래서 누가복음에는 이방 여인에게 "자녀의 떡을 취하여 개에게 줌이 합당치 않다" 하신 말씀이나, 베드로를 향해 "사탄아 내 뒤로 물러가라"고 책망하신 기록 등은 나타나지 않고 있습니다. 그러나 "내 영혼아 여러 해 쓸 물건을 많이 쌓아 두었으니 평안히 쉬고 먹고 마시고 즐거워하라"(12:19)는 부자(富者)를 어리석은 자로 여기셨고, 호화로이 연락하던 부자가 음부에 던져졌음을 보여 주고 있습니다.

그러다 보니 예수님은 "보라 먹기를 탐하고 포도주를 즐기는 사람이요 세리와 죄인의 친구로다"(7:34) 하는 비난을 받으셨고 결국에는 기록된 바 "그는 불법자의 동류로 여김을 받았다"(22:37)는 예언이 응하였다고 말씀합니다. 실로 "거룩하게 하시는 자와 거룩하게 함을 입은 자들이 다 하나에서 난지라 그러므로 형제(兄弟)라 부르시기를 부끄러워 아니"(히 2:11)하셨다는 그 말씀대로 미천한 우리들의 "형제"가 되어 주셨습니다. 그러나 명심해야 할 점은, "모든 일에 우리와 똑같이 시험을 받은 자로되 죄는 없으시다"(히 4:15)는 점입니다.

⑥ 그러므로 인자(人子)로 오셨다는 것은 우리의 기업 무를 친족으로 오셨다는 뜻이기도 합니다. 왜냐하면 아담의 후예들은 죄 값으로 하나님께 받은 모든 기업을 상실하고 말았기 때문입니다. 기업 무를 자가 되기 위해서는 가까운 친족이어야 했고, 능력이 있어야 했으며, 자원해야만 했습니다. 주님은 이 모든 조건을 갖추신 분으로 오신 것입니다.

"나를 보내서 포로 된 자에게 자유를 눈 먼 자에게 다시 보게 함을 전파하며 눌린 자를 자유케 하고 주의 은혜의 해를 전파하게 하려 하심이라" (4:18). 주님은 이 글이 "오늘날 너희 귀에 응하였느니라"고 말씀하십니다. 이는 영적 희년(禧年)이 도래하였음을 선포하는 큰 기쁨의 좋은 소식이었던 것입니다.

⑦ 그러므로 누가복음의 요절은 "인자의 온 것은 잃어버린 자를 찾아 구원하려 함이니라" 하신 19:10절입니다. 이점이 잃은 양의 비유, 잃어버린 드라크마의 비유, 탕자의 비유 등을 통해서 강조되어 있습니다. 그러면 잃어버린 자를 찾기 위해서는 무엇이 필요한가? 그들의 죄 값을 대신 담당하는 일입니다. 그러므로 누가는 벌써 9:51절에서, "예수께서 승천하실 기약이 차 가매 예루살렘을 향하여 올라가기로 굳게 결심하셨다"고 진술합니다.

왜 "굳게 결심"하셨다고 말씀하는가? 십자가를 담당하시기 위해서 올라가시기 때문입니다. 9:51, 53, 13:22, 33-34, 17:11, 18:31, 19:11, 28, 41절 등을 찾아보시기 바랍니다. 누가는 예루살렘을 향하여 올라가시는 주님의 발걸음을 결코 놓치지 않고 있습니다.

그러므로 우리도 9:51절 이하의 말씀을 상고할 때에 골고다를 향한 발걸음을 놓쳐서는 아니 되는 것입니다. 이를 붙잡고 있어야만 말씀하시는 주님의 심정을 헤아릴 수가 있기 때문입니다. 몇 가지 예를 들어 보겠습니다.

㉠ "허리에 띠를 띠고 등불을 켜고 서 있으라 너희는 마치 그 주인이 혼인집에

서 돌아와 문을 두드리면 곧 열어 주려고 기다리는 사람과 같이 되라"(12:35-36) 하신 말씀은, 우리의 대속제물이 되시기 위해서 "예루살렘"으로 올라가시면서 하신 말씀입니다. 주님은 죽으시기 위해서 올라가시면서, "이러므로 너희도 예비하고 있으라 생각지 않은 때에 인자가 오리라"(12:40)고 벌써 재림하실 것을 말씀하십니다.

ⓛ "주께서 이르시되 지혜 있고 진실한 청지기가 되어 주인에게 그 집 종들을 맡아 때를 따라 양식을 나누어 줄 자가 누구냐 주인이 이를 때에 그 종의 이렇게 하는 것을 보면 그 종이 복이 있으리로다. 만일 그 종이 마음에 생각하기를 주인이 더디 오리라 하여 남녀 종들을 때리며 먹고 마시고 취하게 되면 생각지 않은 날 알지 못하는 시간에 이 종의 주인이 이르러"(12:42-46), 이 말씀은 주님께서 십자가를 지시기 위해서 "예루살렘을 향하여 올라가기로 굳게 결심하시고"(9:51), 올라가시면서 하신 말씀이라는 점을 강조할 때에 더욱 절실한 각성이 있게 되는 것입니다.

ⓒ "그들이 이 말씀을 듣고 있을 때에 비유를 더하여 말씀하시니 이는 자기가 예루살렘에 가까이 오셨고 그들은 하나님의 나라가 당장에 나타날 줄로 생각함이러라 이르시되 어떤 귀인이 왕위를 받아 가지고 오려고 먼 나라로 갈 때에 그 종 열을 불러 은 열 므나를 주며 이르되 내가 돌아오기까지 장사하라 하니라"(19:11-13). 이 므나 비유는 우리의 대속제물이 되시기 위해서 예루살렘에 가까이 오신 시점(時點)에서 하신 말씀임을 염두에 두고 받을 때에 더욱 분발하게 되는 것입니다.

⑧이점을 19장에 등장하는 삭개오의 기사를 통해서 좀 더 생각해 보겠습니다. 이 사건의 핵심은 무엇이라고 생각하십니까? 삭개오가 뽕나무에 올라간 것입니까? 아니면 소유의 절반을 가난한 자들에게 나누어 준 것입니까? 아닙니다. 그렇게 생각하는 것은 예수님이 누구신가를 망각했기 때문입니다.

이 사건의 핵심은 "내가 오늘 네 집에 유하여야 하겠다"에 있습니다. 그리스도시요 하나님의 아들이신 예수님께서 사람들도 상종하지 않는 세리장 삭개오의 집에 유하러 들어가셨다는 이 경이로운 사실을 놓쳐서는 아니 됩니다. 왜냐하면 이는 삭개오의 이야기가 아니라 주님께서 "내 집에, 내 마음"에 들어오심이 어떻게 가능하여졌는가 하는 우리들의 이야기이기 때문입니다.

하나님이 시내산에 강림하셨을 때 사방에는 경계가 엄중했습니다. 지성소에 이르는 길은 굳게 닫혀 있었습니다. 그것은 거룩하신 하나님께서 죄인과 상종하실 수가 없으셨기 때문입니다. 그런데 성자 하나님께서 죄인의 집에 유하러 들어가신 것입니다. "뭇사람이 보고 수군거려 이르되 저가 죄인의 집에 유하러 들어갔도다." 그렇습니다. 거룩하시고 의로우신 하나님께서 죄인의 집에 유하러 들어가신 일은 비난받아 마땅한 것입니다.

그렇다면 죄인의 집에 유하러 들어가시는 것이, 그리고 잃어버린 자를 찾아 구원하시는 것이 어떻게 가능하여지는가? "여리고"는 주님이 가시고자 하는 목적지가 아니라, "예수께서 여리고로 들어가 지나가시더라"

(19:1) 한 경유지(經由地)일 뿐이었습니다. 주님은 지금 삭개오와, 우리들의 죄 값을 대신 담당하시어 잃어버린 자를 찾아 구원하시기 위해서, 그리고 우리와 함께 거하심을 이루기 위해서 예루살렘으로 올라가시는 중이라는 점을 놓쳐서는 아니 됩니다.

이런 맥락에서, "삭개오야 속히 내려오라 내가 오늘 네 집에 유하여야 하겠다" 하심이 가능하여진 것입니다. 그러므로 삭개오 사건 앞에는 "보라 우리가 예루살렘으로 올라가노니…그들은 채찍질하고 죽일 것이니" (18:31-34) 하는 말씀이 나오고, 뒤에는 "예수께서 이 말씀을 하시고 예루살렘 향하여 앞서서 가시더라" (19:28) 하는 것입니다.

⑨ 예루살렘에 올라가신 주님은 무엇을 하셨는가? "내가 고난을 받기 전에 너희와 함께 이 유월절 먹기를 원하고 원하였노라 하시고, 이것은 너희를 위하여 주는 내 몸이라, 이 잔은 내 피로 세우는 새 언약이니 곧 너희를 위하여 붓는 것이라" (22:15, 19-20)고, 자신을 주셨던 것입니다.

형제여, "하나님의 영광의 광채시요 그 본체의 형상" (히 1:3)이신 예수 그리스도께서 인자(人子)의 몸을 입으시고 잃어버린 자를 찾아 이 땅에까지 오셨다는 것보다 더 경이로운 사건은 달리는 없습니다. 그 이름이 "기묘자라 모사라 전능하신 하나님이라 영존하시는 아버지라 평강의 왕" (사 9:6)이신 분이 잃어버린 자를 찾아 구원하시려 그들의 죄 값을 대신 담당하기 위하여 십자가에 못 박혀 대신 죽으셨다는 십자가 사건보다 더 놀라운 일은 창세 이전에도 없었고 이후에도 없는 것입니다.

⑩ 이를 믿고 고백하는 자라면 우리는 어떠한 삶을 살아야만 마땅합니까? 삭개오는 소유의 절반을 가난한 자들에게 주고 토색한 일이 있으면 사 배나 갚겠다는 변화된 삶을 통해서 하나님의 영광을 드러냈습니다.

누가복음은 부활하신 주님을 만나고, "그들이 그에게 경배하고 큰 기쁨으로…하나님을 찬송하니라" (24:52-53)고 마치고 있습니다. 그러면 우리의 사명은 무엇인가? "너희는 이 모든 일의 증인이라" (24:48) 하십니다. 기뻐하며 찬양하는 것과, 변화된 삶을 통하여 하나님의 영광을 드러내는 것과, 죽으시고 부활하심에 대한 증인됨이 구원받은 우리의 사명입니다.

1장
언약을 이루시는 하나님

첫째 단원(1-4) 우리 중에 이루어진 사실
둘째 단원(5-38) 영원한 왕이 탄생하리라
셋째 단원(39-56) 큰일을 이루신 하나님
넷째 단원(57-80) 왕의 길 예비자가 태어나다

내용 관찰

누가복음은 "우리 중에 이루어진 사실에 대하여" (1), 이렇게 시작이 되는데 "이루어진 사실"이라 함은, "옛적(구약시대)에 선지자들을 통하여 여러 부분과 여러 모양으로 우리 조상들에게 말씀하신" (히 1:1), 즉 언약, 예언, 예표, 그림자, 모형 등으로 미리 계시하신 것이 실체로 이루어진 사실이라는 뜻입니다.

누가복음의 기록목적은, "이는 각하가 알고 있는 바를 더 확실하게 하려 함이로라" (4), 즉 알고 있는 바에다가 "이루어진 사실"을 들어서 입증함으로 더욱 확신하게 하려는 것입니다.

천사는 스가랴에게, "네 아내 엘리사벳이 네게 아들을 낳아 주리니 그 이름을 요한이라 하라"(13) 하면서, "그가 또 엘리야의 심령과 능력으로 주 앞에 먼저 와서 아버지의 마음을 자식에게, 거스르는 자를 의인의 슬기에 돌아오게 하고 주를 위하여 세운 백성을 준비하리라"(17)고, 말하는데 이는 선지자 말라기로 하신 예언(말 4:5-6)의 "이루어진 사실"이었던 것입니다.

또 천사는 마리아에게, "네가 하나님께 은혜를 입었느니라"(30)고 말하면서, "보라 네가 잉태하여 아들을 낳으리니 그 이름을 예수라 하라 그가 큰 자가 되고 지극히 높으신 이의 아들이라 일컬어질 것이요"라고 전해주는데, 이는 이사야 선지자로 말씀하신 예언(사 7:14)의 성취입니다. 하나님의 아들을 잉태했다는 것, 그리고 우리 안에 모시게 되었다는 것은 은혜 중의 은혜인 것입니다.

또한 "주 하나님께서 그 조상 다윗의 왕위를 그에게 주시리니 영원히 야곱의 집을 왕으로 다스리실 것이며 그 나라가 무궁하리라"(31-33)는 말은 하나님께서 다윗에게, "네 위가 영원히 견고하리라"(삼하 7:16) 하신 언약의 "이루어진 사실"이었던 것입니다.

마리아는 그의 찬가에서, "우리 조상에게 말씀하신 것과 같이 아브라함과 그 자손에게 영원히 하시리로다"(55)고, 자신에게 이루어진 사실이 아브라함에게 언약하신, "네 자손으로 말미암아 천하 만민이 복을 받으리라" 하신 언약을 성취하여주심임을 찬양하고 있는 것입니다.

사가랴는, "우리를 위하여 구원의 뿔을 그 종 다윗의 집에 일으키셨으니 이것은 주께서 예로부터 거룩한 선지자의 입으로 말씀하신 바와 같이 우리 원수에게서와 우리를 미워하는 모든 자의 손에서 구원하시는 일이라 우리 조상을 긍휼히 여기시며 그 거룩한 언약을 기억하셨으니 곧 우리 조상 아브라함에게 하신 맹세라"(69-73)고, "이루어진 사실"을 증언합니다.

"주 여호와께서는 자기의 비밀을 그 종 선지자들에게 보이지 아니하시고는 결코 행하심이 없으시리라"(암 3:7) 합니다. 하나님과의 관계는 언약의 관계요, 믿음은 언약을 믿는 것을 가리킵니다. 이제 우리에게는, "내가 너희를 영접하러 다시 오리라" 하신 하나의 약속이 남아 있습니다. 이제까지 언약을 이루어주신 하나님께서 재림의 약속도 지켜주실 것을 확신하고도 남음이 있는 것입니다.

적용

누가는 "우리 중에 이루어진 사실"(1)이 언약과 예언의 성취라는 점을 입증함으로 독자들의 믿음을 더욱 확신시켜 주고 있습니다. 성경은 이렇게 예수님이 그리스도이심을 입증하라고 주어진 것입니다. 이처럼 증언하여 첫째는 성도들의 믿음을 견고하게 하고, 둘째는 불신자들에게 복음을 전해주어 구원을 얻게 할 사명이 우리에게 있는 것입니다.

나누어 봅시다

1. 하나님께서 "이루어주신" 구체적인 사실 등에 대해서,

2. 어떠한 자가 "은혜를 받은 자" (28)인가에 대해서,

3. 우리에게 행해주신 "큰일" (49)이 무엇인가에 대해서,

2장

너희를 위하여 구주가 나셨다

첫째 단원(1-7) 역사적인 배경
둘째 단원(8-20) 기쁨의 좋은 소식을 제일 먼저 들은 사람들
셋째 단원(21-40) 위로와 구속자가 되시는 그리스도
넷째 단원(41-52) 자신의 사명을 안 소년 예수

내용관찰

2장의 중심점은, "오늘 다윗의 동네에 너희를 위하여 구주가 나셨으니 곧 그리스도 주시니라" (11)는 말씀에 있습니다. 그리스도께서 다윗의 동네인 베들레헴에서 탄생하시게 된 것은 역사를 주관하시는 하나님의 오묘한 섭리 중에 이루어진 사실입니다. "그 때에 가이사 아구스도가 영을 내려 천하로 다 호적하라" (1) 명하게 하심으로 나사렛에 살고 있던 다윗의 족속인 요셉과 마리아도 다윗의 동네인 베들레헴으로 가게 되었고, "거기 있을 그 때에 해산할 날이 차서", 미가 선지자로 예언하게 하신,

"베들레헴 에브라다야 너는 유다 족속 중에 작을지라도 이스라엘을 다스릴 자가 네게서 내게로 나올 것이라"(미 5:2) 한 예언을 "이루어진 사실"이 되게 하셨던 것입니다.

그 때에 천사가 전해준, "보라 내가 온 백성에게 미칠 큰 기쁨의 좋은 소식을 너희에게 전하노라"(10) 한 기쁜 소식을 처음에 들은 사람들은 궁궐에 있는 왕이나 성전에 있는 제사장들이 아닌, "밤에 밖에서 자기 양 떼를 지키던"(8) 목자들이었습니다.

"지극히 높은 곳에서는 하나님께 영광이요 땅에서는 하나님이 기뻐하신 사람들 중에 평화로다"(14) 하는데, 예수님의 탄생이 어찌하여 하나님께는 "영광"이요, 사람들에게는 "평화"가 되는지 아십니까? 주님은 십자가를 앞에 놓으시고, "아버지여, 아버지의 이름을 영광스럽게 하옵소서"(요 12:28) 하셨는데, 주님이 담당하신 십자가는 하나님의 공의를 충족시키려는 "하나님의 영광"과, "또 죽기를 무서워하므로 한평생 매여 종노릇 하는"(히 2:15) 사람들에게는 "평화"를 주시기 위해서였던 것입니다. 예수 그리스도는 이를 위해서 탄생하셨다는 말씀입니다.

"그리스도를 보기 전에는 죽지 아니하리라는 성령의 지시를 받았던"(26) 시므온은 성전에서 아기 예수님을 만나, "주재여 이제는 말씀하신 대로 종을 평안히 놓아 주시는도다 내 눈이 주의 구원을 보았사오니 이는 만민 앞에 예비하신 것이요 이방을 비추는 빛이요 주의 백성 이스라엘의 영광이니이다"(29-32)고 찬양합니다.

그리고 "보라 이는 이스라엘 중 많은 사람을 패하거나 흥하게 하며 비방을 받는 표적이 되기 위하여 세움을 받았다" (34) 라고 증언합니다. 무슨 뜻인가? "믿는 너희에게는 보배이나 믿지 아니하는 자에게는 건축자들이 버린 그 돌이 모퉁이의 머릿돌이 되고 또한 부딪치는 돌과 걸려 넘어지게 하는 바위가" (벧전 2:7-8)가 된다는 뜻입니다.

"마침 이 때에", 성전을 떠나지 아니하고 주야로 금식하며 기도함으로 섬기던 안나가, "나아와서 하나님께 감사하고 예루살렘의 속량을 바라는 모든 사람에게 그에 대하여 말하니라" (38), 즉 이루어진 사실을 전했다 합니다.

2장은 예수님이 12살 나던 해 유월절에 예루살렘에 올라갔다가 일어난 일을 기록하고 있는데 마리아가, "어찌하여 우리에게 이렇게 하였느냐 보라 네 아버지와 내가 근심하여 너를 찾았노라"는 말에 주님은, "어찌하여 나를 찾으셨나이까 내가 내 아버지 집에 있어야 될 줄을 알지 못하셨나이까" (48-49) 라고 말씀하셨다 합니다. 이는 예수님이 12살 때 자신이 하나님의 아들이요, 유월절 양으로 오셨다는 정체성을 아셨다는 증거가 됩니다.

적용

시므온 같이 구주 예수 그리스도를 만나기 전에는 죽어서는 아니 되고, 재림의 기쁨의 좋은 소식을 제일 먼저 들을 사람들도 제 위치를 떠나지 않고 맡겨주신 일에 충성하는 그리스도인일 것입니다. 그리고 교회는 청소년들에게 그리스도인이라는 정체성을 확고히 세워주어야 할 것입니다.

나누어 봅시다

1. 기쁨의 좋은 소식을 제일 먼저 들은 사람들에 대해서,

2. 시므온과 안나의 증언에 대해서,

3. 자신의 정체성과 사명을 안 소년 예수님과 오늘의 청소년들에 대해서,

3장

아버지 하나님의 인치신 자

첫째 단원(1-20) 광야의 외치는 자의 소리
둘째 단원(21-22) 내 사랑하는 아들이라
셋째 단원(23-38) 마지막 아담, 새로운 시조

내용 관찰

3장의 중심점은 예수님께서 세례를 받고 올라오실 때에 하나님께서, "너는 내 사랑하는 아들이라 내가 너를 기뻐하노라"(22) 하신 말씀에 있습니다. 이 말씀을 중심으로 앞에는 길 예비자 세례 요한이 "회개"의 세례를 베푸는 것이 나오고, 뒤에는 예수님의 "족보"가 나옵니다. 이점을 문맥적으로 보면 1장에서는 길 예비자가 태어나고, 2장에서는 구주가 탄생하시고, 3장에서는 그리스도의 공생애가 시작이 되는 문맥입니다.

"요한이 요단 강 부근 각처에 와서 죄 사함을 받게 하는 회개의 세례를 전파하니"(3), 이는 "선지자 이사야의 책에 쓴 바 광야에서 외치는 자의 소리가 있어 이르되 너희는 주의 길을 준비하라 그의 오실 길을 곧게 하라" (4) 한 예언의 성취라고 말씀합니다.

요한은 세례 받으러 나아오는 무리에게, "독사의 자식들아 누가 너희에게 일러 장차 올 진노를 피하라 하더냐 그러므로 회개에 합당한 열매를 맺고 속으로 아브라함이 우리 조상이라 말하지 말라 내가 너희에게 이르노니 하나님이 능히 이 돌들로도 아브라함의 자손이 되게 하시리라" (7-8)고 책망합니다.

여기 심각한 착각이 있는데 자신들은, "아브라함의 자손"으로 여기고 있으나 실상은 "독사의 자식", 즉 사탄의 조정을 받고 있는 자들이라는 점입니다. 이점을 사도 바울은, "또한 아브라함의 씨가 다 그의 자녀가 아니라 오직 이삭으로부터 난 자라야 네 씨라 불리리라 하셨으니 곧 육신의 자녀가 하나님의 자녀가 아니요 오직 약속의 자녀가 씨로 여기심을 받느니라" (롬 9:7-8) 합니다. 그러니까 하나님께서 아브라함에게 "네 자손으로 말미암아 천하 만민이 복을 받으리라"고 언약하신 언약의 자손으로 오신 그리스도를 영접하는 자는 아브라함의 자손이요, 배척하는 자는 "독사의 자식" 곧 사탄을 추종하는 자라는 뜻이 됩니다.

"백성이 다 세례를 받을 새 예수도 세례를 받으시고 기도하실 때에 하늘이 열리며 성령이 비둘기 같은 형체로 그의 위에 강림하시더니 하늘로부터 소리가 나기를 너는 내 사랑하는 아들이라 내가 너를 기뻐하노라" (21-22) 하십니다. 여기 삼위 하나님의 만남이 있는데,

㉠ 성자는 "세례를 받으시고",

㉡ 성령은 그의 위에 임하시고,

㉢ 성부 하나님께서는 "너는 내 사랑하는 아들이라" 하십니다. 이는 주님의 공생애가 시작이 되는 위임식 장면이라 할 수가 있는데 이를 가리켜 주님은, "인자는 아버지 하나님께서 인 치신 자니라"(요 6:27) 하십니다.

그런 후에 "예수께서 가르치심을 시작하실 때에 삼십 세쯤 되시니라 사람들이 아는 대로는 요셉의 아들이니"(23) 하고 족보가 나오는데 누가복음의 족보는 아래로부터 위로 소급해 올라가 "그 위는 아담이요 그 위는 하나님이시니라"(38)고 마치고 있습니다. 이렇게 하는 의도는 "예수"는 아브라함과 다윗에게 언약하신 "그리스도"인 것만이 아니라 새로운 "시조"로 오셨다는 점을 드러내기 위해서인 것입니다.

누가는 바울을 수행했는데 바울은 예수님을, "마지막 아담"(고전 15:45)이라 하면서, "아담 안에서 모든 사람이 죽은 것 같이 그리스도 안에서 모든 사람이 삶을 얻으리라"(고전 15:22)고 "둘째 사람" 곧 새로운 시조라고 증언합니다.

적용

"회개"에는 회개에 합당한 열매가 따르는 법인데, "무리들, 세리들, 군인들"(10, 12, 14)은 한결같이 "그러면 우리가 무엇을 하리이까" 라고 묻고 있습니다. 형제에게는 무엇이라 대답하시고, 어떻게 하는 것이 "회개에 합당한 열매"로 여겨지십니까?

나누어 봅시다

1. 독사의 자식과 아브라함의 자손이 무엇에 의하여 구별이 되는가에 대해서,
2. 이제는 형제가 "내 사랑하는 아들이여 기뻐하는 자"가 되었다는 점에 대해서,
3. 마지막 아담, 새로운 시조라는 구속사적 의미에 대해서,

4장
하나님 나라 복음을 전파하기 시작함

첫째 단원(1-13) 시험을 이기신 그리스도

둘째 단원(14-30) 그리스도가 오신 목적

셋째 단원(31-44) 하나님의 나라가 임했다는 증거

내용 관찰

4장의 중심점은, "주의 은혜의 해를 전파하게 하려 하심이라" (19)에 있습니다. 3장에서 인 치심(위임)을 받으시고 공생애를 시작하신 주님의 첫 사역이 마귀에게 시험을 받으신 일인데, 이는 인류의 시조가 실패한 현장에서 이를 회복하심으로 사역을 시작하셨다는 뜻이 있습니다. 첫 사람 아담은 부족함이 없는 낙원에서 첫 시험에 넘어졌으나 마지막 아담으로 오신 그리스도께서는 광야에서 40일을 주리신 후에 3가지 시험을 넉넉히 이기심으로 첫 사람이 실패한 것을 회복하심으로 공생애를 시작하신 것입니다.

마귀의 첫 시험은, "네가 만일 하나님의 아들이어든 이 돌들에게 명하여 떡이 되게 하라" (3) 한 먹는 문제였습니다. 주님은 "사람이 떡으로만 살 것이 아니라" (4)고 물리치셨습니다. 그러면 "떡으로만"이 아니라면 떡보다 중요하고 우선하는 것이 있단 말인가? 그렇습니다. 그것은 "하나님의 말씀" 곧 생명의 양식인 것입니다. 아담이 첫 시험에 넘어짐 같이 오늘의 그리스도인들도 "무엇을 먹을까" 하는 염려에 얽매여 있는 것은 아닌가?

두 번째 시험은 천하만국을 보이며, "네가 만일 내게 절하면 다 네 것이 되리라" (7) 합니다. 주님은 "주 너의 하나님께 경배하고 다만 그를 섬기라 하였느니라" (8)고 물리치십니다. 하나님께서는 인류의 시조에게, "만물을 다스릴 권세" (창 1:28)를 주셨습니다. 그러므로 "만물을 다스릴 권세"는 너 사탄이 주는 것이 아니라 하나님이 주신다는 뜻입니다. 그러나 이제도, "사람의 영광을 하나님의 영광보다 더 사랑하고" (요 12:43) 있는 것은 아닌가?

주님께서 두 번 다 "기록 된 바" 하고 성경을 들어 물리치시자 세 번째 시험은 성전 꼭대기에 세우고, "네가 만일 하나님의 아들이어든 여기서 뛰어내리라" (9) 하면서, "기록되었으되" 하고 시편 91:11-12절을 인용하여 시험을 합니다. 많은 성경 구절 중 이를 인용한 것은 이어지는 "네가 사자와 독사를 밟으며 젊은 사자와 뱀을 발로 누르리로다" (13), 즉 그리스도에 의하여 멸망당할 것을 증오했기 때문일 것입니다.

마귀의 시험을 이기신 주님은, "성령의 능력으로 갈릴리에 돌아가시니"(14) 합니다. 그리고 나사렛에 이르러 안식일에 설교하시는 장면이 나오는데(16), "주의 성령이 내게 임하셨으니 이는 가난한 자에게 복음을 전하게 하시려고 내게 기름을 부으시고 나를 보내사 포로 된 자에게 자유를, 눈 먼 자에게 다시 보게 함을 전파하며 눌린 자를 자유롭게 하고 주의 은혜의 해를 전파하게 하려 하심이라"(18-19) 한 이사야서를 읽으시고, "이 글이 오늘 너희 귀에 응하였느니라"(21) 하십니다. 주님은 사탄의 포로 된 자를 자유하게 하기 위해서 오셨다는 것입니다.

그러나 저들은 "이 사람이 요셉의 아들이 아니냐"(22) 하고 배척했다 합니다. 귀신들린 자들은, "나는 당신이 누구인 줄 아노니 하나님의 거룩한 자니이다(34), 여러 사람에게서 귀신들이 나가며 소리 질러 이르되 당신은 하나님의 아들이니이다"(41) 라고 말하고 있는데 하나님의 선민이라는 자들은 모르고 있는 것입니다. 주님께서 귀신을 물리치셨다는 것은 하나님의 나라가 임했다는 증거였던 것입니다.

적용

4장은 "예수께서 이르시되 내가 다른 동네들에서도 하나님의 나라 복음을 전하여야 하리니 나는 이 일을 위해 보내심을 받았노라"(43) 하고 마치고 있습니다. 이제도 복음을 필요로 하는 "다른 동네"는 많이 있습니다. 주님은 형제에게 "성령의 능력으로"(14) 충만하게 하시어 그곳으로 가기를 원하십니다.

나누어 봅시다

1. 세 가지 시험이 우리에게 어떻게 적용이 되는가에 대해서,

2. 이 글이 너희 귀에 응하였다 하신 그리스도께서 오신 목적에 대해서,

3. 복음을 전하게 하시려고 성령이 내게 임하셨다 하신 점에 대해서,

5장

죄인을 부르러 오신 그리스도

첫째 단원(1-11) 사람 낚는 어부가 되게 하리라

둘째 단원(12-16) 원하노니 깨끗함을 받으라

셋째 단원(17-26) 네 죄 사함을 받았느니라

넷째 단원(27-39) 죄인을 불러 회개시키려 왔노라

내용 관찰

4장은 "다른 동네들에서도 하나님의 나라 복음을 전하여야 하리니 나는 이 일을 위해 보내심을 받았노라"(4:43)고 끝을 맺었는데 5장에서는 복음을 전파할 제자로 베드로, 야고보, 요한, 레위를 부르십니다. 핵심은, "내가 의인을 부르러 온 것이 아니요 죄인을 불러 회개시키려 왔노라"(32) 하신 오신 목적을 밝히신데 있습니다.

주님께서 베드로에게, "깊은 데로 가서 그물을 내려 고기를 잡으라" 하시니, "선생님 우리들이 밤이 새도록 수고하였으되 잡은 것이 없지마는 말씀에 의지하여 내가 그물을 내리리이다 하고 그렇게 하니 고기를 잡은 것이 심히 많아 그물이 찢어지는지라" (4-6) 합니다. 그러자 예수님의 무릎 아래에 엎드려, "주여 나를 떠나소서 나는 죄인이로소이다" (8) 합니다. 주님은 "무서워하지 말라 이제 후로는 네가 사람을 취하리라" (10) 하십니다. 이렇게 해서 베드로, 야고보, 요한은 죄인을 부르러 오신 주님께 부름을 받았습니다.

사람들이 한 중풍병자를 주님이 계신, "지붕에 올라가 기와를 벗기고 병자를 침상 째 예수 앞에 달아 내린" (19) 사건이 벌어졌습니다. 이 사람의 문제가 무엇인가? 죄인을 부르러 왔다 하신 주님은 중풍병자를 향해서, "이 사람아 네 죄 사함을 받았느니라" (20) 하십니다.

그러자 서기관과 바리새인들은 "이 신성모독 하는 자가 누구냐" (21) 합니다. 주님은 "네 죄 사함을 받았느니라 하는 말과 일어나 걸어가라 하는 말이 어느 것이 쉽겠느냐" 하시면서, "내가 네게 이르노니 일어나 네 침상을 가지고 집으로 가라 하시매 그 사람이 그들 앞에서 곧 일어나 그 누웠던 것을 가지고 하나님께 영광을 돌리며 자기 집으로 돌아갔다" (23-25)는 것입니다. 주님은 병을 고쳐주시려 오신 것이 아니라 "죄"를 해결해주시기 위해서 오셨다는 것이 입증이 된 것입니다.

그 후에 세관에 앉아 있는 세리 레위를 보시고, "나를 따르라 하시니 그가 모든 것을 버리고 일어나 따르니라" (27-28) 합니다. "레위가 예수를 위하여 자기 집에서 큰 잔치를 하니 세리와 다른 사람이 많이 함께 앉아 있는지라", 바리새인과 서기관들이 "어찌하여 세리와 죄인과 함께 먹고 마시느냐"고 비난을 합니다. 주님은 "건강한 자에게는 의사가 쓸 데 없고 병든 자에게 라야 쓸 데 있나니 내가 의인을 부르러 온 것이 아니요 죄인을 불러 회개시키러 왔노라"(31-32) 하십니다. 이는 자신이 "죄인"임을 깨닫는 자라야 복음을 받을 수 있다는 뜻입니다.

그러자 저들은, "요한의 제자는 자주 금식하며, 바리새인의 제자들도 또한 그리하되 당신의 제자들은 먹고 마시나이다" 하고 "금식" 문제를 들어 비난합니다. 주님은 "혼인 집 손님들이 신랑과 함께 있을 때에 너희가 그 손님으로 금식하게 할 수 있느냐"(33-34) 하시는데 무슨 뜻인가? 복음시대는 "혼인 집"이요, 주님은 그 "신랑"으로 오셨다는 뜻입니다. 이 점을 "새 포도주를 낡은 가죽 부대에 넣는 자가 없다"(37)는 비유를 들어 말씀하시는데, "낡은 옷, 낡은 가죽 부대"는 의문(율법)을, "새 옷, 새 포도주"는 복음을 상징합니다. 의문의 시대가 지나고 복음시대가 왔건만 저들의 의식은 여전히 의문의 시대에 머물러 있었던 것입니다.

적용

현대교회 내에서도 복음 보다는 교훈(의문)을 먼저 더 많이 말함으로 의문으로 돌아가려는 일들이 일어나고 있습니다. 형제도 "주여 나를 떠나소서 나는 죄인이로소이다" 라는 고백 후에 복음을 받았습니까? 그렇다면 형제는 이제 "사람 낚는 어부"가 되어야 하는 것입니다.

나누어 봅시다

1. 나는 죄인이로소이다 한 고백과, 사람 낚는 어부가 되리라 하심에 대해서,
2. 중풍병자에게 "죄 사함을 받았느니라" 하신 의도에 대해서,
3. 낡은 부대와 새 포도주의 의미에 대해서,

6장
그리스도의 제자된 삶

첫째 단원(1-11) 안식일의 주인이신 그리스도
둘째 단원(12-16) 열두 사도를 택하심
셋째 단원(17-49) 아버지와 자녀는 닮음의 관계

내용 관찰

6장은 안식일 문제에 대한 논쟁, 12사도를 택하심, "평지 보훈"으로 불리는 교훈을 하신 내용으로 되어 있습니다. 핵심은 12사도를 택하신 후에, "너희 가난한 자는 복이 있나니 하나님의 나라가 너희 것임이요"(20) 하신, "하나님의 나라"에 있습니다.

안식일에 예수께서 밀밭 사이로 지나가시게 되었는데 제자들이 이삭을 잘라 손으로 비비어 먹으니 어떤 바리새인들이 말하기를, "어찌하여 안식일에 하지 못할 일을 하느냐"(1-2)고 비난함으로 안식일 논쟁이 일어나게 됩니다. 6절에서는, "또 다른 안식일에 예수께서 회당에 들어가사 가르치실 새 거기 오른손 마른 사람이 있는지라 서기관과 바리새인들이 예수를 고발할 증거를 찾으려 하여 안식일에 병을 고치시는가 엿보니" (6-7) 합니다.

이는 "의문과 복음"의 충돌인 것입니다. 형식적이요, 외식적인 종교인이 된 자들을 향해서 주님은, "내가 너희에게 묻노니 안식일에 선을 행하는 것과 악을 행하는 것, 생명을 구하는 것과 죽이는 것, 어느 것이 옳으냐" (9)고 물으시면서, "인자는 안식일의 주인이니라" (5)고 폭탄적인 선언을 하십니다.

"안식일의 주인"이라는 뜻은 주인 마음대로 행해도 괜찮다는 그런 뜻이 아니라, 하나님께서 "안식일을 지키라" 하신 의도가, 일평생 동안 사탄에게 매여 종노릇하는 불쌍한 자들에게 참 안식을 주실 그리스도를 대망하게 하기 위해서요, 예수님은 "안식"을 회복시켜주시기 위해서 오신 안식일의 주인이라는 뜻입니다.

주님은 "산으로 가사 밤이 새도록 하나님께 기도하시고", 열둘을 택하사 "사도라 칭하셨다" (12-13) 합니다. 그런 후에 "예수께서 그들과 함께 내려오사 평지" (17)에서, 4가지 복과, 4가지 화를 말씀하십니다. 이를 평지 보훈이라 하는데 주님은, "가난한 자, 주린 자, 우는 자, 핍박을 받는 자"가 복이 있다 하십니다. 이런 자들은 어떤 자들인가? 한마디로 자신이 죄인임을 깨달은 자들입니다. 어떤 복을 받게 되는가? "하나님의 나라, 배부름, 웃을 것, 너희 상이 큼이라" 하십니다.

4가지 복은, "하나님의 나라가 너희 것임이요" (20) 하고, "하나님의 나라"로 시작하여, "또 지극히 높으신 이의 아들이 되리니"(35) 하고 하나님의 자녀로 마치고 있는데, "너희 아버지의 자비로우심 같이 너희도 자비로운 자가 되라"(36) 하십니다. "아버지와 자녀"는 닮음의 관계이기 때문입니다.

반면 4가지 화는, "그러나 화 있을진저 너희 부요한 자여 너희는 너희의 위로를 이미 받았도다, 화 있을진저 너희 지금 배부른 자여 너희는 주리리로다 화 있을진저 너희 지금 웃는 자여 너희가 애통하며 울리로다, 모든 사람이 너희를 칭찬하면 화가 있도다"(24-26) 하십니다. 이들은 자신이 하나님 앞에 죄인임을 모르는 자들입니다.

유념해야 할 점은, "그들의 조상들이 (참)선지자들에게 이와 같이 하였느니라(23), 그들의 조상들이 거짓 선지자들에게 이와 같이 하였느니라"(26) 하시는데 이점은 특히 목회자들이 깊이 새겨야 할 말씀입니다.

결론은, "너희는 나를 불러 주여 주여 하면서도 어찌하여 내가 말하는 것을 행하지 아니하느냐"(46) 하십니다. "주인님 주인님" 하면서 주인의 말을 듣지 않는 자를 그의 종이라 할 수가 있단 말인가? 그러므로 "듣고 행하는 자"는 "집을 짓되 깊이 파고 주추를 반석 위에 놓은 사람과 같고, 듣고 행하지 아니하는 자"는, "주추 없이 흙 위에 집 지은 사람과 같다"(46-49) 하십니다.

적용

"못된 열매 맺는 좋은 나무가 없고 또 좋은 열매 맺는 못된 나무가 없느니라 나무는 각각 그 열매로 아나니"(43-44) 하십니다. 참 목자와 거짓 목자, 양과 영소는 말로 구별이 되는 것이 아니라 그의 삶으로 구별이 된다 하십니다. 그러므로 그리스도인들은 다른 사람만큼 하는 자들이 아니라, "남보다 더하는"(마 5:47) 자들입니다. 형제의 결단은 무엇입니까?

나누어 봅시다

1. 안식일의 주인이라 하신 의미에 대해서,
2. 4가지 복과, 4가지 화에 대해서,
3. 아버지와 자녀는 닮음의 관계라는 점에 대해서,

7장

가난한 자에게 복음이 전파된다 하라

첫째 단원(1-10) 절대 복종하는 백부장의 믿음
둘째 단원(11-17) 나인성 과부의 죽은 독자를 살려주심
셋째 단원(18-35) 세례 요한의 갈등
넷째 단원(36-50) 누가 더 사랑하겠느냐

내용 관찰

7장의 중심점은 세례 요한이 제자들을 주님께 보내어, "오실 그이가 당신이오니이까 우리가 다른 이를 기다리오리이까" (19) 하고 물은데 있습니다. 이는 중요한 질문인데 왜냐하면 복음서의 기록목적이 "예수가 누구신가? 그 분이 왜 오셨는가"를 증언하는데 있기 때문입니다.

백부장은, "주여, 내 집에 들어오심을 나는 감당하지 못하겠나이다, 말씀만 하사 내 하인을 낫게 하소서, 이더러 가라 하면 가고 저더러 오라 하면 오고 내 종더러 이것을 하라 하면 하나이다" (6-8) 라고, 예수님이 어떤

분이신가를 알고 있습니다. 주님은 "이스라엘 중에서도 이만한 믿음은 만나보지 못하였노라" 하시니, "보내었던 사람들이 집으로 돌아가 보매 종이 이미 나아 있었더라"(9-10) 합니다.

주님은 나인 성 과부의 독자가 죽은 것을 불쌍히 여기시어, "청년아 내가 네게 말하노니 일어나라"(14) 하심으로 살려주셨습니다. 그런데 길 예비자로 보냄을 받은 자가, "우리가 다른 이를 기다리오리이까" 하고 묻다니 어찌 된 일인가? 그 이유를, "비유하건대 아이들이 장터에 앉아 서로 불러 이르되 우리가 너희를 향하여 피리를 불어도 너희가 춤추지 않고 우리가 곡하여도 너희가 울지 아니하였다 함과 같도다"(32) 하신 말씀에서 구할 수가 있습니다.

주님은 "피리를 부는 자"인 잔치 집과 같은 사역이고, 요한은 "곡하여도 너희가 울지 아니하였다" 한 장례 집과 같은, 즉 율법에 속한 자(마 11:13)라는 것입니다. 그래서 "의문"(율법)의 안경을 쓰고 "복음"을 보게 되었을 때 이해할 수가 없었던 것입니다. 요한은 메시아가 정죄하고 죽이고 로마를 정복하는 장례 집과 같은 사역을 하러 오는 것으로 기대하였으나 주님은 "피리를 부는" 것과 같은 복음을 전파하셨기 때문입니다.

이런 충돌은 주님께서 한 바리새인의 집에 가셨을 때도 일어나는데, "그 동네에 죄를 지은 한 여자가, 향유 담은 옥합을 가지고 와서, 예수의 뒤로 그 발 곁에 서서 울며 눈물로 그 발을 적시고 자기 머리털로 닦고 그 발에 입 맞추고 향유를 부으니", 예수를 청한 바리새인이 이를 보고 마음에 이르되 "이 사람이 만일 선지자라면 자기를 만지는 이 여자가 누구며 어떠한 자 곧 죄인인 줄을 알았으리라", 한마디로 "아니다, 틀렸다" 했다는 겁니다.

주님은 "시몬아 내가 네게 이를 말이 있다" 하시면서, "빚진 자가 둘이 있어 하나는 오백 데나리온을 졌고 하나는 오십 데나리온을 졌는데 갚을 것이 없으므로 둘 다 탕감하여 주었으니 둘 중에 누가 그를 더 사랑하겠느냐" 하시니, "많이 탕감함을 받은 자니이다" (40-43) 하고 대답합니다.

말씀하신 의도는, "내가 네게 말하노니 그의 많은 죄가 사하여졌도다 이는 그의 사랑함이 많음이라 사함을 받은 일이 적은 자는 적게 사랑하느니라" (47)는 결론에 이르게 되는 것입니다. 여자에게 이르시되 "네 죄 사함을 받았느니라" (48) 하십니다.

주님은 요한의 제자들에게, "너희가 가서 보고 들은 것을 요한에게 알리되 맹인이 보며 못 걷는 사람이 걸으며 나병환자가 깨끗함을 받으며 귀먹은 사람이 들으며 죽은 자가 살아나며 가난한 자에게 복음이 전파된다 하라" (22) 하십니다. 이것이 율법에 속한 자가 이해할 수 있는 영적 수준이기 때문입니다.

적용

우리도 시련을 당할 때에, "오실 그이가 당신이오니이까 우리가 다른 이를 기다리오리이까" 하고 갈등하기도 합니다. 이럴 경우 주님은 두 가지를 물으십니다. 첫째는 "너희는 나를 누구라 하느냐"는 질문이고 둘째는 "무엇을 구하느냐" (요 1:38)는 물음입니다. 형제의 대답은 무엇이며,

형제가 주님께 기대하는 바가 무엇입니까?

나누어 봅시다

1. 가라하면 가고 오라 하면 오는 백부장의 믿음에 대해서,
2. "다른 이를 기다리오리이까" 하고 세례 요한이 질문한 까닭에 대해서,
3. 사함을 받은 것이 적은 자는 적게 사랑한다는 점에 대해서,

8장
능력으로 하나님의 나라를 반포하심

첫째 단원(1-3, 19-21) 하나님 나라 가족들
둘째 단원(4-18) 씨 뿌리는 비유와 등불 비유
셋째 단원(22-39) 광풍과 군대 귀신
넷째 단원(40-56) 혈루병과 회당장의 죽은 딸

내용 관찰

8장은 "그 후에 예수께서 각 성과 마을에 두루 다니시며 하나님의 나라를 선포하시며 그 복음을 전하실 새 열두 제자가 함께 하였고" (1) 라고 시작이 되는데 핵심은, "하나님의 나라"에 있습니다. 8장에는 두 가지 비유와 3가지 기적으로 되어 있는데, "씨 뿌리는 비유"를 말씀하신 후에, "씨는 하나님의 말씀이요 길 가에 있다는 것은 말씀을 들은 자니 이에 마귀가 가서 그들이 믿어 구원을 얻지 못하게 하려고 말씀을 그 마음에서 빼앗는 것이요 바위 위에 있다는 것은 말씀을 들을 때에 기쁨으로 받으나 뿌리가 없어 잠깐 믿다가 시련을 당할 때에 배반하는 자요 가시떨기에 떨어졌다는 것은 말씀을 들은 자이나 지내는 중 이생의 염려와 재물과 향락에 기운이 막혀 온전히 결실하지 못하는 자요 좋은 땅에 있다는 것은 착하고 좋은 마음으로 말씀을 듣고 지키어 인내로 결실하는 자니라"(11-15)고 해설까지 해주십니다.

이어서 "누구든지 등불을 켜서 그릇으로 덮거나 평상 아래에 두지 아니하고 등경 위에 두나니"(16) 하고 "등불" 비유를 말씀하십니다. "씨 뿌리는 비유"는 듣는 자의 반응에 초점이 맞춰져 있는 "듣는 자의 비유"라 할 수가 있고, "등불" 비유는 말씀을 들은 자가 복음의 빛을 비춰야 한다는 "역할의 비유"라 할 수가 있습니다. "그러므로 누구든지 있는 자는 받겠고 없는 자는 그 있는 줄로 아는 것까지도 빼앗기리라"(18) 하십니다.

이어지는 말씀은 "예수의 어머니와 그 동생들이 왔으나 무리로 인하여 가까이 하지 못하니"(19) 하는 가족이 등장합니다. 이는 "또한 악귀를 쫓아내심과 병 고침을 받은 어떤 여자들 곧 일곱 귀신이 나간 자 막달라인이라 하는 마리아와 헤롯의 청지기 구사의 아내 요안나와 수산나와 다른 여러 여자가 함께 하여 자기들의 소유로 그들을 섬기더라"(2-3) 한 말씀과 대칭을 이루는 말씀인데, 주님은 "내 어머니와 내 동생들은 곧 하나님의 말씀을 듣고 행하는 이 사람들이라"(21) 하십니다.

이어지는 장면은 예수님께서 배를 타시고 호수 저편으로 건너가시려는데 "광풍이 호수로 내리치매"(22-23) 하는 장면입니다. "예수께서 잠을 깨사 바람과 물결을 꾸짖으시니 이에 그쳐 잔잔하여지더라, 그들이 두려워하고 놀랍게 여겨 서로 말하되 그가 누구이기에 바람과 물을 명하매 순종하는가 하더라"(25) 합니다. 이 말은 거라사인의 땅에 이르자 귀신 들린 자가, "지극히 높으신 하나님의 아들 예수여 당신이 나와 무슨 상관이 있나이까 당신께 구하노니 나를 괴롭게 하지 마옵소서"(28) 한 것과 대칭을 이룹니다. 왜냐하면 예수님이 누구신가를 드러내는 표적이기 때문입니다.

씨를 뿌리지 못하게 대적하는 자도 마귀요, 뿌린 말씀을 빼앗는 자도 사탄인데 그 사탄은 예수님이 자신의 머리를 상하게 하기 위해서 오셨다는 점을 알고 있기에, "나를 괴롭게 하지 마옵소서" 한 것입니다. "귀신들이 그 사람에게서 나와 돼지에게로 들어가니 그 떼가 비탈로 내리달아 호수에 들어가 몰사하거늘"(33), 주님은 군대 귀신에 사로잡혔던 자에게, "집으로 돌아가 하나님이 네게 어떻게 큰 일을 행하셨는지를 말하라 하시니 그가 가서 예수께서 자기에게 어떻게 큰 일을 행하셨는지를 온 성내에 전파하니라"(39) 합니다.

두 번째 이적은 회당장 야이로의 죽은 딸을 살리신 이적인데 가시는 도중에, "이에 열두 해를 혈루증으로 앓는 중에 아무에게도 고침을 받지 못하던 여자가 예수의 뒤로 와서 그의 옷 가에 손을 대니 혈루증이 즉시 그쳤더라"(43-44) 하는 세 번째 이적이 일어납니다. 주님은 두려워하는 여인에게는 "딸아 네 믿음이 너를 구원하였으니 평안히 가라"(48) 하시고, "당신의 딸이 죽었나이다 선생님을 더 괴롭게 하지 마소서" 하고 낙망하게 하는 자에게는 "두려워하지 말고 믿기만 하라 그리하면 딸이 구원을 얻으리라"(50) 하십니다.

예수님께서 아이의 손을 잡고, "아이야 일어나라 하시니 그 영이 돌아와 아이가 곧 일어나거늘"(54-55), 예수님이 누구신가 하는 점이 점점 드러나고 있는데, 다음 장에서는 그 분이 왜 오셨는가를 말씀하게 될 것입니다.

적용

주님은 무서워하는 제자들에게 "너희 믿음이 어디 있느냐"(25) 하셨는데 "믿음"이란 평안한 때를 위해서가 아니라 시련과 환란의 날을 위해 필요한 것입니다. 귀신들린 자는 예수님께 "나와 무슨 상관이 있나이까"(28) 라고 말했는데 형제와 주님과의 관계는, "아버지와 아들, 주와 종"의 관계요, 신분은 "오직 성도들과 동일한 시민이요 하나님의 권속"(엡 2:19)임을 잊지 마시기 바랍니다.

나누어 봅시다

1. 씨 뿌리는 비유와 등불 비유를 말씀하신 의도에 대해서,
2. 누가 하나님 나라 가족들인가에 대해서,
3. "믿음"은 어떤 때를 위하여 필요한가에 대해서,

9장
너희는 나를 누구라 하느냐

첫째 단원(1–9) 이 사람이 누군고
둘째 단원(10–17) 5병 2어의 이적
셋째 단원(18–27) 하나님의 그리스도시니이다
넷째 단원(28–36) 변화 산상의 만남
다섯째 단원(37–43) 산 아래의 불신앙
여섯째 단원(44–62) 예루살렘으로 올라가기로 결심하심

내용 관찰

예수님께서 "너희는 나를 누구라 하느냐"(20) 하신 질문은 복음서에 있어서 분기점이 되는 말씀입니다. 이를 기준으로 앞부분은 예수님이 "누구신가"를 증언하는데 초점이 맞춰져 있고 뒷부분은 그런 분이 "왜 오셨는가"를 증언하는데 초점이 맞춰져 있습니다.

9장 안에도 이 두 주제가 나타나는데, "헤롯"은, "요한은 내가 목을 베었거늘 이제 이런 일이 들리니 이 사람이 누군가"(9) 하며 그를 보고자 하

더라 합니다. 이어지는 말씀은 "떡 다섯 개와 물고기 두 마리"로 5천명이 "먹고 다 배불렀더라 그 남은 조각을 열두 바구니에 거두니라"(16-17) 하는데, 이런 이적을 행하는 분이 누구신가 하는 점을 드러내기 위한 표적이었던 것입니다.

주님께서 "너희는 나를 누구라 하느냐"고 물으시니 베드로가, "하나님의 그리스도시니이다"(18-19) 라고 고백합니다. 그러면 "하나님의 아들이시오, 그리스도"가 왜 육신을 입고 오셨는가 하는 점입니다. 주님은, "인자가 많은 고난을 받고 장로들과 대제사장들과 서기관들에게 버린바 되어 죽임을 당하고 제 삼일에 살아나야 하리라"(22)고, 오신 목적을 비로소 말씀하십니다. 44절에서도, "이 말을 너희 귀에 담아 두라 인자가 장차 사람들의 손에 넘겨지리라"고 재차 수난을 예고하십니다.

주님은 자신이 "그리스도"인 것을, "경고하사 이 말을 아무에게도 이르지 말라고 금하셨는데"(21), 왜 금하셨는가? "그리스도"에게만은 구원이 없기 때문입니다. 구원은 "하나님의 아들 그리스도께서 우리 죄를 위하여 대신 죽으시고 다시 살아나셨다"는데 있는 것입니다. "예수님이 누구신가? 그 분이 왜 오셨는가" 하는 복음서의 두 주제를 함께 전하라는 말씀입니다. 두 주제를 떼어놓게 되면 "복음"이 사라지고 맙니다. 이점은 오늘의 설교와 전도방법을 점검하게 합니다.

그러므로 우리가 명심해야 할 점은 주님께서 십자가를 담당하시기 위해서 오셨다면, "나를 따라오려거든 자기를 부인하고 날마다 제 십자가를 지고 나를 따를 것이니라"(23) 한, 제자들도 십자가를 지고 따라야 한다는 점은 너무나 당연한 것입니다.

이 말씀을 하신 후 팔 일쯤 되어 변화 산상의 기사가 나오는데, "용모가 변화되고 그 옷이 희어져 광채가 나더라 문득 두 사람이 예수와 함께 말하니 이는 모세와 엘리야라" 합니다. 모세는 "율법", 엘리야는 "선지자"를 대표하는 자로 구약 전체를 예표하는 인물이라 할 수가 있습니다. 그러면 말씀한 주제가 무엇인가? "영광 중에 나타나서 장차 예수께서 예루살렘에서 별세하실 것을" (28-31) 말씀했다 합니다. 이는 구약성경의 중심주제가 "그리스도와 고난"이라는 점을 말해줍니다.

베드로는 "주여 우리가 여기 있는 것이 좋사오니 우리가 초막 셋을 짓되" 라고 말했으나 하나님께서는, "구름 속에서 소리가 나서 이르되 이는 나의 아들 곧 택함을 받은 자니 너희는 그의 말을 들으라" (33-35) 하십니다.

이 일 후에 "예수께서 승천하실 기약이 차가매 예루살렘을 향하여 올라가기로 굳게 결심하시고" (51), 즉 십자가를 지시기 위해서 예루살렘으로 올라가십니다. 그런데 제자들은 "누가 크냐 하는 변론이 일어나니" (46), 즉 자리다툼을 했다니 얼마나 답답한 일인가? 이 답답함이 "믿음이 없고 패역한 세대여 내가 얼마나 너희와 함께 있으며 너희에게 참으리요" (41) 하시고 귀신 들린 자를 고쳐주시는 장면에서도 나타납니다.

적용

"너희는 나를 누구라 하느냐" 하시는 주님의 질문에 형제의 고백은 무엇입니까? "하나님의 아들 그리스도"라고만 고백합니까? 그런 고백이면 제자들처럼 "누가 크냐" 하고 다투게 될 것입니다. 나의 죄를 위하여 죽으시고 다시 사신 나의 "주"요, 자신은 "사나 죽으나 주의 종이라"는 고백이 있어야만 합니다.

나누어 봅시다

1. "너희는 나를 누구라 하느냐"는 물으심에 대한 바른 고백에 대해서,
2. 모세, 엘리야가 나타나 별세하실 것을 말씀했다는 점에 대해서,
3. 주님은 "예루살렘으로 올라가기로 굳게 결심"하셨는데 자신의 결단은 무엇인가에 대해서,

10장
하나님의 나라가 가까이 왔다 하라

첫째 단원(1-16) 추수할 일꾼들을 보내주소서
둘째 단원(17-24) 사탄이 번개같이 떨어지는 것을 보았노라
셋째 단원(25-37) 누가 강도 만난 자의 이웃이 되겠느냐
넷째 단원(38-42) 더 좋은 편을 택한 마리아

내용 관찰

9장에서 "예루살렘으로 올라가기로 굳게 결심하심"(9:51)으로부터, "예루살렘을 향하여 앞서 가시더라"(19:28) 한 19장까지의 기간을 "베뢰아 전도 시기"라 하는데 이 대목을 상고할 때에 놓치지 말아야 할 점은 이 기간에 행하신 "기사와, 말씀"들이 십자가를 지기 위해서 예루살렘으로 올라가시면서 하신 내용들이라는 점입니다. 누가는 "예루살렘을 향하여 가시는"(9:53) 예수님의 발걸음을 놓치지 않고 따라가고 있음을(9:51, 13:22, 17:11, 18:31, 19:11) 주목해야만 합니다.

핵심은 두 번 등장하는, "하나님의 나라"에 있는데 주님은 70명을 둘씩 짝을 지어 보내시면서, "하나님의 나라가 너희에게 가까이 왔다 하라" (9) 하시고 만일 영접하지 않거든, "너희 동네에서 우리 발에 묻은 먼지도 너희에게 떨어버리노라 그러나 하나님의 나라가 가까이 온 줄을 알라 하라" 하시면서, "내가 너희에게 말하노니 그 날(심판 날)에 소돔이 그 동네보다 견디기 쉬우리라" (11-12) 하십니다.

이처럼 70명을 둘씩 파송하신 것도 승천하신 이후를 대비한 전도훈련이었던 것입니다. 그래서 "추수할 것은 많되 일꾼이 적으니 그러므로 추수하는 주인에게 청하여 추수할 일꾼들을 보내 주소서 하라" (1-2) 하시는 것입니다. 주님은 우리를 보내심이, "어린 양을 이리 가운데로 보냄과 같은" (3) 것을 알고 계십니다.

이점이 70명이 기뻐 돌아와, "주여 주의 이름이면 귀신들도 우리에게 항복하더이다" 라고 보고하자 주님은, "사탄이 하늘로부터 번개 같이 떨어지는 것을 내가 보았노라" (17-18) 하시는 말씀에서도 나타납니다. 계시록 12:12절에서는, "그러나 땅과 바다는 화 있을진저 이는 마귀가 자기의 때가 얼마 남지 않은 줄을 알므로 크게 분내어 너희에게 내려갔음이라"고 말씀합니다. 이제 본격적인 영적 전쟁이 전개 될 것에 대한 예고인 것입니다.

어떤 율법교사가 예수님을 시험하여, "선생님 내가 무엇을 하여야 영생을 얻으리이까" 라고 묻습니다. 주님은 그의 의도를 아시고 "율법에 무엇이라 기록되었으며 네가 어떻게 읽느냐"고 반문하시니, "네 마음을 다

하며 목숨을 다하며 힘을 다하며 뜻을 다하여 주 너의 하나님을 사랑하고 또한 네 이웃을 네 자신 같이 사랑하라 하였나이다" 하니, "옳도다 이를 행하라 그러면 살리라" (25-28) 하십니다. 그렇습니다. 이를 행하면 살 수 있으나 우리 중에 율법을 행함으로 구원을 얻을 자가 있단 말인가?

율법사는 자기를 옳게 보이려고, "그러면 내 이웃이 누구니이까" (29) 라고 묻습니다. 그래서 "선한 사마리아 사람의 비유"를 말씀하시게 되었는데, "네 생각에는 이 세 사람", 즉 피하여 간 제사장, 레위인과, 강도 만난 자를 보살펴 준 사마리아인 중에 누가 강도 만난 자의 이웃이 되겠느냐" (36), 누가 강도 만난 자의 이웃이 되어주었느냐고 물으십니다.

"주막 주인에게 데나리온 둘을 내어 주며 이르되 이 사람을 돌보아 주라 비용이 더 들면 내가 돌아올 때에 갚으리라" (35) 한 선한 사마리아인, 즉 우리가 받아야 할 죽음을 대신 담당해주신 예수 그리스도가 우리의 이웃인 것입니다. 그렇다면 율법사나 나 자신은, "예루살렘에서 여리고로 내려가다가 강도를 만나", 죽을 처지에 있는 자라는 점을 깨달아야만 하는 것입니다.

그래서 주님은 제자들에게, "너희가 보는 것을 보는 눈은 복이 있도다 내가 너희에게 말하노니 많은 선지자와 임금이 너희가 보는 바를 보고자 하였으되 보지 못하였으며 너희가 듣는 바를 듣고자 하였으되 듣지 못하였느니라" (23-24) 하십니다. 선지자들이 보고자 한 것은 "그리스도"요, 듣고자 한 것은, "복음"이었던 것입니다. 신약의 성도들인 우리는 얼마나 복을 받은 자들인가!

적용

주님은 준비하느라 분주한 마르다에게, "네가 많은 일로 염려하고 근심하나, 혹은 한 가지만이라도 족하니라 마리아는 이 좋은 편을 택하였으니 빼앗기지 아니하리라" (40-42) 하십니다. 무슨 뜻인가? 우선하는 것은 우리가 주님을 위해서 무엇인가 해드리려는 것이 아니라, 주님께서 나를 위해서 행해주신 것을 알고 믿음으로 받는 일이 더욱 "좋은" 것이라는 말씀입니다.

나누어 봅시다

1. 사탄이 번개같이 떨어지는 것을 보았노라 하신데 대한 경각심에 대해서,
2. 강도 만난 자, 즉 사탄의 포로가 된 자의 이웃이 누구인가에 대해서,
3. 더 좋은 편을 택하였다 하신 의미에 대해서,

11장

하나님의 나라가 임이 임하였느니라

첫째 단원(1-13) 이렇게 기도하라
둘째 단원(14-28) 강한 자와 더 강한 자
셋째 단원(29-36) 최대의 표적
넷째 단원(37-54) 지식의 열쇠를 맡은 자의 책임

내용 관찰

11장의 중심점도 "내가 만일 하나님의 손을 힘입어 귀신을 쫓아낸다면 하나님의 나라가 이미 너희에게 임하였느니라" (20) 하신, "하나님의 나라"에 있습니다. 제자들이 주님께, "요한이 자기 제자들에게 기도를 가르친 것과 같이 우리에게도 가르쳐 주옵소서" (1) 하고 요청하자, "너희는 기도할 때에 이렇게 하라" 하시면서 첫째로,

㉠ "아버지여 이름이 거룩히 여김을 받으시오며" 하십니다. 누구를 통해서 "거룩히 여김을 받으시라"는 말인가? 하나님 아버지의 자녀라 일컬음을 받는 나 자

신을 통해서입니다. 그리스도인은 "아버지 하나님"의 이름에 영광을 돌리든지, 아니면 욕을 돌리든지 둘 중의 하나이지 중간은 없는 것입니다.

㉡ 둘째로, "나라가 임하시오며"(2) 하십니다. "나라가 임한다"는 것이 무슨 뜻인가? 하나님께서 통치(統治)하심을 의미합니다. 계시록 19:6절에서 "할렐루야"가 울려 퍼지면서 "주 우리 하나님 곧 전능하신 이가 통치하시도다" 하는데 그 날이 속히 임하기를 간구하라 하십니다.

㉢ 그런 후에 "우리에게 날마다 일용할 양식을 주시옵고 우리가 우리에게 죄 지은 모든 사람을 용서하오니 우리 죄도 사하여 주시옵고 우리를 시험에 들게 하지 마시옵소서 하라"(3-4) 하십니다.

주님께서 귀신을 쫓아내자 저들은, "그가 귀신의 왕 바알세불을 힘입어 귀신을 쫓아낸다"(15)고 비방을 했습니다. 이에 대해 주님은, "강한 자가 무장을 하고 자기 집을 지킬 때에는 그 소유가 안전하되"(21) 하셨는데 "강한 자"란 사탄이요, "자기 집"이란 사람의 심령을 가리킵니다. "안전"하다 하신 것은 그리스도가 오시기까지는 누구도 그를 정복할 수 없는 "안전"한 상태였다는 것입니다.

그런데, "더 강한 자가 와서 그를 굴복시킬 때에는 그가 믿던 무장을 빼앗고 그의 재물을 나누느니라"(22) 하십니다. "더 강한 자"란 그리스도를 가리킨다는 것은 재언할 필요가 없는데, 문제는 주님이 어떻게 해서 "더 강한 자"가 되셨는가 하는 점입니다. 죽으시고 다시 사심을 통해서, "죽음의 세력을 잡은 자 곧 마귀를 멸하셨기"(히 2:14) 때문입니다. 만일 죽으심으로 끝났다면 패배한 것이 되고 맙니다.

이점을 주님은, “이 세대는 악한 세대라 표적을 구하되 요나의 표적 밖에는 보일 표적이 없나니”(29) 라고 말씀하십니다. 이어서 주님은 “요나가 니느웨 사람들에게 표적이 됨과 같이 인자도 이 세대에 그러하리라”(30) 하십니다. 무슨 뜻인가? 니느웨가 어떻게 해서 거국적으로 회개하기에 이르게 되었는가? “40일이 지나면 니느웨가 무너지리라”(욘 3:4)고 외치는 저 사람이 누군지 아니냐? 하나님의 선지자인데 니느웨로 가라는 명을 거역했다가 “밤낮 3일을 물고기 뱃속에 있다가”(욘 1:17) 나온 사람이라는 점이 니느웨를 회개에 이르게 한 결정적인 “표적”으로 작용을 했기 때문이라는 말씀입니다.

주님은 “인자도 이 세대에 그러하리라” 하시는데 무슨 뜻인가? “이는 정하신 사람으로 하여금 천하를 공의로 심판할 날을 작정하시고 이에 그를 죽은 자 가운데서 다시 살리신 것으로 모든 사람에게 믿을 만한 증거를 주셨음이니라”(행 17:31) 한 증언만이 회개에 이르게 한다는 말씀입니다. 예수님이 부활하시고 승천하신 것이 부인할 수 없는 사실이라면 재림하신다는 것은 필연적인 사실이 되는 것입니다.

42절 이하에는 주님께서 당시의 종교 지도자들을 향해서, “화 있을진저” 하고 6번이나 책망하시는 말씀이 등장하는데 어찌하여 선생 된 자가 화가 있다 하시는가? 의식은 지키되 사랑은 버렸고, 대접받기를 좋아하고 외식을 했기 때문입니다. 결정적인 원인은, “화 있을진저 너희 율법교사여 너희가 지식의 열쇠를 가져가서 너희도 들어가지 않고 또 들어가고자 하는 자도 막았느니라”(52), 즉 “지식의 열쇠” 곧 성경을 해석해서 바른 길로 인도해야 할 책임을 맡은 자들이 도리어 성경을 곡해하여 "천국 문"을 닫는 역할을 했기 때문이라는 것입니다.

적용

하나님나라의 임함, 즉 다스리심이 현재적으로는 그리스도인의 "마음, 가정, 교회"에 임하여야 하는 것입니다. 그리고 "지식의 열쇠"를 맡은 설교자들에게는 "요나의 표적", 즉 죽으시고 다시 사신 십자가 복음을 증언하여 천국 문을 열어주어야 한다는 것으로 적용이 된다 하겠습니다.

나누어 봅시다

1. 강한 자와 더 강한 자라는 표현에 함축된 구속사적 의미에 대해서,
2. "인자도 이 세대에 그러하리라" 하신 믿을만한 "표적"이 무엇인가에 대해서,
3. 지식의 열쇠를 맡은 자의 영광과 책임에 대해서,

12장

너희는 그의 나라를 구하라

첫째 단원(1–12) 전도자의 삶

둘째 단원(12–21) 세상에 속한 자의 삶

셋째 단원(22–34) 하나님의 나라에 속한 자들의 삶

넷째 단원(35–48) 생각지 않은 때에 인자가 오리라

다섯째 단원(49–59) 불을 땅에 던지러 오신 주님

내용 관찰

12장의 중심점도, "너희는 그의 나라를 구하라 그리하면 이런 것들을 너희에게 더하시리라"(31) 하신 "그의 나라" 곧 하나님의 나라에 있습니다. 이는 단순한 기도의 우선순위만을 뜻하는 것이 아닙니다. "인생관, 가치관, 인생의 목적"의 변화를 의미합니다.

이런 맥락에서 첫째로 "전도자의 삶"은 어떤 삶인가? "내가 내 친구 너희에게 말하노니 몸을 죽이고 그 후에는 능히 더 못하는 자들을 두려워하지 말라"(4) 하십니다. 4-7절 안에는 "두려움"이라는 말이 5번이나 등장

하는데, “마땅히 두려워할 자를 내가 너희에게 보이리니 곧 죽인 후에 또한 지옥에 던져 넣는 권세 있는 그를 두려워하라 내가 참으로 너희에게 이르노니 그를 두려워하라” (5) 하십니다.

오늘의 문제는 두려워해야 할 하나님은 두려워하지 않고 두려워하지 말아야 할 사람을 두려워하는데 원인이 있다 해도 과언이 아닙니다. “내가 또한 너희에게 말하노니 누구든지 사람 앞에서 나를 시인하면 인자도 하나님의 사자들 앞에서 그를 시인할 것이요 사람 앞에서 나를 부인하는 자는 하나님의 사자들 앞에서 부인을 당하리라” (8-9) 하십니다. 이것이 전도자의 삶입니다.

“세상에 속한 자”는, “또 이르되 내가 이렇게 하리라 내 곳간을 헐고 더 크게 짓고 내 모든 곡식과 물건을 거기 쌓아 두리라 또 내가 내 영혼에게 이르되 영혼아 여러 해 쓸 물건을 많이 쌓아 두었으니 평안히 쉬고 먹고 마시고 즐거워하자 하리라” (18-19) 한다는 것입니다.

그에게 하나님은, “어리석은 자여 오늘 밤에 네 영혼을 도로 찾으리니 그러면 네 준비한 것이 누구의 것이 되겠느냐 하셨으니 자기를 위하여 재물을 쌓아 두고 하나님께 대하여 부요하지 못한 자가 이와 같으니라” (20-21) 하십니다. 이것이 세상에 속한 자의 삶입니다.

주님은 제자들에게, “너희 목숨을 위하여 무엇을 먹을까 몸을 위하여 무엇을 입을까 염려하지 말라” (22) 하십니다. “이 모든 것은 세상 백성들이 구하는 것이라 너희 아버지께서는 이런 것이 너희에게 있어야 할 것을 아시느니라” (30) 하시면서 그러므로 “너희는 그의 나라를 구하라 그리하면 이런 것들을 너희에게 더하시리라"(31) 하십니다. 이것이 하나님 나라에 속한 자들의 삶입니다.

그리고 주님은, "허리에 띠를 띠고 등불을 켜고 서 있으라 너희는 마치 그 주인이 혼인집에서 돌아와 문을 두드리면 곧 열어 주려고 기다리는 사람과 같이 되라"(35-36) 하십니다. 이는 다시 오실 주님을 바라고 기다리라는 말씀인데, "그러므로 너희도 준비하고 있으라 생각하지 않은 때에 인자가 오리라"(40) 하십니다. 이것이 소망이 있는 자의 삶입니다. 이 말씀은 십자가를 지시기 위해서, "예루살렘으로 올라가시면서"(9:51) 하신 말씀인데 이때 벌써 다시 오실 재림을 말씀하신다는 점을 유념해야만 합니다.

주님께서는, "내가 세상에 화평을 주려고 온 줄로 아느냐 내가 너희에게 이르노니 아니라 도리어 분쟁하게 하려 함이로라"(51) 하시면서, "내가 불을 땅에 던지러 왔노니 이 불이 이미 붙었으면 내가 무엇을 원하리요"(49) 하고 답답함을 표하십니다. 복음의 불이 활활 타오르도록 해야 할 사명이 전도자들에게 있는 것입니다.

이런 맥락에서, "지혜 있고 진실한 청지기가 되어 주인에게 그 집 종들을 맡아 때를 따라 양식을 나누어 줄 자가 누구냐"고, 찾고 계십니다. "주인이 이를 때에 그 종이 그렇게 하는 것을 보면 그 종은 복이 있으리로다"(42-43) 하십니다.

적용

모든 그리스도인들의 우선순위는, "너희는 그의 나라를 구하라" 하신 말씀이요, 목회자가가 명심할 점은, "지혜 있고 진실한 청지기가 되어 주인에게 그 집 종들을 맡아 때를 따라 양식을 나누어"(42) 주어야 한다는 점입니다. 그런 자가 "누구냐" 찾고 계시는 주님께 형제가, "내가 여기 있나이다. 나를 보내소서" 하고 응답해야 할 차례입니다.

나누어 봅시다

1. 전도자의 삶이 어떠해야 하는가에 대해서,
2. 세상에 속한 자와 하나님께 속한 자의 삶이 어떻게 다른가에 대해서,
3. 십자가를 지러 올라가시면서 하신 말씀을 통해서 다시 오실 주님 맞이할 준비에 대해서,

13장

십자가의 길을 가시면서 하신 교훈

첫째 단원(1-9) 만일 회개치 아니하면

둘째 단원(10-21) 하나님 나라 도래와 천국 비유

셋째 단원(22-30) 구원을 얻는 자가 적으니이까

넷째 단원(31-35) 버림을 당할 예루살렘

내용 관찰

13장은 "예수께서 각 성 각 마을로 다니사 가르치시며 예루살렘으로 여행하시더니" (22), 즉 십자가를 지시기 위해서 예루살렘으로 올라가시면서 하신 말씀이라는 점을 염두에 두고 상고해야만 합니다. 이점이 혹이, "여기를 떠나소서 헤롯이 당신을 죽이고자 하나이다" 라고 말하자, "오늘과 내일과 모레는 내가 갈 길을 가야 하리니 선지자가 예루살렘 밖에서는 죽는 법이 없느니라" (31-33) 하신 말씀에도 나타납니다.

13장의 중심점도 동일하게, "하나님의 나라가 무엇과 같을까 내가 무엇으로 비교할까 마치 사람이 자기 채소밭에 갖다 심은 겨자씨 한 알 같으니 자라 나무가 되어 공중의 새들이 그 가지에 깃들였느니라, 또 이르시되 하나님의 나라를 무엇으로 비교할까 마치 여자가 가루 서 말 속에 갖다 넣어 전부 부풀게 한 누룩과 같으니라"(18-21) 하신 "하나님의 나라"에 있습니다.

그러면 하나님의 나라는 어떤 자가 들어갈 수가 있는가? "그 때 마침 두어 사람이 와서 빌라도가 어떤 갈릴리 사람들의 피를 그들의 제물에 섞은 일로 예수께 아뢰니", 주님은 이같이 해 받은 사람들이 다른 모든 갈릴리 사람보다 죄가 더 있는 줄 아느냐 하시면서 "아니라 너희도 만일 회개하지 아니하면 다 이와 같이 망하리라, 또 실로암에서 망대가 무너져 치어 죽은 열여덟 사람이 예루살렘에 거한 다른 모든 사람보다 죄가 더 있는 줄 아느냐 너희에게 이르노니 아니라 너희도 만일 회개하지 아니하면 다 이와 같이 망하리라"(1-5)고, 거듭 "회개"를 촉구하십니다.

이는 종말적인 경계인데 어찌하여 멸망하게 되는가? 자신이 하나님 앞에 죄인임을 "회개하지 않기" 때문입니다. 무슨 자격이 있어서 구원을 얻게 되는가? 의인이 되었기 때문이 아니라 "회개하고 복음을 믿었기" 때문입니다. 이런 맥락에서 이어지는 열매 맺지 않는 무화과나무 비유에서, "이 후에 만일 열매가 열면 좋거니와 그렇지 않으면 찍어버리소서"(6-9) 한 말씀도 행위 구원론을 말씀함이 아니라 "회개에 합당한 열매"로 보아야 할 것입니다.

10-17절 안에는 "안식일"이라는 말이 5번이나 등장하는데, 하나님의

존전에서 추방을 당한 자들에게 안식이 있단 말인가? "안식일에 병 고치시는 것을 분 내어, 안식일에는 하지 말 것이니라" (14) 하자, 주님은, "그러면 열여덟 해 동안 사탄에게 매인바 된 이 아브라함의 딸을 안식일에 이 매임에서 푸는 것", 즉 안식을 주는 것이 "합당하지 아니하냐" (16) 하십니다. 하나님의 형상대로 지음을 받은 자들이 사탄에게 매인바 된지가 얼마나 되었단 말인가? 성경은, "이는 그리스도 예수 안에 있는 생명의 성령의 법이 죄와 사망의 법에서 너를 해방하였음이라" (롬 8:2) 합니다. 주님은, "죽기를 무서워하므로 한평생 매여 종노릇 하는 모든 자들을 놓아 주려" (히 2:15) 오신 것입니다.

어떤 사람이 주님께, "주여 구원을 받는 자가 적으니이까" 하고, "구원" 문제에 관해 물었는데, 이에 대한 주님의 답변을 주목해야만 합니다. 주님은, "좁은 문으로 들어가기를 힘쓰라 내가 너희에게 이르노니 들어가기를 구하여도 못하는 자가 많으리라" 하십니다. 이는 우리를 심각하게 합니다. "집 주인이 일어나 문을 한 번 닫은 후에 너희가 밖에 서서 문을 두드리며 주여 열어 주소서 하면 그가 대답하여 이르되 나는 너희가 어디에서 온 자인지 알지 못하노라 하리라" (22-25) 하십니다. 이는 우리를 긴장하게 합니다. 이는 "안식일" 논쟁과 결부되는 말씀으로 "의식, 제도, 형식"이 구원을 주는 양 여기는 자들을 염두에 두고 하신 말씀으로 여겨집니다. 이 말씀은 우리로 경각심을 갖게 합니다.

"헤롯이 당신을 죽이고자 하나이다" (31) 하는 말을 들으신 주님은, "예루살렘아 예루살렘아 선지자들을 죽이고 네게 파송된 자들을 돌로 치는 자여 암탉이 제 새끼를 날개 아래에 모음 같이 내가 너희의 자녀를 모으려 한 일이 몇 번이냐 그러나 너희가 원하지 아니하였도다 보라 너희 집이 황폐하여 버린바 되리라"(34-35) 하고, 그리스도를 배척한 예루살렘이 멸망을 당하게 될 것을 예고하십니다.

적용

하나님의 나라에 들어가기를 구하여도 못하는 자가 "많으리라"는 말씀은 우리에게 경각심을 갖게 합니다. 그러면 "좁은 문"은 무엇을 의미하는가? 신앙에도, 목회에도, 설교에도 유행이 있습니다. 이런 풍조를 따르는 것이 넓은 길로 가는 것이 아니겠는가? 바울이 디모데에게, "이 같은 자들에게서 네가 돌아서라, 그러나 너는 배우고 확신한 일에 거하라"(딤후 3:5, 14), 즉 그러나 너는 달라야 한다, 이것이 좁은 문으로 들어가기를 힘쓰는 것이 아니겠는가?

나누어 봅시다

1, "만일 회개치 아니하면 너희도 이와 같이 망하리라"에 대해서,

2, 의문으로 지키는 안식일과, 매임에서 푸는 안식에 대해서,

3, "들어가기를 구하여도 못하는 자가 많으리라"에 대해서,

14장

잔치를 준비하러 올라가시는 주님

첫째 단원(1–14) 갚을 것이 없는 자를 초대하라
둘째 단원(15–24) 잔치에 초대 받은 자들의 거절
셋째 단원(25–35) 완공하지 못한 건물

내용 관찰

14장은, "안식일에 예수께서 한 바리새인 지도자의 집에 떡 잡수시러 들어가셨다" (1)는 것으로 시작이 되는데, 이처럼 14장의 중심주제는 단연, "잔치"입니다. "잔치"라는 말이 5번(8, 13, 16, 17, 24)이나 등장하는데, 이 "잔치"가, "무릇 하나님의 나라에서 떡을 먹는 자는 복되도다" (15) 한 "하나님의 나라 잔치"라는데 큰 의미가 있는 것입니다.

청함을 받은 사람들이 높은 자리 택함을 보시고 그들에게 비유로 말씀하시기를, "네가 누구에게나 혼인 잔치에 청함을 받았을 때에 높은 자리에 앉지 말라" 하십니다. 왜냐하면 "너보다 더 높은 사람이 청함을 받은 경우에, 이 사람에게 자리를 내주라" 하게 되면, "그 때에 네가 부끄러워 끝자리로 가게 될"(7-9) 것이기 때문이라 하십니다. 여기에는 교훈적인 의미만이 아니라, "하나님의 나라"에서도 이와 같이 되리라는 점을 염두에 두고 하신 말씀인 것입니다.

이점이 이어지는, "네가 점심이나 저녁이나 베풀거든 벗이나 형제나 친척이나 부한 이웃을 청하지 말라" 하시면서, "잔치를 베풀거든 차라리 가난한 자들과 몸 불편한 자들과 저는 자들과 맹인들을 청하라"(12-13) 하신 말씀에도 나타나는데, 이는 "불쌍히 여기소서 나는 죄인이로소이다" 하는 사람들을 초청하라는 말씀입니다. 그러면 그들은 얼마나 기뻐하고 감격해 할 것인가? 이처럼 "잔치"라는 주제가 화두가 되자 어떤 재치 있는 자가, "무릇 하나님의 나라에서 떡을 먹는 자는 복되도다"(15) 합니다.

그래서 주님은, "어떤 사람이 큰 잔치를 베풀고 많은 사람을 청하였더니"(16) 하고 "잔치 비유"를 말씀하게 된 것입니다. 왜냐하면 주님은 지금 "큰 잔치"(16)를 배설하시고 종들을 보내어 "오소서 모든 것이 준비되었나이다"(17)고, 초청하기 위해서 예루살렘으로 올라가시는 중이기 때문입니다. 이는 이미 이사야 선지자를 통해서, "만군의 여호와께서 이 산에서 만민을 위하여 기름진 것과 오래 저장하였던 포도주로 연회를 베푸시리니 곧 골수가 가득한 기름진 것과 오래 저장하였던 맑은 포도주로 하실 것이라"(사 25:6)고 예언하신 바입니다.

"종을 보내어 이르되 오소서 모든 것이 준비되었나이다 하매, 나는 밭을 샀으매, 나는 소 다섯 겨리를 샀으매, 나는 장가 들었으니 그러므로 가지 못하겠노라" (17-20) 하고 다 일치하게 거절했다는 것입니다. 이들은 다 부족함이 없는 배부른 사람들입니다.

그래서 주인은 종들에게, "빨리 시내의 거리와 골목으로 나가서 가난한 자들과 몸 불편한 자들과 맹인들과 저는 자들을 데려오라" 하십니다. 아직도 자리가 있나이다 하니, "길과 산울타리 가로 나가서 사람을 강권하여 데려다가 내 집을 채우라" (21-23) 하십니다. 이들은 한마디로 "갚을 것이 없는" 사람들입니다.

"잔치비유"는, "전에 청하였던 그 사람들은 하나도 내 잔치를 맛보지 못하리라" (24)는 중요한 결론에 도달하게 되는데 "먼저 청함을 받은 자"가 누군가? 선민 이스라엘입니다. 그리고 먼저 믿은 나 자신일 수도 있다는 경각심을 갖게 합니다. 이점이 주님께서 따르는 수많은 무리를 보시면서, "무릇 내게 오는 자가 자기 부모와 처자와 형제와 자매와 더욱이 자기 목숨까지 미워하지 아니하면 능히 내 제자가 되지 못하고 누구든지 자기 십자가를 지고 나를 따르지 않는 자도 능히 내 제자가 되지 못하리라" (25-27) 하신 경계에 나타납니다.

주님은 이점을 "건축과, 전쟁" 비유를 들어 설명하시는데, "너희 중의 누가 망대를 세우고자 할진대 자기의 가진 것이 준공하기까지에 족할는지 먼저 앉아 그 비용을 계산하지 아니하겠느냐" (28) 하십니다. 비용을 계산하지 않고 공사를 시작한다면, "이 사람이 공사를 시작하고 능히 이루지 못하였다" (30) 하게 되리라는 것입니다. 우리 주위에는 "완공하지 못한 건물"들의 잔해가 많은 것도 사실입니다.

전쟁 비유는 더욱 심각한데, "또 어떤 임금이 다른 임금과 싸우러 갈 때에 먼저 앉아 일만 명으로써 저 이만 명을 거느리고 오는 자를 대적할 수 있을까 헤아리지 아니하겠느냐"(31) 하십니다. 무모하게 전쟁에 뛰어들었다가는 패배할 것이기 때문이라는 것입니다. 우리 주변에는 목회를 시작하지 말았어야 할 실패자들이 많은 것도 사실입니다.

도달하게 된 결론이 무엇인가? 이 문단에는 "능히 내 제자가 되지 못하고" 하는 경고가 3번(26, 27, 33)이나 등장합니다. 그리고 14장은, "소금이 좋은 것이나 소금도 만일 그 맛을 잃으면 무엇으로 짜게 하리요 땅에도, 거름에도 쓸 데 없어 내버리느니라" 하시고, "들을 귀가 있는 자는 들을지어다"(34-35) 하는 말씀으로 마치고 있습니다.

적용

"모든 것이 준비되었나이다" 하시는데 형제는 잔치를 무엇으로 준비하셨는지 말해줄 수가 있습니까? "내 살을 먹고 내 피를 마시라" 하신 하나님의 아들의 "살과 피"로 준비하신 것입니다. 이 십자가 복음을 증언할 자는, "누구든지 자기 십자가를 지고 나를 따르지 않는 자도 능히 내 제자가 되지 못하리라"(27) 하십니다. 형제의 결단은 무엇입니까?

나누어 봅시다

1. 복음 초청에 갚을 것이 없는 자를 잔치에 초대하라 하심과 대해서,

2. 잔치에 초대 받은 배부른 자들의 거절에 대해서,

3. 건물비유, 전쟁비유와 오늘의 현실에 대해서,

15장
잃어버린 백성을 찾으러 오신 주님

첫째 단원(1-7) 잃은 양의 비유
둘째 단원(8-10) 잃은 드라크마 비유
셋째 단원(11-32) 잃어버린 아들의 비유

내용 관찰

15장은 "잃은 양, 잃어버린 드라크마, 탕자", 세 개의 비유 내용입니다. 이 비유들을 하나님중심으로 보게 되면, "잃은 양을 찾는 목자의 비유, 잃은 자식을 애타게 기다리는 아버지의 비유"가 되는 것입니다. 이런 맥락에서 15장의 중심 단어는 "잃어버림, 찾음, 죄인, 회개"입니다. 각각 몇 번이나 등장하나 관찰해보시기 바랍니다.

15장을 말씀하게 된 동기는 많은 세리와 죄인들이 말씀을 듣기 위해서 주님께 가까이 나아오자, "바리새인과 서기관들이 수군거려 이르되 이 사람이 죄인을 영접하고 음식을 같이 먹는다" (1-2)고 비난했기 때문입니다.

주님은 그들을 향해, "너희 중에 어떤 사람이 양 백 마리가 있는데 그 중의 하나를 잃으면 아흔아홉 마리를 들에 두고 그 잃은 것을 찾아내기까지 찾아다니지 아니하겠느냐(4), 어떤 여자가 열 드라크마가 있는데 하나를 잃으면 등불을 켜고 집을 쓸며 찾아내기까지 부지런히 찾지 아니하겠느냐"(8)고 물으십니다.

그리고 "찾아낸즉 즐거워 어깨에 메고 집에 와서 그 벗과 이웃을 불러 모으고 말하되 나와 함께 즐기자 나의 잃은 양을 찾아내었노라 하리라(5-6), 또 찾아낸즉 벗과 이웃을 불러 모으고 말하되 나와 함께 즐기자 잃은 드라크마를 찾아내었노라 하리라"(9) 하십니다. 이 두 비유가 드러내는 진리가 무엇인가? "인자가 온 것은 잃어버린 자를 찾아 구원하려 함이니라"(19:10) 하신 주님의 오신 목적과, "이와 같이 죄인 한 사람이 회개하면 하늘에서는 회개할 것 없는 의인 아흔아홉으로 말미암아 기뻐하는 것보다 더하리라"(7, 10)는 하나님의 사랑입니다.

그런데 "잃은 양, 잃은 동전"이 아니라 잃었던, 아니 죽었던 자식이 살아서 돌아온다면 얼마나 기쁠 것인가? 그래서 주님은, "어떤 사람에게 두 아들이 있는데"(11) 하고 탕자의 비유를 말씀하신 것입니다. 마태복음 21장에서도 "어떤 사람에게 두 아들이 있는데"(마 21:28) 하고 "두 아들"을 들어 말씀하십니다. 공통점은 큰 아들은 "바리새인과 서기관"(2) 같이 선한 자로, 작은 아들은 "죄인들"(1) 같이 불효자로 등장하는데 결과는 작은 아들이 "아버지의 뜻대로 하고, 찾은 바가" 된다는 것입니다.

그 원인이 어디에 있는가? 탕자라 하는 작은 아들은, "아버지 내가 하늘과 아버지께 죄를 지었사오니 지금부터는 아버지의 아들이라 일컬음을 감당하지 못하겠나이다" (21) 하고, 자신의 잘못을 깨닫고 고백을 한 반면, 큰 아들은 "내가 여러 해 아버지를 섬겨 명을 어김이 없거늘 내게는 염소 새끼라도 주어 나와 내 벗으로 즐기게 하신 일이 없더니 아버지의 살림을 창녀들과 함께 삼켜 버린 이 아들이 돌아오매 이를 위하여 살진 송아지를 잡으셨나이다" (29-30) 라고 자신의 공로를 내세우기 때문입니다.

주목할 점은, "명을 어김이 없거늘"이란 말입니다. 이점을 부자 청년은 "이것은 내가 어려부터 다 지키었나이다"고 말했고, 바리새인은 "저 세리와도 같지 아니함을 감사하나이다" 라고 자랑을 늘어놓았던 것입니다. 자신에게는 구원을 얻을 공로가 있고 대접 받을 자격이 있다는 말입니다. 이처럼 자신의 의나 공로로 구원을 얻는 줄로 여기고 죄인 됨을 깨닫지 못하는 "행위 구원관"의 잘못을 지적하기 위해서 "탕자의 비유"를 추가로 말씀하시게 된 것입니다.

적용

형제가 태어나던 날 부모님의 기쁨과, 허물과 죄로 죽었던 형제가 거듭났을 때 아버지 하나님의 기쁨이 어떠했겠는가를 생각해 보시기를 바랍니다. 그런데 "염소 새끼" 한 마리를 바라고 아버지를 섬기고 있지는 아니합니까? 아버지는, "얘 내 것이 다 네 것이로되" (31) 하십니다. 성경은 말씀합니다. "자녀이면 또한 상속자 곧 하나님의 상속자요 그리스도와 함께 한 상속자니 우리가 그와 함께 영광을 받기 위하여 고난도 함께 받아야 할 것이니라"(롬 8:17).

나누어 봅시다

1. 잃어버린 양 비유를 말씀하시게 된 동기에 대해서,
2. 잃은 양과, 드라크마 비유를 통해서 말씀하려는 요점에 대해서,
3. 큰 아들과 작은 아들은 누구를 상징하며, 드러내고자 하는 진리가 무엇인가에 대해서,

16장

충성되고 지혜 있는 청지기

첫째 단원(1-13) 영원한 처소로 영접하리라

둘째 단원(14-18) 돈을 좋아하는 바리새인

셋째 단원(19-31) 부자와 나사로의 반전

내용 관찰

16장은 크게 두 문단으로 나누어지는데 앞 문단은, "옳지 않은 청지기가 일을 지혜 있게 하였으므로 칭찬하였으니" (8) 하신, 불의한 청지기 비유인데 이는 "제자들" (1)에게 하신 말씀이고, 뒤 문단에는 "부좌와 나사로"의 기사가 놓여 있는데 이는 "돈을 좋아하는 바리새인" (14)을 염두에 두고 하신 말씀입니다.

중심점은, "이 세대의 아들들이 자기 시대에 있어서는 빛의 아들들보다 더 지혜로움이니라" (8)고, "불의"를 칭찬하신 것이 아니라 옳지 않은 청지기가 "일을 지혜 있게" 행한 "지혜"를 칭찬하신 것입니다. 그러면 어떻게 지혜 있게 행했는가? "내가 할 일을 알았도다 이렇게 하면 직분을 빼앗긴 후에 사람들이 나를 자기 집으로 영접하리라" (4) 하고, 사후 대비책을 강구한 "지혜"입니다.

핵심은 "영접"에 있는데 이 비유를 통한 촉구는, "빛의 아들들"에게 하나님께 "영접"을 받도록 지혜롭게 미리 대비하라는데 강조점이 있는 것입니다. 이점이 "내가 너희에게 말하노니 불의의 재물로 친구를 사귀라 그리하면 그 재물이 없어질 때에 그들이 너희를 영주할 처소로 영접하리라" (9) 하신 말씀에 나타납니다.

이 비유가 도달하게 되는 결론은 한 사람의 하인이, "두 주인을 섬길 수 없나니 혹 이를 미워하고 저를 사랑하거나 혹 이를 중히 여기고 저를 경히 여길 것임이니라 너희는 하나님과 재물을 겸하여 섬길 수 없느니라" (13) 한 말씀인데 결국 영접함을 받지 못하게 된다는 경계입니다.

그러자 "돈을 좋아하는 바리새인들"이 비웃었다(14)는 것입니다. 그래서 "한 부자가 있어 자색 옷과 고운 베옷을 입고 날마다 호화롭게 즐기더라 그런데 나사로라 이름 하는 한 거지가" (19-20) 하고, "부자와 나사로"를 대조시켜 말씀하시게 된 것입니다. 이 말씀의 모티브도, "거지는 죽어 천사들에게 받들려 아브라함의 품에 들어간" 반면 부자는 죽어 "그가 음부에서 고통 중에 눈을 들어 멀리 아브라함과 그의 품에 있는 나사로" (22-23)를 보게 되었다는 "역전"에 있습니다. 이를 통해서 돈을 좋아하는 바리새인들에게, "부자와 나사로" 중 누가 더 지혜 있는 자인가를 생각해 보라는 말씀입니다.

음부에 떨어진 부자는 나사로를 보내셔서, "내 형제 다섯이 있으니 그들에게 증언하게 하여 그들로 이 고통 받는 곳에 오지 않게 하소서" (28) 라고 호소했으나 주님은, "그들에게 모세와 선지자들(성경을 들어 증언하는 전도자)이 있으니 그들에게 들을 지니라" 하시면서, "모세와 선지자들에게 듣지 아니하면 비록 죽은 자 가운데서 살아나는 자가 있을지라도 권함을 받지 아니하리라" (29-31) 하십니다.

적용

제자들에게 말씀하신 10-12절에는 "지극히 작은 것에 충성된 자는 큰 것에도 충성되고 지극히 작은 것에 불의한 자는 큰 것에도 불의하니라" 고 "충성"이라는 말이 4번이나 강조되어 있습니다. 십자가를 담당하시기 위해서 예루살렘으로 올라가시는 주님은 피로 값을 주고 사신 교회를, "충성되고 지혜 있는" (마 24:45) 청지기가 되어서 섬겨야 할 것을 제자들에게 일깨워주고 계시는 것입니다.

나누어 봅시다

1. 불의한 청지기의 지혜를 칭찬하신 의도에 대해서,
2. 영원한 처소로 영접하리라 하신 "영접함"을 받을 일에 대해서,
3. 부자와 나사로의 대조를 통해서 말씀하려는 바가 무엇인가에 대해서,

17장

하나님의 나라와 주의 재림

첫째 단원(1–4) 실족시키지 말라
둘째 단원(5–10) 마땅히 행할 일을 한 것뿐
셋째 단원(11–19) 아홉은 어디 있느냐
넷째 단원(20–37) 인자의 나타나는 날에도

내용관찰

17장의 중심점은, "하나님의 나라가 어느 때에 임하나이까" (20) 한 "하나님의 나라의 임함"에 있는데, 하나님의 나라는 이미 임하였으나, "노아의 때에 된 것과 같이 인자의 때에도 그러하리라" (26) 하신 "재림의 날"에 완성이 되는 것입니다. 예수님은 지금 십자가를 지시기 위해서 예루살렘으로 올라가시는데, "사마리아와 갈릴리 사이로 지나가시고" (11) 계시는 중입니다.

이런 맥락에서 주님은 승천하신 후에 교회가 직면하게 될 일들을 경계하시는데 첫째가, "실족하게 하는 것이 없을 수는 없으나 그렇게 하게 하는 자에게는 화로다"(1) 하고, "실족"에 관해 말씀하십니다. 한 영혼을 실족시키는 것은, "차라리 연자 맷돌을 그 목에 매여 바다에 던져지는 것이 나으리라"(2) 하실 정도로 비극적인 일이라는 말씀입니다.

둘째로, "만일 네 형제가 죄를 범하거든 경고하고 회개하거든 용서하라 만일 하루에 일곱 번이라도 네게 죄를 짓고 일곱 번 네게 돌아와 내가 회개하노라 하거든 너는 용서하라"(3-4)고, "용서"를 말씀하시는데 이는 한 영혼을 잃지 않도록 하라는 경계인 것입니다.

이 말씀을 들은 제자들은 "일곱 번이나 용서" 할 자신이 없었기 때문일까요? "우리에게 믿음을 더하소서"(5) 하고 간구합니다. 주님은 "너희에게 겨자씨 한 알만한 믿음이 있었더라면"(6) 하십니다. 그렇다면 제자들의 믿음이 겨자씨만한 믿음도 못 된다는 것인가? 그렇습니다. 겨자씨는, "모든 씨보다 작은 것이로되 자란 후에는 풀보다 커서 나무가 되매 공중의 새들이 와서 그 가지에 깃들이게"(마 13:32) 하는 생명력이 있으나, 우리의 믿음은 돌덩이 같이 모양은 크나 "죽은 믿음"과 같다는데 문제가 있는 것입니다.

이점이 "너희 중 누구에게 밭을 갈거나 양을 치거나 하는 종이 있어 밭에서 돌아오면 그더러 곧 와 앉아서 먹으라 말할 자가 있느냐"(7) 한 비유에 나타나는데, 생명력이 있는 "믿음"에는 실천이 따르게 마련이라는 것입니다. 그리고 순종한 후에도, "이와 같이 너희도 명령 받은 것을 다 행한 후에 이르기를 우리는 무익한 종이라 우리가 하여야 할 일을 한 것뿐이라 할지니라" (10) 하신 겸비입니다.

"예수께서 예루살렘으로 가실 때에" (11), 이것이 주님께서, "예루살렘을 향하여 올라가기로 굳게 결심하시고" (9:51) 가시는 중 3번째(9:51, 13:22) 언급인데 누가는 이 발걸음을 놓치지 않고 있는 것입니다. 왜냐하면 같은 말씀이라도 어떤 맥락, 어떤 배경에서 하신 말씀인가에 따라 울림이 다르기 때문입니다.

10명의 나병 환자들이 "우리를 불쌍히 여기소서" 하고 간구하자, "가서 제사장들에게 너희 몸을 보이라 하셨더니 그들이 가다가 깨끗함을 받았다" (14)는 것입니다. 그런데 "그 중의 한 사람이 자기가 나은 것을 보고 큰 소리로 하나님께 영광을 돌리며 돌아와 예수의 발아래에 엎드리어 감사하니 그는 사마리아 사람이라" (15-16) 합니다. 주님은, "열 사람이 다 깨끗함을 받지 아니하였느냐 그 아홉은 어디 있느냐" (17) 하십니다.

주님은, "하나님께 영광을 돌리러 돌아온" (18) 이방인 그 사람을 만나고 싶으셨던 것입니다. "그에게 이르시되 일어나 가라 네 믿음이 너를 구원하였느니라" (19) 하십니다. 여기 두 방면의 구원이 나타나는데, 돌아오지 않은 9명은 나병만의 구원을 얻었으나 돌아온 이방인은 영육간의 구원을 얻었다는 점입니다. 이를 통해서, 선민 이스라엘은 "하나님의 나라"를 빼앗기고 열매 맺는 백성이 받게 될 것(마 21:43)이 예시되어 있습니다.

바리새인들이, "하나님의 나라가 어느 때에 임하나이까" 라고 묻자 주님은, "하나님의 나라는 볼 수 있게 임하는 것이 아니요 또 여기 있다 저기 있다고도 못하리니 하나님의 나라는 너희 안에 있느니라" (20-21) 하십니다. 이렇게 말씀하심은 장차 임할 하나님의 나라를 부인하신 것이 아니라 먼저 하나님의 나라가, "너희 안"에 임해야한다는 점을 강조하신 것입니다. 이점이 이어지는 말씀에 분명히 나타나는데, "때가 이르리니 너희가 인자의 날 하루를 보고자 하되 보지 못하리라" (22) 하십니다.

㉠ "노아의 때에 된 것과 같이 인자의 때에도 그러하리라"(26) 하십니다.

㉡ "또 롯의 때와 같으리니 사람들이 먹고 마시고 사고 팔고 심고 집을 짓더니 롯이 소돔에서 나가던 날에 하늘로부터 불과 유황이 비오듯 하여 그들을 멸망시켰느니라 인자가 나타나는 날에도 이러하리라"(28-30) 하십니다.

㉢ "그러나 그가 먼저 많은 고난을 받으며 이 세대에게 버린바 되어야 할지니라"(25) 하고, 하나님의 나라가 그리스도의 구속으로 말미암아 이루어지게 될 것을 말씀하십니다.

적용

"롯의 처를 기억하라" 하십니다. "무릇 자기 목숨을 보전하고자 하는 자는 잃을 것이요 잃는 자는 살리리라 내가 너희에게 이르노니 그 밤에 둘이 한 자리에 누워 있으매 하나는 데려감을 얻고 하나는 버려둠을 당할 것이요" (32-34) 하심을 명심하십시다.

나누어 봅시다

1. 실족시키는 일과 용서하는 일에 대해서,

2. "마땅히 행할 일을 한 것뿐"이라는 자기 겸비에 대해서,

3. "롯의 처를 기억하라" 하심과 우리의 삶의 태도에 대해서,

18장

인자가 올 때에 믿음을 보겠느냐

첫째 단원(1-8) 항상 기도하고 낙망치 말라

둘째 단원(9-17) 어린 아이 같은 자가 되라

셋째 단원(18-30) 하나님은 하시나니

넷째 단원(31-43) 다윗의 자손이여

내용 관찰

18장의 중심도 "하나님의 나라"에 있는데 3번(17, 24, 25) 등장합니다. 첫 장면은 "불의한 재판관 비유"(1-8)라고 말하는데, 이를 적용하기를 과부가 재판관에게 떼를 쓰듯 하나님께 부르짖어야 한다고 말한다면 그것은 하나님을 "불의한 재판관"과 동일시하는 잘못을 범하게 되고, 하나님을 인색한 하나님으로 취급하게 됩니다.

1-8절 안에는 "원한"이라는 말이 4번이나 등장하는데, 그리스도인들은 시민권이 하늘에 있는 자들입니다. 그러므로 이 세상에서는 연고 없

는 박해를 당하기 마련입니다. 그럴 경우 얼마간은 참고 견디지만, "낙망"할 것을 아시고, "항상 기도하고 낙심하지 말아야 할 것을" 비유를 들어 말씀하신 것입니다. 그러므로 이 비유의 주제는, "간청"이 아니라 핍박을 받을 때에 "낙심하지 말라"는 권면인 것입니다.

주님은, "불의한 재판장이 말한 것을 들으라" 하시면서, "하물며 하나님께서 그 밤낮 부르짖는 택하신 자들의 원한을 풀어 주지 아니하시겠느냐 그들에게 오래 참으시겠느냐" (6-7), "내가 너희에게 이르노니 속히 그 원한을 풀어 주시리라" 하십니다.

성경은, "내 사랑하는 자들아 너희가 친히 원수를 갚지 말고 하나님의 진노하심에 맡기라 기록되었으되 원수 갚는 것이 내게 있으니 내가 갚으리라고 주께서 말씀하시니라" (롬 12:19) 합니다. 그런데 경각심을 갖게 되는 것은, "그러나 인자가 올 때에 세상에서 믿음을 보겠느냐" (7-8), 즉 끝까지 참고 기다리는 자가 없을 것이라고 경고하시기 때문입니다.

두 번째 장면은 기도하러 성전에 올라가는 "바리새인과, 세리"가 등장합니다. 바리새인은 하나님 앞에서, "나는 다른 사람들 곧 토색, 불의, 간음을 하는 자들과 같지 아니하고 이 세리와도 같지 아니함을 감사하나이다" (11) 하고, 자랑을 늘어놓았습니다.

그런데 세리는, "멀리 서서 감히 눈을 들어 하늘을 쳐다보지도 못하고 다만 가슴을 치며 이르되 하나님이여 불쌍히 여기소서 나는 죄인이로소이다" (13) 했다는 것입니다. 이 두 사람 중 누가 "하나님의 나라"에 들어갈 것인가? 주님은, "저 바리새인이 아니고 이 사람이 의롭다 하심을 받고 그의 집으로 내려갔느니라" (14), 즉 세리를 영접해주셨다고 말씀하십니다.

창세기 3장에 보면 아담이, "내가 벗었으므로 두려워하여 숨었나이다" 라고 고백함으로, "여호와 하나님이 아담과 그의 아내를 위하여 가죽옷을 지어 입히시니라" (창 3:10, 21) 하는 말씀이 있습니다. "벗었다" 고 자복하지 않았어도 "가죽옷" 을 지어 입혀 주셨겠는가? 같은 논리로 세리가 "나는 죄인이로소이다" 함으로 그에게 "의의 옷" 을 입혀주신 셈입니다. 어찌하여 의롭다함을 얻지를 못하는가? 어찌하여 영접함을 받지를 못하는가? "내가 벌거벗었나이다" 즉 "나는 죄인이로소이다" 고 고백하지를 않기 때문입니다.

세 번째 장면은 어떤 관리가 등장하여, "내가 무엇을 하여야 영생을 얻으리이까" (18) 라고 묻습니다. 주님은 계명을 지키라 하십니다. 그런데 관리는 "이것은 내가 어려서부터 다 지키었나이다" 하는 것이 아닌가? 그러자 주님은, "네게 아직도 한 가지 부족한 것이 있으니 네게 있는 것을 다 팔아 가난한 자들에게 나눠 주라 그리하면 하늘에서 네게 보화가 있으리라 그리고 와서 나를 따르라" (22) 하십니다.

왜 이렇게 말씀하셨는가? 율법을 행함으로는 의롭다함을 얻을 수 없다는 "죄" 를 깨닫게 하기 위해서입니다. "그 사람이 큰 부자이므로 이 말씀을 듣고 심히 근심하더라" 하는데, "죄책감" 은 있었으나, 그러나 "결단" 을 하지는 못한 것입니다. 그래서 주님은, "재물이 있는 자는 하나님의 나라에 들어가기가 얼마나 어려운지 낙타가 바늘귀로 들어가는 것이 부자가 하나님의 나라에 들어가는 것보다 쉬우니라" (24-25) 하십니다. 왜 그런가? "롯의 아내" 같이 세상과 물질에 대한 집착을 끊어버리기가 어렵기 때문입니다.

제자들은 깜짝 놀라, "그런즉 누가 구원을 얻을 수 있나이까" 하니, "사람이 할 수 없는 것을 하나님은 하실 수 있느니라" (26-27) 하십니다. 하나님께서 어떤 방도로 행해주셨는지 형제는 말해줄 수가 있습니까? "그들은 채찍질하고 그를 죽일 것이나 그는 삼 일 만에 살아나리라" (33) 하신, 자기 아들을 대속물로 삼으셔서 행해주신 것입니다.

적용

"내가 진실로 너희에게 이르노니 누구든지 하나님의 나라를 어린 아이와 같이 받아들이지 않는 자는 결단코 거기 들어가지 못하리라" (17) 하시는 말씀 앞에 우리의 모습은 어떠합니까?

나누어 봅시다

1. 기도하다 낙망하는 이유와 원인에 대해서,
2. 부자가 하나님 나라에 들어가기가 어렵다 하신 의미에 대해서,
3. 사람이 할 수 없는 것을 하나님이 어떻게 행해주셨는가에 대해서,

19장

나귀 새끼를 타고 입성하시는 왕

첫째 단원(1-10) 잃어버린 자를 찾으러 오신 주님

둘째 단원(11-27) 므나 비유

셋째 단원(28-48) 주의 이름으로 오시는 왕

내용 관찰

19장의 중심점도 "하나님의 나라가 당장에 나타날 줄로 생각함이더라"(11) 한, "하나님의 나라"에 있습니다. 핵심은, "찬송하리로다 주의 이름으로 오시는 왕이여"(38) 한, "왕"에 있는데 4번(12, 14, 27, 38) 등장합니다. 19장의 좌표는 드디어, "예루살렘에 가까이 오셨고(11), 가까이 오사 성을 보시고 우시며"(41) 입성하시는 장면입니다.

첫 장면은 여리고를 지나가시던 주님께서, "세리장이요 또한 부자라"(2) 한 삭개오를 만나시는 내용입니다. 삭개오는 예수님을 보기 위해서 "앞으로 달려가서 돌 무화과나무에 올라갔고", 주님은 "삭개오야 속히 내려오라 내가 오늘 네 집에 유하여야 하겠다" (3-5) 하시고, 이를 본 많은 사람들은 수군거리면서, "저가 죄인의 집에 유하러 들어갔도다" (7) 했다는 것입니다. 초점을 어디에 맞춰야 하는가?

이점에서 최우선적으로 생각해야 할 점은, 삭개오의 집에 유하시겠다는 "내"가 누군가 하는 점이고, 둘째는 그런 분이 사람들도 교제하지 않으려는 세리의 집에 들어가시는 것이 어떻게 가능한가 하는 점입니다. 이 심각성을 깨닫기 위해서는 시내 산에 강림하시려는 하나님께서, "너는 백성을 위하여 주위에 경계를 정하고, 그 경계를 침범하지 말지니 산을 침범하는 자는 반드시 죽임을 당할 것이라" (출 19:12) 하신 말씀을 상기할 필요가 있습니다.

그토록 거룩하고 의로우신 성자 하나님께서 죄인의 집에 유하러 들어가시는 것이 어떻게 가능하단 말인가? 지금 주님의 행선지는 시내산도, "여리고"도 아니라 대속제물이 되셔서, "잃어버린 자를 찾아 구원하시려" (10), 예루살렘으로 올라가시는 발걸음이라는 점입니다. "여리고는, 지나가는" 경유지였던 것입니다. 그래서 세리의 집에, 그리고 우리들의 집에 유하심이 가능했던 것입니다.

삭개오는 급히 내려와 즐거워하며 영접하고는, "주여 보시옵소서 내 소유의 절반을 가난한 자들에게 주겠사오며 만일 누구의 것을 속여 빼앗은 일이 있으면 네 갑절이나 갚겠나이다" (8) 라고 통 큰 결단을 함으로, "회개에 합당한 열매" (3:8)를 맺었던 것입니다. 그러면 "저가 죄인의 집에 유하러 들어갔도다"고 비난한 자들은 "죄인"임을 모르고 있는 자들인 것입니다.

이어지는 말씀은, "자기가 예루살렘에 가까이 오셨고 그들은 하나님의 나라가 당장에 나타날 줄로 생각하고" 있기 때문에, "어떤 귀인이 왕위를 받아가지고 오려고 먼 나라로 갈 때에 그 종 열을 불러 은화 열 므나를 주며 이르되 내가 돌아올 때까지 장사하라 하니라" (11-13) 한, "므나 비유"를 말씀하시게 됩니다.

"므나 비유"를 통해서 말씀하시려는 바는,

㉠ 하나님의 나라가 당장에 나타나는 것이 아니라는 것과,

㉡ "메시아 왕국"이 임하기까지는 "돌아올 때까지 장사하라" 하신 제자들이 감당해야 할 사명이 있다는 것과,

㉢ 반드시 왕위를 받아가지고 돌아와서 종들이, "각각 어떻게 장사하였는지" 결산하는 날이 있다는 점입니다.

한 므나로 10므나를 남긴 종이나, 5므나를 남긴 종은 똑같이, "잘하였다 착한 종이여" 라는 칭찬을 받았으나, "당신의 한 므나가 여기 있나이다 내가 수건으로 싸 두었었나이다 이는 당신이 엄한 사람인 것을 내가 무서워함이라 당신은 두지 않은 것을 취하고 심지 않은 것을 거두나이다" 한 종은, "악한 종아 내가 네 말로 너를 심판하노니" (20-22) 하고 "심판"을 받았다는 점입니다. 이는 하나님의 집에서 이루어질 심판이고, 또 심판을 받을 자들이 있는데 주님의, "왕 됨을 원하지 아니하던" (27) 불신자들입니다.

"예수께서 이 말씀을 하시고 예루살렘을 향하여 앞서서 가시더라" (28)

합니다. 주님은 유월절 양으로 죽임을 당하시기 위해서 유월절에 맞춰서 예루살렘으로 올라가고 계시는 것입니다. 예루살렘에 가까이 오시자 제자 둘을 맞은 편 마을로 보내시면서 "나귀새끼"를 풀어오라 하십니다. "어찌하여 푸느냐 묻거든 말하기를 주가 쓰시겠다 하라"(31) 하십니다.

이는 스가랴 선지자로 하신 예언(슥 9:9)을 성취하기 위해서인데 "나귀새끼"까지도 하나님의 말씀을 이루기 위하여 "그 때 거기"에 있었다는 것이 됩니다. 주님은 십자가를 앞에 놓으시고 "내가 이를 위하여 이때에 왔다이다" 하셨습니다. 그렇다면 나는 무엇을 위하여 이때에 여기 있는가 하고 각성하게 합니다.

백성들은, "찬송하리로다 주의 이름으로 오시는 왕이여"(38) 라고 입성하시는 주님을 환영했습니다. 그런데 예루살렘은 비어 있는 성이 아니라, "이 세상 임금"이 지배하고 있다는 점과, "두 왕"은 격돌할 수밖에 없는데 주님은 "이 세상 임금 곧 마귀가 쫓겨나리라"(요 12:31)고 선언하십니다. 어떤 방법에 의해서 쫓겨나게 되는가?

적용

하나님의 말씀을 이루시기 위해서 나귀새끼까지 예비해 놓으셨다면, 하나님의 형상대로 지음을 받은 사람은 더욱 미리 택하여 놓으시지 않으셨겠습니까? 형제는 주께서 쓰시기 위하여 "너를 지명하여 불렀나니 너는 내 것이라"(사 43:1) 하신 주의 소유요, 값으로 사신 주의 종임을 명심 또 명심하십시다.

나누어 봅시다

1. 주님께서 "네 집에 유하여야 하리라" 하실 때 어떻게 응답해야 하는가에 대해서,
2. 형제가 받은 "므나"는 무엇이며 어떻게 활용하고 있는가에 대해서,
3. "나귀새끼"까지도 하나님의 구원계획을 이루시는데 쓰임을 받고 있다는 점에 대해서,

20장

건축자들이 버린 돌이 모퉁이 돌이 됨

첫째 단원(1-8) 무슨 권세로 이런 일을 하느냐
둘째 단원(9-19) 악한 농부의 비유
셋째 단원(20-47) 예루살렘에서의 진리의 싸움

내용 관찰

20장의 중심점은, "건축자들의 버린 돌이 모퉁이의 머릿돌이 되었느니라"(17)는 말씀에 있습니다. 20장은 주님께서 성전에서 백성을 가르치시며 복음을 전하실 때에, "대제사장, 서기관, 장로들"(1)이 모여 함께 왔다는 것으로 시작이 됩니다. 기억하십니까? 주님께서 예루살렘으로 올라가서서, "대제사장들과 서기관들에게 버린바 되어 죽임을 당하고 제삼일에 살아나야 하리라"(9:22) 하신 수난 예고를! 그 "대제사장들과 서기관들"이 등장한 것입니다.

주님은 예루살렘에 (종료)주일에 입성하셔서, 금요일에 십자가에 달리셨는데, 그 기간(고난주간)은 그들과 진리의 싸움을 하신 기간이었던 것입니다. 그들을 향해서 주님은, "한 사람이 포도원을 만들어 농부들에게 세로 주고 타국에 가서 오래 있다가"(9) 하고, "악한 농부의 비유"를 들어서 저들의 잘못을 폭로하십니다. "때가 이르매 포도원 소출 얼마를 바치게 하려고 한 종을 농부들에게 보내니 농부들이 종을 몹시 때리고 거저 보내었거늘 다시 다른 종을 보내니 그도 몹시 때리고 능욕하고 거저 보내었거늘 다시 세 번째 종을 보내니 이 종도 상하게 하고 내쫓은지라"(10-12), 이렇게 한 것이 구약시대였던 것입니다.

하나님께서는, "너희 조상들이 애굽 땅에서 나온 날부터 오늘까지 내가 내 종 선지자들을 너희에게 보내되 끊임없이 보내었으나 너희가 나에게 순종하지 아니하며 귀를 기울이지 아니하고 목을 굳게 하여 너희 조상들보다 악을 더 행하였느니라"(렘 7:25-26) 하십니다.

맨 마지막으로, "내 사랑하는 아들을 보내리니 그들이 혹 그는 존대하리라 하였더니 농부들이 그를 보고 서로 의논하여 이르되 이는 상속자니 죽이고 그 유산을 우리의 것으로 만들자 하고 포도원 밖에 내쫓아 죽였느니라"(13-15) 합니다. 이것이 사탄의 간계인데 저들이 사탄의 하수인 노릇을 하고 있기 때문에, "뱀들아 독사의 새끼들아"(마 23:32) 라고 책망을 하셨던 것입니다.

하나님은 선언하십니다. "나는 나를 위하며 나를 위하여 이를 이룰 것이라 어찌 내 이름을 욕되게 하리요 내 영광을 다른 자에게 주지 아니하리라"(사 48:11). 구원계획에는 하나님의 이름과 명예가 걸려 있다는 점과, 그러므로 반드시 성취하시고야 만다는 점을 명심하시기 바랍니다.

사탄의 하수인이 된 인간이 범한 최악의 죄악은 하나님의 아들을 십자가에 못을 박은 일입니다. 그런데 하나님은 이 악을 선으로 바꾸셔서, "건축자들의 버린 돌이 모퉁이의 머릿돌이 되게" 하셨던 것입니다. 결국 "이 돌 위에 떨어지는 자는 깨어지겠고 이 돌이 사람 위에 떨어지면 그를 가루로 만들어 흩으리라" (17-18) 하십니다.

서기관과 대제사장은 주님을 책잡기 위해서 정치적으로 가장 민감한 문제인, "가이사에게 세를 바치는 것이 옳으니이까 옳지 않으니이까" 하는 문제로 공격했습니다. 주님은 그 간계를 아시고, "가이사의 것은 가이사에게, 하나님의 것은 하나님께 바치라" (19-25)고 격퇴시키셨습니다.

그러자 이번에는 부활이 없다고 주장하는 사두개인들이, "일곱이 다 그를 아내로 취하였으니 부활 때에 그 중에 누구의 아내가 되리이까" (27-33) 하는 교리적인 문제로 공세를 취했습니다. 이는 "후사" (後嗣)가 끊어지지 않게 하시려는 하나님의 구원계획과 결부되는 주제인데 저들의 말은 이를 곡해한 궤변이었던 것입니다. 주님께서는 "부활함을 얻기에 합당히 여김을 받은 자들은 장가가고 시집가는 일이 없으며 그들은 다시 죽을 수도 없나니 이는 천사와 동등이요 부활의 자녀로서 하나님의 자녀임이라" (35-36)고 물리치셨습니다.

저들이 물러가자 이번에는 주님이, "사람들이 어찌하여 그리스도를 다윗의 자손이라 하느냐" 하고 공세를 취하십니다. 이는 "예수가 누구신가" 하는 본질적인 질문인데 왜냐하면 모든 문제는 예수가 누구신가를 모르는데 기인하기 때문입니다. 그리스도가 다윗의 자손으로 그의 동네인 베들레헴에서 탄생하셨으나, "그의 근본은 상고에, 영원에 있느니라" (미 5:3) 합니다. 그런 분이 어찌하여, "육신으로는 다윗의 혈통에서" (롬 1:3) 나셨는가? 우리의 대속제물로 대신 죽으시기 위해서였던 것입니다.

적용

"건축자들의 버린 돌이 모퉁이의 머릿돌이 되게" 하신 하나님이시기에, "하나님을 사랑하는 자 곧 그의 뜻대로 부르심을 입은 자들에게는 모든 것을 합력하여 선을 이루시는" 하나님이심도 확신하게 되는 것입니다.

나누어 봅시다

1. 악한 농부의 비유에 함축된 의미에 대해서,
2. 죽은 자의 부활의 확실성에 대해서,
3. "어찌하여 그리스도를 다윗의 자손이라 하느냐"고 물으신 의도에 대해서,

21장

큰 영광으로 오는 것을 보리라

첫째 단원(1-7) 무슨 징조가 있사오리까

둘째 단원(8-24) 예루살렘의 멸망 예언

셋째 단원(25-38) 역사적인 종말에 대한 예언

내용 관찰

21장의 중심점도 변함이 없이, "이런 일이 일어나는 것을 보거든 하나님의 나라가 가까이 온 줄을 알라" (31) 하신 "하나님의 나라" 요. 핵심은, "그 때에 사람들이 인자가 구름을 타고 능력과 큰 영광으로 오는 것을 보리라" (27) 하신 종말적인 계시에 있습니다. 그러니까 20장에서, "건축자들의 버린 돌" (20:17), 즉 "버림을 당하실" 것을 말씀하신 주님은 21장에서는 "인자가 오리라" 고 재림을 말씀하시는 문맥인 것입니다.

어떤 사람이 성전을 가리켜 "그 아름다운 돌과 헌물로 꾸민 것" 을 자랑하자 주님은, "날이 이르면 돌 하나도 돌 위에 남지 않고 다 무너뜨려지리라"(5-6) 하십니다. 이점에서 먼저 인식해야 할 점은 본문에는, 예루살렘의 멸망과 최후심판이 겹쳐진 그림으로 계시되어 있다는 점입니다.

"성전"은 임마누엘의 모형으로 주어진 것인데 솔로몬의 성전이 파괴당한 것은 저들의 죄악 때문이었으나, 참 성전이신 그리스도는 우리의 죄를 대신해서 헐려야만 했던 것입니다. 그러나 "헐리는" 것이 끝이 아니라, "이 성전을 헐라 내가 사흘 동안에 일으키리라"(요 2:19)고 "부활"을 말씀하십니다.

"예루살렘은 이방인의 때가 차기까지 이방인들에게 밟히리라"(24) 하시는데 그러면, "이방인의 때"는 언제부터 시작이 되어서 언제 마치게 되는가? "금 신상"의 머리로 상징이 된 바벨론에 의하여 예루살렘이 멸망을 당한 때가 시작이요, "무너졌도다 무너졌도다 큰 성 바벨론이여"(계 18:2)에서 이방인의 때는 막을 내리게 되는 것입니다.

그러므로 이방인의 때가 끝나게 되면 멸망당했던 예루살렘이, "하늘에서 내려오는 거룩한 성 예루살렘을 보이니 하나님의 영광이 있어 그 성의 빛이 지극히 귀한 보석 같고 벽옥과 수정 같이 맑더라"(계 21:10)고 회복될 것을 보여주시는데 회복될 예루살렘은 물리적인 성이 아니라, "하나님의 장막이 사람들과 함께 있으매 하나님이 그들과 함께 계시리니 그들은 하나님의 백성이 되고 하나님은 친히 그들과 함께 계셔서"(계 21:3), 즉 "그 성읍의 이름을 여호와 삼마라 하리라"(겔 48:35) 한 메시아왕국인 것입니다.

이는 "인자가 구름을 타고 능력과 큰 영광으로 오는 것을 보리라" 하신 재림으로 성취가 되는 것입니다. 예표로 보여주신 예루살렘이 말씀하신 대로 멸망을 당함으로 성취가 되었다면 종말적인 예언도 역사적으로 성취가 될 것을 확신할 수가 있는 것입니다. 주님은, "천지는 없어지겠으나 내 말은 없어지지 아니하리라" (33) 하십니다.

그들은, "선생님이여 그러면 어느 때에 이런 일이 있겠사오며 이런 일이 일어나려할 때에 무슨 징조가 있사오리이까" (7)고 물었습니다. 주님의 첫 말씀은, "미혹을 받지 않도록 주의하라 많은 사람이 내 이름으로 와서 이르되 내가 그라 하며 때가 가까이 왔다 하겠으나 그들을 따르지 말라" 하시고, "난리와 소요의 소문을 들을 때에 두려워하지 말라 이 일이 먼저 있어야 하되 끝은 곧 되지 아니하리라" (8-9) 하십니다.

적용

"이 날은 온 지구상에 거하는 모든 사람에게 임하리라 이러므로 너희는 장차 올 이 모든 일을 능히 피하고 인자 앞에 서도록 항상 기도하며 깨어 있으라" (34-36) 하십니다. 21장을 통해서 명심해야 할 점은, "너희는 스스로 조심하라 그렇지 않으면 방탕함과 술 취함과 생활의 염려로 마음이 둔하여지고 뜻밖에 그 날이 덫과 같이 너희에게 임하리라" 하신 경고입니다.

나누어 봅시다

1. 주님이 말씀하신 말세의 징조와 오늘날의 현상에 대해서,

2. 이방인의 때가 차기까지라는 구속사적 의미에 대해서,

3. 주님의 재림이 없다면 하나님의 구원계획이 어떻게 되는가에 대해서,

22장

고난 받기 전에 유월절 먹기를 원하신 주님

첫째 단원(1-13) 유월절 양을 잡을 때가 됨
둘째 단원(14-23) 주님의 피로 세우는 새 언약
셋째 단원(24-38) 함께 고난, 함께 영광
넷째 단원(39-71) 아버지의 원대로 하옵소서

내용관찰

22장은 크게 두 부분으로 나누어지는데 첫 문단(1-38)은 주님께서 제자들과 최후만찬을 나누시는 내용이고, 둘째 문단(39-71)은 주님이 잡히셔서 종교적인 재판을 받는 내용으로 되어 있습니다. 핵심은 7번이나 등장하는 "유월절"인데 주님은, "내가 고난을 받기 전에 너희와 함께 이 유월절 먹기를 원하고 원하였노라" (15)고 강한 의지를 나타내십니다. 주님의 마음을 문맥적으로 보면 9:51절에서 "승천하실 기약이 차가매 예루살렘을 향하여 올라가기로 굳게 결심하시고", 유월절에 맞춰서 올라오셔서, 유월절 먹기를 원하셨던 것이 됩니다.

왜 원하고 원하셨는가? 1500년 동안이나 예표적으로 지켜 내려오던 유월절이 실체(實體)로 개혁(히 9:10)이 되는 밤이었기 때문입니다. 그래서 22장은, "유월절이라 하는 무교절이 다가오매 대제사장들과 서기관들이 예수를 무슨 방도로 죽일까 궁리하니"(1-2) 하고 시작이 되는데, 이는 "유월절 양"을 잡을 궁리를 하고 있는 것이 됩니다.

주님은 떡을 가지시고, "이것은 너희를 위하여 주는 내 몸이라 너희가 이를 행하여 나를 기념하라, 이 잔은 내 피로 세우는 새 언약이니 곧 너희를 위하여 붓는 것이라"(19-20) 하십니다. "새 언약"은 예레미야 선지자를 통해서, "보라 날이 이르리니 내가 이스라엘 집과 유다 집에 새 언약을 맺으리라"(렘 31:31)고 예언하신 바입니다. "구약"은 짐승의 피로 세웠으나 "새 언약"은 자기 아들의 피로 세워주신 것입니다.

그런데 이런 배경에서 제자들이, "또 그들 사이에 그 중 누가 크냐 하는 다툼이 났다"(24)는 말은 한심스러우면서도 오늘 우리의 모습이 아닌지 반성하게 합니다. 주님은 베드로가 주님을 부인할 것을 말씀하시면서, "사탄이 너희를 밀 까부르듯 하려고 요구하였으나 그러나 내가 너를 위하여 네 믿음이 떨어지지 않기를 기도하였노니 너는 돌이킨 후에 네 형제를 굳게 하라"(31-32) 하십니다. 베드로가, 그리고 우리들이 이만큼의 믿음을 유지하는 것도, "죽으실 뿐 아니라 다시 살아나신 이는 그리스도 예수시니 그는 하나님 우편에 계신 자요 우리를 위하여 간구하시는"(롬 8:34) 주님의 붙드심 때문임을 깨닫고 겸비해야만 할 것입니다.

주님은 감람산에 가시어, “아버지여 만일 아버지의 뜻이거든 이 잔을 내게서 옮기시옵소서 그러나 내 원대로 마시옵고 아버지의 원대로 되기를 원하나이다”(42)고 기도하셨습니다. 주님은 “두 길”을 놓고 기도하셨는데 우리의 신앙 여정에는 언제나 두 길이 놓였기에 갈등하게 되나 언제나 “내 원대로 마시옵고 아버지의 원대로 되기를 원하나이다” 결단해야 하는 것입니다.

주님은 “힘쓰고 애써 더욱 간절히 기도하시니 땀이 땅에 떨어지는 핏방울 같이 되더라” 하는데 제자들은 깊은 잠에 빠져 있었으나, “천사가 하늘로부터 예수께 나타나 힘을 더하더라”(43-44) 합니다.

이때에 가룟 유다가 주님을 잡을 군사들을 이끌고 나타납니다. 주님은 “이제는 너희 때요 어둠의 권세로다”(53) 하십니다. 하나님의 아들 그리스도께서 한 때나마 “어둠의 권세” 하에 놓이신 때가 있으셨습니다. 왜냐하면 죄 값에 팔려 어둠의 권세 하에 있는 자들을 구출하시기 위해서였습니다. 그러나 주님은, “세상에서는 너희가 환난을 당하나 담대하라 내가 세상을 이기었노라”(요 16:33)고 승리하셨습니다.

대제사장들과 서기관들은 공회로 모여 예수님께 두 가지 질문을 했습니다.

㉠ “네가 그리스도이거든 우리에게 말하라”(67).

㉡ “그러면 네가 하나님의 아들이냐?”(70).

주님은 “너희들이 내가 그라고 말하고 있느니라”(너희 말과 같이 내가 그니라)(70) 하십니다. 그리고 저들이 묻지 않는, “이제부터는 인자가 하나님의 권능의 우편에 앉아 있으리라"(69) 하셨습니다. 이 말씀을 하심으로 주님은 십자가에 달리게 된 것입니다. 그러나 하나님 우편에 앉아 계시는 주님은 말씀하신 대로 심판 주로 오실 것입니다.

적용

주님은 "너희는 나의 모든 시험 중에 항상 나와 함께 한 자들인즉"(28), 즉 고난에 참여하였으니 영광에도 함께 참여하게 되리라(28-30) 하십니다. 그리고 "이를 행하여 나를 기념하라" 하신 의도는 대속제물이 되어주신 복음을 망각하지 말라는 뜻입니다. 그런데 현대교회는 복음을 망각해 가고 있는 것이 아닌가?

나누어 봅시다

1. "유월절 먹기를 원하고 원하였노라" 하시는 주님의 의도에 대해서,
2. 옛 언약과 새 언약이 어떤 점이 다른가에 대해서,
3. 아버지의 원대로 하옵소서 하는, 하나님의 뜻대로 하는 기도에 대해서,

23장

유월절 어린 양이 되어주신 하나님의 아들

첫째 단원(1-25) 이 사람에게서 죄를 찾지 못했다
둘째 단원(26-38) 예수를 십자가에 못 박음
셋째 단원(39-49) 나와 함께 낙원에 있으리라
넷째 단원(50-56) 저의 결의에 찬성하지 않은 자

내용관찰

23장은 여러 번 예고하신 대로 하나님의 아들 그리스도께서 십자가에 못 박히신 내용인데 빌라도나 헤롯이 "죄를 찾지 못했다"고 말하는 것이 4번(4, 14, 15, 22)이나 등장을 합니다. 핵심은 "성소의 휘장이 한가운데가 찢어지더라"(45) 한 말씀인데 성막은 왜 주셨으며 지성소에 이르는 길은 어찌하여 막으라 하셨는가? 성경은 "오직 너희 죄악이 너희와 너희 하나님 사이를 갈라놓았고 너희 죄가 그의 얼굴을 가리어서 너희에게서 듣지 않으시게 함이니라" (사 59:2)고 말씀합니다.

구약시대에 그토록 많은 제물이 드려졌어도 열리지 않았던 휘장, 1500년 동안이나 굳게 닫혀져 있던 휘장이 십자가상의 주님께서 "다 이루었다" (요 19:30)고 선언하시자 열려졌던 것입니다. 이점을 히브리서에서는, "그 길은 우리를 위하여 휘장 가운데로 열어 놓으신 새로운 살 길이요 휘장은 곧 그의 육체니라" (히 10:20) 합니다. 하나님께서는 이를 보여주시려고 지성소에 이르는 길을 휘장으로 막으라 하셨던 것입니다.

그래서 주님은, "내가 문이니 누구든지 나로 말미암아 들어가면 구원을 받고(요 10:9), 내가 곧 길이요 진리요 생명이니 나로 말미암지 않고는 아버지께로 올 자가 없느니라" (요 14:6)고 말씀하셨던 것입니다.

1-25절은 빌라도와 헤롯이 예수님을 심문하는 내용인데, "내가 보니 이 사람에게 죄가 없도다(4), 이 사람에게서 죄를 찾지 못하였고(14), 보라 그가 행한 일에는 죽일 일이 없느니라" (15)고, "죄가 없다"는 말이 강조되어 있습니다. 핵심은, "네가 유대인의 왕이냐" 하는 빌라도의 질문에 "네 말이 옳도다" (3) 하신데 있습니다. 그런 분이 십자가에 달려 죽으시게 된 것은, "그가 하나님께서 정하신 뜻과 미리 아신 대로", 화목제물로 내어주셨기 때문인데, "너희가 법 없는 자들의 손을 빌려 못 박아 죽였다" (행 2:23) 합니다.

해골이라 하는 곳에 이르러, "예수를 십자가에 못 박고 두 행악자도 그렇게 하니 하나는 우편에, 하나는 좌편에 있더라" (33) 합니다. 주님은 십자가에 달리셔서도 사역을 하셨는데 첫째는, "아버지 저들을 사하여 주옵소서 자기들이 하는 것을 알지 못함이니이다" (34) 라고 간구하신 중보 사역입니다. 이것이 중요한 의미를 갖게 되는 것은 저들을 고범(故犯) 죄인이 아닌 "부지(不知)중에 범한 자(민 15:24)로 여겨주셔서 사함을 받을 길을 열어주셨기 때문입니다.

둘째는, "당신의 나라에 임하실 때에 나를 기억하소서" 라고 간청하는 바른 편 강도에게, "내가 진실로 네게 이르노니 오늘 네가 나와 함께 낙원에 있으리라" (42-43) 하신 약속인데 주님은 십자가상에서도 "잃어버린 한 마리 양"을 찾으신 셈입니다.

주님은 아침 9시에 못 박히셨는데 12-15시까지 땅에 어둠이 임하더니, "성소의 휘장이 한가운데가 찢어지더라 예수께서 큰 소리로 불러 이르시되 아버지 내 영혼을 아버지 손에 부탁하나이다 하고 이 말씀을 하신 후 숨지시니라" (45-46) 합니다.

주님께서 "이제는 너희 때요 어둠의 권세로다" (22:53)고 말씀하신 그런 때에도, "그들의 결의와 행사에 찬성하지 아니한 자", 즉 남은 자는 있었는데 "공회 의원으로 선하고 의로운 요셉" (50-51)입니다. 그가 빌라도에게 가서 예수의 시체를 달라 하여, "이를 내려 세마포로 싸고 아직 사람을 장사한 일이 없는 바위에 판 무덤에 넣어 두니라" (52-53) 하고, 23장은 장사지낸 것으로 마치고 있습니다.

적용

십자가를 지고 골고다로 행하시는 주님은 울면서 따라오는 여인들을 향해서, "나를 위하여 울지 말고 너희와 너희 자녀를 위하여 울라 보라 날이 이르면 사람이 말하기를 잉태하지 못하는 이와 해산하지 못한 배와 먹이지 못한 젖이 복이 있다 하리라 그 때에 사람이 산들을 대하여 우리 위에 무너지라 하며 작은 산들을 대하여 우리를 덮으라 하리라" (28-30) 하셨는데 이것이 오늘 우리들에게 하시는 경계입니다.

나누어 봅시다

1. "내어주신" 하나님의 주권과, "못 박은" 인간의 책임에 대해서,
2. "다 이루었다" 선언하시자 휘장이 찢어졌다는 구속사적인 의미에 대해서,
3. "너희 때요 어둠의 권세"에서도 남은 자가 있다는 점에 대해서,

24장

부활하신 주님의 사역

첫째 단원(1–12) 말씀대로 부활하신 주님
둘째 단원(13–35) 공동체를 형성하게 하심
셋째 단원(36–45) 터를 놓아야 할 부활의 증인들
넷째 단원(46–53) 공동체에게 사명을 주심

내용관찰

마지막 장은 주님이 부활하셔서 제자들에게 사명을 주시고 승천하시는 내용입니다. 중심점은, "어찌하여 살아 있는 자를 죽은 자 가운데서 찾느냐 여기 계시지 않고 살아나셨느니라" 한, "부활"에 있습니다. 24장은, "안식 후 첫날 새벽에 이 여자들이 그 준비한 향품을 가지고 무덤에 가서 돌이 무덤에서 굴려 옮겨진 것을 보고 들어가니 주 예수의 시체가 보이지 아니하더라" (1-3)고 시작이 됩니다.

근심하는 중에 두 천사로부터 "어찌하여 살아 있는 자를 죽은 자 가운데서 찾느냐"는 말을 듣게 되는데, 이 말은 오늘 우리들에게도 적실성이 있는 말입니다. 천사는 부활의 증거로, "갈릴리에 계실 때에 너희에게 어떻게 말씀하셨는지를 기억하라 이르시기를 인자가 죄인의 손에 넘겨져 십자가에 못 박히고 제 삼일에 다시 살아나야 하리라 하셨느니라"(5-7)고 예고하신 말씀을 상기시킵니다.

신앙생활에 있어서 중요한 요점은 "기억"(6, 8)하고 묵상하는 일입니다. 여자들의 말을 들은 "사도들은 그들의 말이 허탄한 듯이 들려 믿지 아니했다"(11)는 것은 주님이 수차에 걸쳐 예고하신 말씀을 기억하지 않았다는 것이 됩니다. 이것은 옛날이야기가 아니라 주님께서, "볼지어다 내가 세상 끝 날까지 너희와 항상 함께 있으리라"(마 28:20)고 약속하신 말씀을 자주 망각하는 것과 영접하러 오신다는 재림의 약속을 더디 믿는 오늘 우리들의 이야기이기도 합니다.

부활하신 주님은 "슬픈 빛을 띠고" 엠마오로 낙향을 하는 두 제자에게 나타내시어, "미련하고 선지자들이 말한 모든 것을 마음에 더디 믿는 자들이여 그리스도가 이런 고난을 받고 자기의 영광에 들어가야 할 것이 아니냐 하시고 이에 모세와 모든 선지자의 글로 시작하여 모든 성경에 쓴바 자기에 관한 것을 자세히 설명하시니라"(25-27) 합니다. 주님은 "나다, 내가 부활한 예수다" 하신 것이 아니라, "모세 5경, 선지서, 모든 성경"에 근거하여 그리스도가 고난을 받고 부활하실 것을 입증을 하셨습니다. 증인들도 이런 방법으로 증언해야 하는 것입니다.

그런데 제자들이 "눈이 밝아져 그인 줄 알아보더니 예수는 그들에게 보이지 아니하시는지라" (31) 합니다. 왜 이렇게 하셨는가? 이어지는 말씀을 통해서 주님의 의도를 깨달을 수가 있는데 두 제자는, "우리에게 말씀하시고 우리에게 성경을 풀어 주실 때에 우리 속에서 마음이 뜨겁지 아니하더냐" 하고, 그 즉시로 "일어나 예루살렘에 돌아가 보니 열한 제자 및 그들과 함께 한 자들이 모여 있었다" (32-33)고 합니다.

바로 이것입니다. 우리가 거듭나는 것은 개별적으로 일어나는 역사지만 일단 태어나게 되면 주님의 몸 된 공동체(교회)의 일원이 되는 것입니다. 그리하여 몸 된 교회의 한 지체로써 분부하신 사명의 일익을 감당하게 되는 것입니다. 보십시오. 홀연히 떠나셨던, "예수께서 친히 그들(공동체) 가운데 서서 이르시되 너희에게 평강이 있을지어다" (36) 하고 다시 나타셨습니다.

"그들이 놀라고 무서워하여 그 보는 것을 영으로 생각하는지라, 어찌하여 두려워하며 어찌하여 마음에 의심이 일어나느냐 내 손과 발을 보고 나인 줄 알라 또 나를 만져 보라 영은 살과 뼈가 없으되 너희 보는 바와 같이 나는 있느니라 이 말씀을 하시고 손과 발을 보이시나 그들이 너무 기쁘므로 아직도 믿지 못하고 놀랍게 여길 때에 이르시되 여기 무슨 먹을 것이 있느냐" (37-41) 하고 잡숴 보이시기까지 하신 것입니다.

그리고 주님은 보이신 것만으로 끝이신 것이 아니라, "내가 너희와 함께 있을 때에 너희에게 말한바 곧 모세의 율법과 선지자의 글과 시편에 나를 가리켜 기록된 모든 것이 이루어져야 하리라 한 말이 이것이라" (44) 하고, 성경을 들어 부활을 확증(確證)시켜 주셨던 것입니다.

그런 후에 공동체에게 사명을 주시는데, "이같이 그리스도가 고난을 받고 제 삼일에 죽은 자 가운데서 살아날 것과 또 그의 이름으로 죄 사함을 받게 하는 회개가 예루살렘에서 시작하여 모든 족속에게 전파될 것이 기록되었으니 너희는 이 모든 일의 증인이라"(46-47)고, "증인"의 사명을 주십니다.

무엇에 대한 증인이라 하시는가? 성경을 들어 그리스도가, "고난을 받고(죽으시고), 살아나신" 것을 입증하는 증인들이요, "회개하고 복음을 믿고 죄 사함을 받으라"고 전파하는 사명입니다.

누가복음은, "우리 중에 이루어진 사실에 대하여"(1:1) 하고 "이루어진 사실"로 시작하여, "기록된 모든 것이 이루어져야 하리라 한 말이 이것이라"(24:44) 하고 "이루어짐"으로 마치는 구조입니다. 예수님의 일대는 탄생으로부터 부활 승천에 이르기까지, "성경에 쓴바(27), 기록된 모든 것(44), 모든 족속에게 전파될 것이 기록되었으니"(47) 한 성경에 "기록"된 성취였던 것입니다. "기록하였으되"는 기사와 이적, 모든 체험을 능가하는 최종적인 권위인 것입니다.

또한 누가복음은, "이스라엘의 위로를 기다리는 자라"(2:25) 한 그리스도의 초림을 "기다리는" 것으로 시작하여, "아버지의 약속하신 것을 기다리라"(49) 하신, 성령을 기다리라는 것으로 마치고 있습니다.

적용

주님께서는 "볼지어다 내가 내 아버지께서 약속하신 것을 너희에게 보내리니 너희는 위로부터 능력으로 입혀질 때까지 이 성에 머물라" (49) 하십니다. 그러므로 복음 전파는 인간의 능력이나 말로 설득하는 것이 아니라, 성령의 나타남과 능력으로 역사하시는 성령과의 동역이라는 점을 명심해야만 합니다.

나누어 봅시다

1. 나 자신이 "살아 있는 주님을 죽은 자 가운데서 찾는" 신앙은 아닌지에 대해서,
2. "선지자들이 말한 모든 것을 마음에 더디 믿는 자들이여"에 대해서,
3. 증인들이 증언해야 할 내용이 무엇인가에 대해서,
4. 누가복음 장별 연구를 마치면서 깨달은 점과 느낀 점에 대해서,

04

요한복음

요한복음 파노라마

주제

예수께서 하나님의 아들 그리스도이심을 믿게 하려 함이요
믿고 영생을 얻게 하려 함이라(20:31)

요한복음은 말미(末尾)에서 기록목적을 분명히 밝혀주고 있는 복음서입니다. "오직 이것을 기록(記錄)함은 너희로 예수께서 하나님의 아들 그리스도이심을 믿게 하려 함이요 또 너희로 믿고 그 이름을 힘입어 생명(生命)을 얻게 하려 함이니라"(20:31) 합니다. 이는 두 마디로 요약할 수가 있는데,

㉠ 예수가 누구신가? 하나님의 아들 그리스도시라는 것과,

㉡ 그가 왜 오셨는가? 그 이름을 힘입어, 즉 죽으시고 다시 사신 구속을 믿음으로 영생을 얻게 하기 위해서 기록하였다는 것입니다.

이는 요한복음에 국한된 것이 아니라, "예수가 누구신가? 그런 분이

왜 오셨는가?" 하는 두 주제(主題)는 모든 복음서의 공통적인 기록목적인 것입니다. 그러므로 복음서를 해석하고 설교할 때에 이 두 주제에 입각해서 증언해야만 복음서를 기록한 목적대로 바르게 사용하는 것이 됩니다.

① 먼저 "예수가 누구신가?" 하는 점을 상고해보겠습니다. 이점이 1:1절, 14절, 18절의 결부에 나타납니다.

㉠ 1:1절, 요한복음은, "태초에 말씀이 계시니라 이 말씀이 하나님과 함께 계셨으니 이 말씀은 곧 하나님이시니라"(1:1)고 시작이 됩니다.

㉡ 1:14절, 그런데 하나님과 함께 계시던 "말씀이 육신이 되어 우리 가운데 거하시매" 합니다. "거하신다"는 뜻은 "말씀"이 인간의 장막 같은 몸을 입으시고 이 땅에 오셨다는 임마누엘을 가리킵니다. 그리하여 "우리가 그 영광을 보니 아버지의 독생자의 영광이요 은혜와 진리가 충만하더라"(1:14) 합니다. 옛적에 모세의 성막과, 솔로몬의 성전에 영광이 충만했던 것은 임마누엘에 대한 모형이었던 것입니다.

㉢ 1:18절, "본래 하나님을 본 사람이 없으되 아버지 품속에 있는 독생하신 하나님이 나타내셨느니라" 합니다. 이렇게 하시어 볼 수 없는 하나님이 볼 수 있는 사람으로 나타내셨다는 말씀입니다. "예수"는 이러한 분이시라는 것입니다.

그러므로 빌립이 "주여 아버지를 우리에게 보여 주옵소서" 라고 말하자 주님은, "내가 이렇게 오래 너희와 함께 있으되 네가 나를 알지 못하느냐 나를 본 자는 아버지를 보았거늘 어찌하여 아버지를 보이라 하느냐"

(14:8-9)고 말씀하셨던 것입니다. 주님은 "나와 아버지는 하나이니라(10:30), 아브라함이 나기 전부터 내가 있었느니라"(8:58) 하십니다.

② 요한복음이 "예수"가 누구신가를 얼마나 알기를 원하고 있는가 하는 점이 기록 가운데 명백히 드러납니다.

㉠ 유대인들은 세례 요한에게, "네가 누구냐"(1:19) 라고 묻습니다. 그들은 혹시 세례 요한이 그리스도신가 해서 물었던 것입니다. 요한은 나는 그리스도가 아니다 나는 그 분의 길을 예비하기 위해서 온 "광야에서 외치는 자의 소리"라고 말합니다. 그리고는 "보라 세상 죄를 지고 가는 하나님의 어린 양이로다"(1:29) 라고 증언합니다.

㉡ 주님은 사마리아 수가성의 여인에게, "네게 물 좀 달라 하는 이가 누구인줄 알았더면"(4:10) 하십니다.

㉢ 베데스다 연못가에 누어있던 38년 된 병자가 고침을 받고 걸어갈 때에, "너더러 자리를 들고 걸어가라 한 사람이 누구냐"(5:12) 라고 묻습니다.

㉣ 나면서 소경되었던 자에게, "그 사람이 네 눈을 뜨게 하셨으니 너는 그를 어떠한 사람이라 하느냐"(9:17)고 묻습니다.

㉤ 주님께서 "내가 땅에서 들리면 모든 사람을 내게로 이끌겠노라" 하시자, "너는 어찌하여 인자가 들려야 하리라 하느냐 이 인자는 누구냐"(12:34)고 묻습니다.

요한복음의 1차적인 기록목적은 이렇게 반복적으로 제기되는 물음들에 대해서 "예수가 누구신가" 하는 것을 증언하기 위해서 기록이 된 것입니다. 이런 맥락에서 요한복음에 계시된 예수 그리스도는 아브라함과 다윗의 자손으로 오신 것도 아니요, 인류의 시조 아담으로부터 나신 분도 아닙니다. 그러므로 족보가 있는 것도 아니요, 태어나신 출생지가 있는 것도 아닙니다. 그러므로 요한복음을 읽는 자와 듣는 자는 "너는 나를 누구라 하느냐?" 하신 질문에 확고한 고백이 있어야 하는 것입니다.

③ 또한 요한복음에는 7가지 표적(表迹)과, 7번의 자기 선언(宣言)이 등장합니다. 요한은 주님께서 행하신 많은 기사이적 중에서 7가지만을 선별적으로 기록하면서 이런 일을 행하시는 "이 분이 누구신가? 왜 오셨는가"를 증언하고 있는 것입니다. 그러므로 7가지 표적과, 7번의 자기 선언은 긴밀한 조화를 이루고 있는데 이것은 아주 의도적인 구성(構成)인 것입니다.

㉠ 주님은 5병 2어로 5천명을 먹이신 표적을 보여주신 후에, "내가 생명의 떡이라"(6:35)고 선언을 하셨습니다.

㉡ 주님은 나면서부터 소경된 자를 보게 하신 표적 후에, "내가 세상의 빛이라"(9:5, 8:12)고 선언을 하셨습니다.

㉢ "나는 부활이요, 생명이다"(11:25) 하신 선언은 죽은 지 나흘이나 되어 냄새가 나는 나사로를 살리신 표적과 함께 주어졌습니다. 이 표적은 주님께서 "사망의 세력을 잡은 자 곧 마귀를 없이 하시려"(히 2:14) 오셨다는 증거가 되는 표적이었던 것입니다.

㉣ "나는 양의 문이라"(10:7) 하신 선언은, 십자가상에서 "다 이루었다"(19:30)고 선언하시자 1500년 동안이나 막혔던 성전 휘장이 찢어짐과 결부되는 선언으

로 추방을 당했던 아담의 후예들이, "누구든지 나로 말미암아 들어가면 구원을 받고" 한 문이 열려졌다는 선언인 것입니다.

ⓜ "나는 선한 목자라"(10: 11) 하신 선언은, "선한 목자는 양들을 위하여 목숨을 버리노라"는 말씀과 함께 주어졌는데 이는 "절도요 강도"와 같은 거짓 목자임을 깨닫지 못하고 있는 당시의 교권주의자들을 향해서 하신 선언입니다. 선한 목자로 오셨다는 선언은, "내가 한 목자를 그들 위에 세워 먹이게 하리니 그는 내 종 다윗이라 그가 그들을 먹이고 그들의 목자가 될지라"(겔 34:23) 하신 예언의 성취자로 오셨다는 선언이었던 것입니다.

ⓑ "내가 곧 길이요 진리요 생명이니"(14:6) 하신 선언은, "내 아버지 집에 거할 곳이 많도다" 하는 말씀과 함께 주어졌는데 범죄한 인간이 어떻게 하나님 존전에 나아갈 수가 있는가? 막혔던 휘장 가운데로 새롭고 산 길을 개통시켜주셨기 때문입니다.

ⓢ "내가 참 포도나무요"(15:1) 하신 선언은, "내 안에 거하라 나도 너희 안에 거하리라"는 말씀과 함께 주어졌는데 이는 주님의 부활 승천 후에도 주님과 제자들의 관계가 포도나무와 가지의 관계처럼 연합하여 동역하게 됨을 나타냅니다.

이상의 선언들이 우리가 믿는 "예수"가 누구신가를 계시해주고 있습니다. 우리가 믿는 예수님은 이러한 분이십니다.

④ 다음은 요한복음을 기록한 두 번째 목적인 "또 너희로 믿고 그 이름을 힘입어 생명을 얻게 하려 함이니라"는 말씀을 상고해 보겠습니다.

㉠ "자기 땅에 오매 자기 백성이 영접치 아니하였다"(1:11)고 말씀합니다. 그러면 어떻게 하는 것이 영접(迎接)하는 것인가? "영접하는 자 곧 그 이름을 믿는 자들에게는 하나님의 자녀가 되는 권세를 주셨으니"(1:12), 즉 믿는 것이 영접하는 것이라고 말씀합니다. 그러므로 요한복음에는 "믿음"이 강조되어 있습니다.

㉡ "믿는 자는 영생이 있고"(3:36),

㉢ "믿는 자는 영생을 얻었고"(5:24),

㉣ "믿는 자는 영생을 가졌나니"(6:47) 합니다.

그렇다면 멸망 받아 마땅한 자들이 오직 "믿음"으로 영생을 얻는다는 것이 어떻게 가능하여진단 말인가? "예수께서 신 포도주를 받으신 후에 이르시되 다 이루었다" (19:30) 하신 대속을 통해서입니다.

⑤ 이런 맥락에서 요한복음은 "때"를 강조하면서 모든 초점이 이 "때"에 맞춰져 있습니다.

㉠ 가나 혼인 잔치 집에 포도주가 떨어졌다는 마리아의 말에, "나와 무슨 상관이 있나이까 내 때가 아직 이르지 못하였나이다"(2:4) 하신 것은, "포도주"를 가지시고 받아 마시라 하실 때를 염두에 두고 하신 말씀입니다.

㉡ 초막절에 육신의 동생들이 "이 일을 행하려 하거든 자신을 세상에 나타내소서" 하는 말에, "내 때는 아직 이르지 아니하였다"(7:6) 하십니다.

㉢ 연보궤 앞에서 말씀하셨으나 잡는 자가 없음은 "그의 때가 아직 이르지 아니하였음이러라"(8:20) 합니다.

㉣ 주님은 십자가를 앞에 놓고 "아버지여 이 때를 면하게 하여 주옵소서 그러나

내가 이를 위하여 이 때에 왔나이다"(12:27) 하십니다.

ⓜ "유월절 전에 예수께서 자기가 세상을 떠나 아버지께로 돌아가실 때가 이른 줄 아시고"(13:1) 합니다.

ⓑ 드디어 "아버지여 때가 이르렀사오니 아들을 영화롭게 하사 아들로 아버지를 영화롭게 하게 하옵소서"(17:1) 하시고,

ⓢ 십자가상에서 "다 이루었다"(19:30)고 선언하십니다. 이 구속을 믿는 자는 "영생이 있고, 영생을 얻었고, 영생을 가졌나니" 하는 것이 가능하여진다는 말씀입니다. 주님은 이를 위해서 "이 때"에 오셨던 것입니다.

⑥ 8장에는 간음현장에서 끌려온 여인이 등장하는데 이를 들어 설명함이 도움이 됩니다. 이 장면은 여인을 중심(中心)으로 한편에는 모세가 율법(律法)을 들고 서 있고, 다른 한 편에는 예수님이 복음(福音)을 들고 서 있는 구도입니다.

ⓐ 모세는 율법에 기록한 대로 돌로 치라 명합니다. "선생은 어떻게 명하시겠나이까" 라고 압박합니다.

ⓛ 주님은 연인에게, "나도 너를 정죄(定罪)하지 않노니"(8:11) 하십니다. 누명을 쓴 자가 아니라 명백한 현행범인데 의로우신 주께서 정죄하지 않는 것이 어떻게 가능하단 말인가? 이에 대한 대답이 로마서 8:3절에 나옵니다. "율법이 할 수 없는 그것을 하나님은 하나시나니 자기 아들을 죄 있는 육신의 모양으로 보내어 육신의 죄를 정하사", 즉 여인과 우리 죄를 자기 아들에게 대신 "정죄"하심으로 해결해주셨다는 말씀입니다. 여기에 문제에 대한 해답이 있는 것입니다.

⑦ 요한복음에는 중요한 말씀을 하실 때마다, "진실로, 진실로" 하시는 대목이 25번이나 등장하는데, "진실로 진실로 너희에게 이르노니 인자의 살을 먹지 아니하고 인자의 피를 마시지 아니하면 너희 속에 생명이 없느니라 내 살을 먹고 내 피를 마시는 자는 영생을 가졌고 마지막 날에 내가 그를 다시 살리리니" (6:53-54) 하십니다. 주님은 자신을 대속물로 주시려 오셨다는 말씀입니다.

또한 요한복음에는 예수님이 하늘로부터 "내려오셨다"는 말이 강조되어 있는데 저들은 두 가지 의문을 제기했는데 첫째는, "자기가 하늘에서 내려온 떡이라 하시므로 유대인들이 예수에 대하여 수군거려 이르되 이는 요셉의 아들 예수가 아니냐 그 부모를 우리가 아는데 자기가 지금 어찌하여 하늘에서 내려왔다 하느냐" (41-42)는 것이고, 둘째는 "그러므로 유대인들이 서로 다투어 이르되 이 사람이 어찌 능히 자기 살을 우리에게 주어 먹게 하겠느냐" (52)는 것이었습니다.

"이러므로 제자 중에 많이 물러가고 다시 그와 함께 다니지 아니 하더라" (6:66) 합니다. 이런 맥락에서 요한복음에는 주님을 귀신들린 "미친자" 취급하는 것이 여러 번 등장합니다.

㉠ "당신은 귀신이 들렸도다 누가 당신을 죽이려 하나이까"(7:20),

㉡ "너를 사마리아 사람이라 또는 귀신이 들렸다 하는 말이 옳지 아니하냐"(8:48),

㉢ "유대인이 가로되 지금 네가 귀신 들린 줄 아노라 아브라함과 선지자들도 죽었거늘 네 말은 사람이 내 말을 지키면 죽음을 영원히 맛보지 아니하리라 하니"(8:52) 하고 비웃었던 것입니다.

㉣ “그가 귀신 들려 미쳤거늘 어찌하여 그 말을 듣느냐 하며 혹은 말하되 이 말은 귀신 들린 자의 말이 아니라 귀신이 소경의 눈을 뜨게 할 수 있느냐 하더라” (10:20-21) 합니다.

우리가 믿는 예수님은 4대 성인 중 한 분이 아닙니다. 그들 중 어느 누가, “아브라함이 나기 전부터 내가 있었다, 나는 하늘에서 내려온 산 떡이다 이를 먹으면 영원히 죽지 아니하리라” 한 사람이 있었습니까? 우리 주님은 “귀신 들린 자이거나, 하나님의 아들 그리스도”이시거나 둘 중의 하나이신 것입니다. 형제는 누가라고 고백하십니까?

⑧ 그러므로 요한복음에는 “성령”에 관한 언급이 많이 등장합니다. 왜냐하면 “성령으로 아니하고는 누구든지 예수를 주시라 할 수가 없기” (고전 12:3) 때문입니다. 주님은 십자가상에서 “다 이루었다”고 선언하셨습니다. 그런데 이를 인간의 지혜로 알 수가 있단 말인가? 그러므로 주님은 “예루살렘을 떠나지 말고 내게 들은바 아버지의 약속하신 것을 기다리라” (행 1:4) 명하셨던 것입니다. 그러면 성령의 사명이 무엇인가?

㉠ “보혜사 곧 아버지께로서 나오시는 진리의 성령이 오실 때에 그가 나를 증언하실 것이요”(15:26), 즉 주님께서 “다 이루었다” 하신 구속사역을 증언하러 오신다는 것입니다.

㉡ 그러므로 주님은 근심하는 제자들에게, “그러하나 내가 너희에게 실상을 말하노니 내가 떠나가는 것이 너희에게 유익이라 내가 떠나가지 아니하면 보혜사가 너희에게로 오시지 아니할 것이요 가면 내가 그를 너희에게로 보내리니”

(16:7) 하십니다.

만일 주님께서 십자가를 통해서 "다 이루었다" 하심이 없다면 성령은 오시지 아니하셨을 것이요, 오실 이유도 없으신 것이 됩니다. 그리하여 사도행전 1장에서 주님은 승천하시고, 2장에서 성령은 강림하시는 임무 교대가 이루어졌던 것입니다.

⑨ 요한복음의 요절은, "하나님이 세상을 이처럼 사랑하사 독생자를 주셨으니 이는 그를 믿는 자마다 멸망치 않고 영생을 얻게 하려 하심이니라" 한 3:16절입니다. 이는 요한복음의 요절일 뿐만 아니라 성경 전체의 요절이라 할 수가 있는데 요약을 하면,

㉠ 예수가 누구신가? 하나님의 "독생자"시다.

㉡ 그를 "믿는 자는 영생"을 얻고,

㉢ "믿지 않는 자는 멸망"을 당한다,

㉣ 하나님이 왜 이렇게 행해주셨는가? "세상을 이처럼 사랑하사" 라고 말씀합니다.

그렇습니다. 궁극적으로 증언해야 할 점은 하나님의 사랑입니다. 이점을 로마서에서는, "우리가 아직 죄인 되었을 때에 그리스도께서 우리를 위하여 죽으심으로 하나님께서 우리에게 대한 자기의 사랑을 확증(確證)하셨느니라" (롬 5:8), 즉 확실히 증명하셨다고 말씀합니다.

형제여, 하나님의 사랑에 대한 인간의 합당한 응답도 한마디로 "사랑"입니다. 주님은 물으십니다. "네가 나를 사랑하느냐", 아멘.

1장
요한복음 전체에 대한 요약

첫째 단원(1-5) 태초에 말씀이 하나님과 함께 계셨다
둘째 단원(6-14) 말씀이 육신을 입고 오셨다
셋째 단원(15-18) 볼 수 없는 하나님이 나타나셨다
넷째 단원(19-28) 주의 길을 예비하는 자
다섯째 단원(29-34) 세상 죄를 지고 가는 하나님의 어린양
여섯째 단원(35-51) 우리가 메시아를 만났다

내용관찰

1장은 세례 요한의 등장과 예수님의 강론으로 되어 있는데, 요한복음 전체가 요약이 되어 있습니다. 그러므로 1장을 바로 깨닫는다면 요한복음 절반을 깨달은 것이라 해도 과언이 아닐 만큼 중요합니다. 먼저 확고해야 할 점은 복음서의 두 주제가, "예수가 누구신가? 왜 오셨는가"를 증언하는데 있다는 점입니다. 첫째 주제인 예수님이 누구신가 하는 점이 1절, 14절, 18절을 통해서 나타납니다.

1절은 세 마디로 되어 있는데, "태초에 말씀이 계시니라. 이 말씀이 하나님과 함께 계셨다. 이 말씀은 하나님이시니라" 합니다.

14절도 세 마디로 되어 있는데, "말씀이 육신이 되어, 우리 가운데 거하셨다, 그 영광을 보니 아버지의 독생자의 영광이요, 은혜와 진리가 충만하더라" 합니다.

18절은 1절과 14절에 의한 결론, 즉 예수님이 누구신가를 한마디로 정의해주고 있는데, "본래 하나님을 본 사람이 없으되, 아버지 품속에 있는 독생하신 하나님이 나타내셨느니라", 즉 볼 수 없는 하나님이 볼 수 있게 나타나셨는데 그 분이 "예수님"이시라는 말씀입니다.

둘째 주제인, "왜 오셨는가" 하는 점인데 이점이, "길 예비자"로 보냄을 받은 세례 요한의 증언을 통해서 계시되어 있습니다. 요한은 예수께서 자기에게 나아오심을 보고, "보라 세상 죄를 지고 가는 하나님의 어린 양이로다"(29) 라고 증언합니다. 36절에서도 "보라 하나님의 어린 양이라"고 거듭 증언합니다.

어찌하여 하나님의 "독생자"를 "어린 양"이라 하는가? 이는 하나님께서 구약시대에 예표적으로, "번제, 속죄제, 상번제" 등을 드리라 명하신 그 실체(實體)가 오셨다는 구속사의 일관성(一貫性) 때문입니다. 요한은 계시록에서도 주님을 "어린 양"으로 부르기를 29번이나 하는데 마지막 장(계 22:1)에 이르도록 "어린 양"을 놓치지 않고 있는 것입니다.

그런데 그냥 어린 양이 아니라, "세상 죄를 지고 가는 하나님의 어린 양"이라 하는 의도가 무엇인가? "아론은 그의 두 손으로 살아 있는 염소의 머리에 안수하여 이스라엘 자손의 모든 불의와 그 범한 모든 죄를 아뢰고 그 죄를 염소의 머리에 두어 미리 정한 사람에게 맡겨 광야로 보낼지니 염소가 그들의 〈모든 불의를 지고〉 접근하기 어려운 땅에 이르거든 그는 그 염소를 광야에 놓을지니라"(레 16:21-22) 하신, 예표에 대한 성취임을 드러내기 위해서인 것입니다.

이점을 구속사라는 맥락으로 보면 창세기 3장에서 "죄가 들어오자", 곧바로 4장에서 "양의 첫 새끼"(창 4:4)가 죽임을 당하여 제물로 드려집니다. 이로 말미암아 죄 때문에 추방을 당한 원죄 하에 태어난 아벨이 "받아주심"이 가능하게 되는데, 이 "어린 양"이 출애굽의 "유월절 어린 양"으로 이어지고, 1500년 동안이나 "상번제"로 드려지다가, "보라, 세상 죄를 지고 가는 하나님의 어린 양이로다" 하는 실체(實體)가 등장하는 구속사의 문맥을 놓치지 마시기를 바랍니다.

세례 요한 자신도, "나도 그를 알지 못하였으나 나를 보내어 물로 세례를 베풀라 하신 그이가 나에게 말씀하시되 성령이 내려서 누구 위에든지 머무는 것을 보거든 그가 곧 성령으로 세례를 베푸는 이인 줄 알라 하셨기에 내가 보고 그가 하나님의 아들이심을 증언하였노라"(33-34) 합니다.

세례 요한의 말을 듣고 예수를 따른 제자 중 하나는 "안드레"인데 자기의 형제 시몬을 찾아가서, "우리가 메시아를 만났다"고 말합니다. 빌립도 나다나엘을 찾아가서, "모세가 율법에 기록하였고 여러 선지자가 기록한 그이(메시아)를 우리가 만났으니 요셉의 아들 나사렛 예수니라"(43-45)고 증언합니다.

나다나엘도 "당신은 하나님의 아들이시요 당신은 이스라엘의 임금이로소이다"고 고백하기에 이릅니다. 주님은 "진실로 진실로 너희에게 이르노니 하늘이 열리고 하나님의 사자들이 인자 위에 오르락 내리락 하는 것을 보리라"(49-51) 하십니다. 요한복음에는 중요한 말씀을 하실 때, "진실로 진실로" 하시는 것이 무려 25번이나 등장하는데 여기가 첫 번입니다. "하나님의 사자들이 인자 위에 오르락 내리락 하는 것을 보리라" 하심은 야곱에게 보여주신, "사닥다리 환상"을 염두에 두고 하신 말씀인데 하나님과 끊어졌던 관계를 회복시켜주시기 위해서 오셨다는 중요한 뜻인 것입니다.

적용

예수님은 따르는 자들에게, "무엇을 구하느냐"(38) 하십니다. 그리고 "나를 따르라"(43) 하십니다. 형제는 무엇을 구하고 있습니까? 1장에서 "예수"가 그리스도임을 먼저는 길 예비자인 세례 요한이 증언하였으나 그는 물러나고, 제자들이 "우리가 메시아를 만났다"고 전파하는 것을 대하게 됩니다. 이제는 형제에게 이 사명이 주어진 것입니다.

나누어 봅시다

1. 1절, 14절, 18절을 결합한 예수님이 누구신가에 대한 정의에 대해서,
2. "하나님의 어린 양"이라는 증언(29, 34)의 구속사적인 의미에 대해서,

3. "와 보라, 우리가 메시아를 만났다"는 제자들의 증언과 우리의 사명 에 대해서,

2장

그림자를 실체로 개혁하러 오신 그리스도

첫째 단원(1–5) 때가 이르지 않았다

둘째 단원(6–12) 첫 표적의 구속사적 의미

셋째 단원(13–17) 유월절과 그리스도

넷째 단원(18–25) 성전을 헐라 사흘 만에 다시 세우리라

내용관찰

2장은, "물이 변하여 포도주"가 되게 하신 첫 표적과, 성전(聖殿)을 정화하신" 내용입니다. 이 두 주제는 무관한 것이 아니라, "물로 포도주"되게 하신 것이 "은혜"(恩惠)를 상징한다면, "성전 안에서 소와 양과 비둘기 파는 사람들"(14)을 내어좇으신 성전 정화는 "진리"(眞理)를 타나냅니다. "은혜와 진리는 예수 그리스도로 말미암아 온 것"(1:17)입니다.

공관복음은 "천국이 왔다"고 선언하는 것으로 시작이 되는데 요한복음에서는, "갈릴리 가나에 혼례가 있어 예수의 어머니도 거기 계시고 예

수와 그 제자들도 혼례에 청함을 받았더니" (1-2) 하는, "혼례"로 시작을 합니다. 이는 무심한 것이 아니라 혼인잔치를 통해서 "천국이 임했다"는 것을 나타내고 있는 것입니다.

"잔치"라는 주제를 구속사의 맥락에서 추적해 본다면 중요한 의미를 내포하고 있는데 이사야 선지자는, "만군의 여호와께서 이 산에서 만민을 위하여 기름진 것과 오래 저장하였던 포도주로 연회(宴會)를 베푸시리니" (사 25:6) 라고, 큰 잔치가 벌어질 것을 예언하고 있습니다. 그리고 그 날의 메뉴는 "골수가 가득한 기름진 것과 오래 저장하였던 포도주"라고 말씀합니다.

주님은 포도주가 떨어졌다는 마리아의 말을 들으시고, "내 때가 이르지 않았다" (4) 하시는데 무슨 뜻인가? 포도주를 가지시고, "너희가 다 이것을 마시라" (마 26:27) 하실 고난의 때가 이르지 않았다는 뜻인 것입니다. 이는 "정결 예식"에 사용하던 항아리의 물을 "포도주"가 되게 하신 이적과도 결부되는데, "이런 것은 먹고 마시는 것과 여러 가지 씻는 것과 함께 육체의 예법일 뿐이며 개혁할 때까지 맡겨 둔 것이니라" (히 9:10), 즉 그리스도가 오심으로 의문이 참 것으로 개혁됨을 상징합니다.

주님께서, "양이나 소를 다 성전에서 내쫓으시고, 내 아버지의 집으로 장사하는 집을 만들지 말라" (16) 하신 것도, "염소와 송아지의 피로 하지 아니하고 오직 자기의 피로 영원한 속죄를 이루실" (히 9:12) 개혁의 때가 이르렀다는 것을 나타냅니다. 그래서 "너희가 이 성전을 헐라 내가 사흘 동안에 일으키리라" (19) 하신 것입니다. 이점이 "유월절에 예수께서 예루살렘에 계시니" 하는 배경을 통해서도 들어나고 있습니다.

이점에서 유념할 점은, "많은 사람이 그의 행하시는 표적을 보고 그의 이름을 믿었으나 예수는 그의 몸을 그들에게 의탁하지 아니하셨으니" (23-24), 즉 그들의 믿음을 인정하시지 않았다는 말씀입니다. 왜냐하면 구원은 표적이 아니라 유월절 어린 양의 구속을 믿는 믿음으로만이 가능하여지기 때문입니다.

적용

창세기 2장의 혼인은 3장의 불순종으로 장례 집으로 변하고 말았는데 주님은 이를 회복시켜 주시려 오신 것입니다. 그러므로 복음시대는 잔치집이요, 신랑 되신 예수 그리스도를 모신 신부가 기뻐하며 즐거워해야 함은 너무나 당연한 것입니다. 그리고 신부의 사명은, "성령과 신부가 말씀하시기를 오라 하시는 도다, 생명수를 받으라" (계 22:17)는 복음 초청입니다.

나누어 봅시다

1. 물이 변하여 포도주가 되게 하신 첫 표적의 구속사적 의미에 대해서,
2. 성전 정화에 대한 구속사적 의미에 대해서,
3. "성전을 헐라 내가 사흘 동안에 일으키리라" 하신 의미에 대해서,

3장

독생자를 보내주신 하나님

첫째 단원(1-15) 성령으로 거듭나지 않으면
둘째 단원(16-21) 독생자를 주신 하나님
셋째 단원(22-30) 세례 요한의 마지막 증언
넷째 단원(31-36) 아들을 믿는 자는 영생이 있고

내용관찰

3장의 중심점은 니고데모가 밤에 예수님을 찾아와서, "랍비여 우리가 당신은 하나님께로부터 오신 선생인 줄 아나이다 하나님이 함께 하시지 아니하시면 당신이 행하시는 이 표적을 아무도 할 수 없음이니이다"(2)고 말하자 주님께서, "진실로 진실로 네게 이르노니 사람이 거듭나지 아니하면 하나님의 나라를 볼 수 없느니라"(3) 하신 "거듭남"에 있습니다. 니고데모는 묻습니다. "사람이 늙으면 어떻게 날 수 있사옵나이까 두 번째 모태에 들어갔다가 날 수 있사옵나이까"(4) 주님은, "진실로 진실로 네게 이르노니 사람이 물과 성령으로 나지 아니하면 하나님의 나라에 들어갈 수 없느니라"(5)고 대답하십니다.

이것이 주님께서 "진실로, 진실로" 하신 2번과 3번째 말씀인데 주님은, "네가 나를 찾아온 것으로 구원을 얻는 것이 아니다, 표적을 보고 믿는다고 하나님의 나라에 들어갈 수 있는 것도 아니다. 성령으로 거듭나야 한다"고 말씀하신 셈입니다. 그러면 어떻게 거듭날 수가 있느냐 하는 것이 문제입니다.

㉠ "하나님이 세상을 이처럼 사랑하사 독생자를 주셨으니 이는 그를 믿는 자마다 멸망하지 않고 영생을 얻게 하려 하심이라"(16) 하신, 하나님의 독생자가,

㉡ "내가 진실로 진실로 너희에게 이르노니 한 알의 밀이 땅에 떨어져 죽지 아니하면 한 알 그대로 있고 죽으면 많은 열매를 맺느니라"(12:24) 하신 우리를 대신하여 죽으심으로 씨가 퍼지게 되어,

㉢ "너희가 거듭난 것은 썩어질 씨로 된 것이 아니요 썩지 아니할 씨로 된 것이니 살아 있고 항상 있는 하나님의 말씀으로 되었느니라"(벧전 1:23), 즉 복음을 듣고 믿음으로 거듭나게 되는 것입니다.

그래서 "그를 믿는 자마다 멸망하지 않고 영생을 얻게 하려 하심이라(16), 그를 믿는 자는 심판을 받지 아니하는 것이요 믿지 아니하는 자는 하나님의 독생자의 이름을 믿지 아니하므로 벌써 심판을 받은 것이니라(18), 아들을 믿는 자에게는 영생이 있고 아들에게 순종하지 아니하는 자는 영생을 보지 못하고 도리어 하나님의 진노가 그 위에 머물러 있느니라"(36)고 "믿음"이 강조되어 있는 것입니다.

세례 요한은, "그는 흥하여야 하겠고 나는 쇠하여야 하리라" (30), 즉 자신은 "그리스도가 아니요 그의 앞에 보내심을 받은" (28) 길 예비자임을 증언함으로 구속사의 무대에서 하직을 합니다.

적용

"많은 사람이 그의 행하시는 표적을 보고 그의 이름을 믿었으나 예수는 그의 몸을 그들에게 의탁하지 아니하셨다" (2:23)는 점은 오늘의 믿음을 검증하게 합니다. 형제의 믿음은 무엇을 믿는 믿음입니까?

나누어 봅시다

1. 니고데모가 예수님을 찾아온 동기에 대해서,
2. 그에게 하신 주님의 말씀에 대해서,
3. 거듭남이 어떻게 가능하여지는가에 대해서,

4장

네게 말하는 내가 그리스도다

첫째 단원(1-9) 사마리아 여인에게 물을 달라하심
둘째 단원(10-26) 누구인 줄 알았더면, 생수를 주리라
셋째 단원(27-38) 그리스도를 만나고 증언함
넷째 단원(39-42) 세상의 구주신 줄 앎이라

내용관찰

4장은 주님께서 사마리아 여인을 만나 대화를 나누신 내용인데 중심점은, "메시아 곧 그리스도라 하는 이가 오실 줄을 내가 아노니" 하는 사마리아 여인에게 예수님께서, "네게 말하는 내가 그로라" 하신데 있습니다. 주님은 피곤하고 시장하신 중에 물을 길으러 온 사마리아 여인에게, "물을 좀 달라"(7) 하셨습니다.

여인 : "당신은 유대인으로서 어찌하여 사마리아 여자인 나에게 물을 달라 하나이까"(9),

예수님 : 네가 만일 하나님의 선물과 또 네게 물 좀 달라 하는 이가 누구인 줄 알았더라면 네가 그에게 구하였을 것이요 그가 생수를 네게 주었으리라“ (10) 하십니다.

이 말씀에는 두 가지 중요한 주제가 있는데 첫째는 ”예수님이 누구신가“ 하는 점이고, 둘째는 우리를 위하여 무엇을 행해주셨는가 하는 점인데 ”생수를 네게 주었으리라“ 하십니다.

예수님께서는, “이 물을 마시는 자마다 다시 목마르려니와 내가 주는 물을 마시는 자는 영원히 목마르지 아니하리니 내가 주는 물은 그 속에서 영생하도록 솟아나는 샘물이 되리라” (13-14) 하십니다. 그러면 영원히 목마르지 아니할 “생수”가 어떻게 해서 솟아나게 되는가? “너는 그 반석을 치라 그것에서 물이 나오리니 백성이 마시리라” (출 17:6), 즉 그리스도께서 고난을 당하심으로 주어지게 된다는 것이 구속사의 증거입니다.

사마리아 여인은 처음은 예수님을, “유대인”으로 알았다가 “선지자”인 줄로 알고 우리 조상들은 이 산에서 예배하였는데 당신들의 말은 예배할 곳이 예루살렘에 있다 하더이다(20) 하는, “예배”에 관하여 질문을 합니다. 사마리아에서, 그것도 물을 길으러 온 여인을 통해서 “참 예배”에 대한 질문을 듣게 된다는 것은 경이로운 일입니다.

주님의 대답은 첫째로, “여자여 내 말을 믿으라 이 산에서도 말고 예루살렘에서도 말고 너희가 아버지께 예배할 때가 이르리라” (21), 즉 장소의 문제가 아니라 하십니다. 둘째는, “너희는 알지 못하는 것을 예배하고 우리는 아는 것을 예배하노니” (22), 즉 하나님 존전에서 추방을 당한 자들이 하나님께 나아가 예배를 드리는 것이 어떻게 가능하게 되었는지" 알고 예배를 드려야 한다고 말씀하십니다. 셋째로, "이는 구원이 유대인에게서 남이라" 하시는 것은 이제는 짐승을 잡아 드리는 예배가 아니라, 예수 그리스도의 구속의 은총을 믿는 믿음으로 예배를 드려야 된다는 말씀입니다.

이점이 "아버지께 참되게 예배하는 자들은 영과 진리로 예배할 때가 오나니 곧 이 때라 아버지께서는 자기에게 이렇게 예배하는 자들을 찾으시느니라" (23) 하신 말씀의 의미요, 이것이 알고 드리는 예배입니다.

놀랍게도 여인은, "메시아 곧 그리스도라 하는 이가 오실 줄을 내가 아노니 그가 오시면 모든 것을 우리에게 알려 주시리이다" (25)고 "메시아"를 기다리고 있는 것이 아닌가? 주님은 "네게 말하는 내가 그로라" 고, 자신이 누구인가를 밝히십니다. 여인은 그리스도를 만난 것입니다.

그러자 여인은 물동이를 버려두고 동네로 들어가서 사람들에게, "내가 행한 모든 일을 내게 말한 사람을 와서 보라 이는 그리스도가 아니냐" (28-29) 고 증언했던 것입니다. 여자의 증언을 통해서 "그 동네 중에 많은 사마리아인이 예수를 믿는지라" (39) 합니다. 주님은 그곳에서 이틀을 유하셨는데, 유일하게 환영을 받은 곳이요, 가장 마음 평안하신 시간이었으리라 여겨집니다. 떠나실 때에 그들은 "이제 우리가 믿는 것은 네 말로 인함이 아니니 이는 우리가 친히 듣고 그가 참으로 세상의 구주신 줄 앎이라" (42)고 고백했다 합니다.

적용

주님은 제자들에게, "내게는 너희가 알지 못하는 먹을 양식이 있느니라" 하시면서, "너희 눈을 들어 밭을 보라 희어져 추수하게 되었도다"(32, 35) 하십니다. 그리고 "나의 양식은 나를 보내신 이의 뜻을 행하며 그의 일을 온전히 이루는 이것이니라"(34) 하십니다. 매일 세끼를 챙겨 먹는 양식과 같이 행해야 할 우리의 사명이 무엇입니까?

나누어 봅시다

1. "누구인 줄 알았더면, 그에게 무엇을 구했을 것인가에 대해서,
2. "영과 진리로" 예배한다는 것이 어떻게 하는 것인가에 대해서,
3. 그리스도를 만난 자는 "와 보라"고 전하게 된다는 점에 대해서,

5장

아버지께서 일하시니 나도 일한다

첫째 단원(1–9) 자리를 들고 걸어가라

둘째 단원(10–18) 걸어가라 한 사람이 누구냐

셋째 단원(19–30) 아들은 아버지와 동역을 한다

넷째 단원(31–47), 5중, 7중적 증거

내용관찰

5장은 베데스다 못가에 누어있던 38년 된 병자를 고쳐주신 표적과 이에 따른 강론으로 되어 있습니다. 유대인들은, "너에게 자리를 들고 걸어가라 한 사람이 누구냐"(12) 라고 묻습니다. 5장에는 예수님이 누구신가에 대한 5중적인 증거가 있습니다.

㉠ 첫째는 세례 요한의 증언인데(33), "보라 세상 죄를 지고 가는 하나님의 어린 양이로다"(1:29) 합니다.

㉡ 둘째는 "내가 하는 그 역사가 아버지께서 나를 보내신 것을 나를 위하여 증언하는 것이요"(36), 즉 물로 포도주가 되게 하시고, 38년 된 병자를 고쳐주신 것,

죽은 나사로를 살리신 일이 증거가 된다 하십니다.

ⓒ 셋째는 "나를 보내신 아버지께서 친히 나를 위하여 증언하셨느니라"(37), 즉 "이는 내 사랑하는 아들이요 내 기뻐하는 자라"(마 3:17)고 친히 증언하셨고, 넷째는 "너희가 성경에서 영생을 얻는 줄 생각하고 성경을 연구하거니와 이 성경이 곧 내게 대하여 증언하는 것이니라"(39), 즉 구약성경이 구구절절이 증언하고 있고, 다섯째는 "모세를 믿었더라면 또 나를 믿었으리니 이는 그가 내게 대하여 기록하였음이라"(46)고 모세 5경이 증언한다 하십니다.

15장에서는, "아버지께로부터 나오시는 진리의 성령이 오실 때에 그가 나를 증언하실 것이요 너희도 처음부터 나와 함께 있었으므로 증언하느니라" (15:26-27) 하시는데 그러면 6중, 7중의 증언이 되는 것입니다. 예수를 믿지 않는 것은 증거가 부족해서가 아니라 마음이 강팍하기 때문인 것입니다. 그래서 "나는 내 아버지의 이름으로 왔으매 너희가 영접하지 아니하나 만일 다른 사람이 자기 이름으로 오면 영접하리라" (43), 즉 다른 누군가가 이런 예언과 증거의 성취자로 온다면 온 세상이 영접할 것이라 하십니다.

예수님께서 병을 고쳐주신 날이 안식일이었는데 유대인들은, "안식일에 이러한 일을 행하신다" (16)고 비난을 했습니다. 주님은, "내 아버지께서 이제까지 일하시니 나도 일한다" (17)고 반박하십니다. 하나님은 안식하고 계시는 것이 아니라 일을 하고 계신다, 그래서 나도 일을 한다는 말씀입니다. 형제는 하나님께서 무슨 일을 하고 계시며, 주님은 무슨 일을 위해서 오셨는지 말해줄 수가 있습니까?

㉠ 여자의 후손으로 사탄을 정복하게 하시는 일,

㉡ 잃어버린 자를 찾아 구원하시는 일,

㉢ 그들의 죄를 대속하시는 일,

㉣ 허물과 죄로 죽었던 자들을 살리시고(거듭남), 영생을 얻게 하시는 일, 한마디로 하나님의 나라를 건설하시는 일을 하고 계시는 것입니다.

5장에는 "진실로, 진실로"라는 말이 3번 등장하는데, "내가 진실로 진실로 너희에게 이르노니 내 말을 듣고 또 나 보내신 이를 믿는 자는 영생을 얻었고 심판에 이르지 아니하나니 사망에서 생명으로 옮겼느니라 진실로 진실로 너희에게 이르노니 죽은 자들이 하나님의 아들의 음성을 들을 때가 오나니 곧 이 때라 듣는 자는 살아나리라"(24-25) 하시는데 그래도 믿지 못할 것입니까?

적용

"내 아버지께서 이제까지 일하시니 나도 일한다"(17) 하셨는데, 그러면 그의 제자들인 우리가 행해야 할 가장 우선적인 일이 무엇입니까? 주님께서 "다 이루었다"고 선언하신 것을 증언하는 복음전파인 것입니다.

나누어 봅시다

1. 자리를 들고 걸어가라 한 사람이 누구냐에 대해서,
2. 아버지의 하시는 일, 아들이 하시는 일이 무엇인지에 대해서,
3. 5중, 7중적 증거와 우리들의 증언에 대해서,

6장

가버나움 회당에서 행하신 최고의 설교

첫째 단원(1-15) 표적을 보고 임금 삼으려함

둘째 단원(16-21) 제자들을 위한 표적

셋째 단원(22-40) 하나님이 보내신 자를 믿는 것

넷째 단원(41-51) 먹으면 영생하는 신령한 만나

내용관찰

6장은, "보리떡 다섯 개와 물고기 두 마리"로 5천명을 먹이신 것과, 물 위로 걸어오신 두 가지 표적과 강론으로 되어 있습니다. 백성들은 오병이어의 표적을 보고, "이는 참으로 세상에 오실 그 선지자라" 하고는, "억지로 붙들어 임금으로 삼으려" 했습니다. 주님은 그들을 피하여 "혼자 산으로 떠나가시니라"(14-15) 합니다.

제자들은 실망이 컸을 것으로 여겨집니다. 왜냐하면 예수님이 왕이 되시면 한 자리 하려는 욕망이 있었기 때문입니다. 밤중 쯤 되어 예수님께서 바다 위로 걸어서 바람과 파도로 인하여 어려움을 겪고 있는 제자들의 배에 가까이 오시니, "보고 두려워하거늘 이르시되 내니 두려워하지 말라 하신대 이에 기뻐서 배로 영접하더라"(16-21) 합니다. 이점을 마태복음에서는 예수님께서 바다 위로 걸어오심을 보고 유령이라고 놀랬다가, "배에 있는 사람들이 예수께 절하며 이르되 진실로 하나님의 아들이로소이다"(마 14:33)고 고백했다 합니다. 이 표적은 실망하고 있는 제자들에게 "예수님이 누구신가"를 깨닫게 하시려는 훈련이었던 것입니다.

그러면 5병 2어로 5천명을 먹이신 것은 무엇을 위한 표적인가? 주님은 "썩을 양식을 위하여 일하지 말고 영생하도록 있는 양식을 위하여 하라 이 양식은 인자가 너희에게 주리니"(27) 하십니다. 무리들은, "우리 조상들은 광야에서 만나를 먹었나이다"(31), 즉 또 떡을 먹여달라고 합니다.

그러자 주님은 그것은 모세가 준 것이 아니라, "내 아버지께서 너희에게 하늘로부터 참 떡을 주시나니"(31-32), 즉 만나는 참 양식에 대한 그림자라고 말씀하십니다. 그리고 "너희 조상들은 광야에서 만나를 먹었어도 죽었거니와 이는 하늘에서 내려오는 떡이니 사람으로 하여금 먹고 죽지 아니하게 하는 것이니라 나는 하늘에서 내려온 살아 있는 떡이니 사람이 이 떡을 먹으면 영생하리라 내가 줄 떡은 곧 세상의 생명을 위한 내 살이니라(49-51) 하십니다. 이는 주님의 많은 말씀 중 최고의 설교였던 것입니다.

그러자 백성들은 두 가지를 이해할 수가 없었는데,

㉠ 첫째는 "이는 요셉의 아들 예수가 아니냐 그 부모를 우리가 아는데 자기가 지

금 어찌하여 하늘에서 내려왔다 하느냐"(42) 하는 점이고,

ⓛ 둘째는 "이 사람이 어찌 능히 자기 살을 우리에게 주어 먹게 하겠느냐"(52)는 것이었습니다.

6장에는 진실로, 진실로" 하시면서 말씀하시는 것이 4번이나 등장하는데, 저들이 수군거리는 것을 아신 주님은, "내가 진실로 진실로 너희에게 이르노니 인자의 살을 먹지 아니하고 인자의 피를 마시지 아니하면 너희 속에 생명이 없느니라 내 살을 먹고 내 피를 마시는 자는 영생을 가졌고 마지막 날에 내가 그를 다시 살리리니 내 살은 참된 양식이요 내 피는 참된 음료로다" (53-55) 하고 더욱 분명히 강조하십니다.

결과는 어찌 되었는가? "이 말씀은 어렵도다 누가 들을 수 있느냐" (60) 하고, "그 때부터 그의 제자 중에서 많은 사람이 떠나가고 다시 그와 함께 다니지 아니하더라" (66) 합니다. 주님은 제자들에게, "너희도 가려느냐" (67) 하십니다. 형제의 대답은 무엇입니까?

적용

형제는 예수님의 살과 피를 먹고 마시는 방법이 무엇인지 알고 있습니까? 예수님은 말씀이 육신이 되어 오신 분이십니다. 그러므로 주님께서 행해주신 십자가 복음을 받아먹는 것이 주님의 살과 피를 먹고 마시는 것입니다. 그리고 "하나님께서 보내신 이를 믿는 것이 하나님의 일이니라" (29), 이것이 우선적인 일입니다.

나누어 봅시다

1. 5병 2어의 표적을 보고 임금 삼으려 하자 피하신 점에 대해서,

2. 예수님의 살과 피를 먹고 마시는 방법에 대해서,

3. 제자 중 많이 떠나가고 다시 따르지 않았다는 점에 대해서,

7장

누구든지 목마르거든 내게로 와서 마시라

첫째 단원(1-30) 사람이 하나님의 뜻을 행하려 하면
둘째 단원(31-36) 나를 보내신 이에게로 돌아가겠노라
셋째 단원(37-53) 명절 끝날 곧 큰 날에

내용관찰

7장은 3대절기 중 하나인 "초막절"(2)을 배경으로 하여 전개되는데 초막절은 어떤 절기인가? 출애굽 당시 광야생활을 하던 것을 기념하는 절기입니다. 그런데 이는 예표요, 3대 절기 중 유월절이 주님께서 유월절 양이 되심으로 성취가 되고(고전 5:7), 오순절이 성령강림으로 성취가 됨과 같이 초막절은 주님의 재림으로 성취될 절기인 것입니다. 그래서 "명절 끝날 곧 큰 날"(37)이라 하는데 이는 광야생활을 청산하고 약속의 땅에 들어가게 됨과 같이 광야와 같은 나그네 생활을 끝마치고 드디어 영적 가나안에 들어가게 되기 때문입니다.

예수님은 큰 소리로 외쳐 이르시되, "누구든지 목마르거든 내게로 와서 마시라 나를 믿는 자는 성경에 이름과 같이 그 배에서 생수의 강이 흘러나오리라"(37-38)고 초청 하십니다. 7장에서도, 예수가 누구신가 하는 문제로, "어떤 사람은 그리스도라 하며 어떤 이들은 그리스도가 어찌 갈릴리에서 나오겠느냐, 성경에 이르기를 그리스도는 다윗이 살던 마을 베들레헴에서 나오리라 하지 아니하였느냐"(41-42) 하고 논쟁을 합니다.

중심점은, "사람이 하나님의 뜻을 행하려 하면 이 교훈이 하나님께로부터 왔는지 내가 스스로 말함인지 알리라"(17)에 있다 하겠습니다. "무리 중의 많은 사람이 예수를 믿고 말하되 그리스도께서 오실지라도 그 행하실 표적이 이 사람이 행한 것보다 더 많으랴"(31) 했는데 제사장, 장로들은 말씀을 듣고도, 표적을 보고도 예수님을 영접하지 않은 것은 증거가 부족해서가 아니라 저들 속에 "하나님의 뜻을 행하려 하는" 마음이 없었기 때문인 것입니다.

대제사장들과 바리새인들이 예수님을 잡으려고 하인들을 보내니 주님께서는, "내가 너희와 함께 조금 더 있다가 나를 보내신 이에게로 돌아가겠노라"(32-33), 즉 고난의 때가 아직 이르지 않았다 하십니다. 하인들이 대제사장들과 바리새인들에게로 오니, "어찌하여 잡아오지 아니하였느냐" 합니다. 그들은 대답하기를, "그 사람이 말하는 것처럼 말한 사람은 이때까지 없었나이다" 합니다.

그렇습니다. "나는 하늘에서 내려온 살아 있는 떡이니 사람이 이 떡을 먹으면 영생하리라 내가 줄 떡은 곧 세상의 생명을 위한 내 살이니라"

(6:51), 이렇게 말한 사람이 이때까지 있었습니까? 그러므로 "당신은 귀신이 들렸도다" (20) 함과 같이 주님은 미친 사람이거나 아니면 진실로 하나님의 아들이시거나 둘 중의 하나인 것입니다. 같은 맥락에서 모든 사람에게 듣기 좋게 하는 설교는 교양강좌이지 복음이 아닐 수가 있는 것입니다.

적용

우리는 먼저, "누구든지 목마르거든 내게로 와서 마시라 나를 믿는 자는 성경에 이름과 같이 그 배에서 생수의 강이 흘러나오리라" 하신 초청에 응해야 하고, 다음은 이웃을 초청하는 일입니다.

나누어 봅시다

1. 명절 끝날 곧 큰 날의 구속사적 의미에 대해서,
2. 나를 보내신 이에게로 돌아가겠노라는 의미에 대해서,
3. 그 사람이 말하는 것처럼 말한 사람은 없었다는 점에 대해서,

8장

진리가 너희를 자유하게 하리라

첫째 단원(1-11) 선생은 어떻게 말하겠나이까
둘째 단원(12-30) 예수님을 알아야 하나님을 안다
셋째 단원(31-47) 죄를 범하는 자는 죄의 종이다
넷째 단원(48-59) 너는 너를 누구라 하느냐

내용관찰

8장은 간음 현장에서 끌려온 여인을 배경으로 전개되는 논증입니다. 중심점은 "진리를 알지니 진리가 너희를 자유롭게 하리라"(32)는 말씀에 있습니다. 서기관들과 바리새인들이 음행 중에 잡힌 여자를 끌고 와서 가운데 세우고, "모세는 율법에 이러한 여자를 돌로 치라 명하였거니와 선생은 어떻게 말하겠나이까"(5) 라고 예수님을 시험합니다.

여기에 율법이 할 수 있는 것과 없는 것이 나타나는데, 죽이는 일은 하나 살리는 일은 하지를 못합니다. 그런데 율법이, "할 수 없는 그것을 하나님은 하시나니" 합니다. 어떻게 행해주셨는가? 우리 "죄로 말미암아 자기 아들을 죄 있는 육신의 모양으로 보내어 육신에 죄를 정하사" 행해주신 것입니다. 하나님께서는 "이러한 여자를 돌로 치라" 한 율법을 폐하고 우리를 구원해주신 것이 아니라 율법의 요구를 자기 아들을 정죄하심으로 이루어주셨던(롬 8:3-4) 것입니다. 그래서 "나도 너를 정죄하지 아니하노니 가서 다시는 죄를 범하지 말라"(11) 하시는 것이 가능했던 것입니다.

주님께서 "진리를 알지니 진리가 너희를 자유롭게 하리라"(32) 하시니 저들은 우리가 남의 종이 된 적이 없거늘 어찌하여 우리가 자유롭게 되리라 하느냐 했습니다. 주님은 "진실로 진실로 너희에게 이르노니 죄를 범하는 자마다 죄의 종이라"(33-34) 하십니다. 그렇습니다. "내가 원하는 바 선은 행하지 아니하고 도리어 원하지 아니하는바 악을 행하게"(롬 7:19) 되는 것은 자신이 "죄의 종"이라는 증거입니다. 복음진리만이 "정죄"에서 자유롭게 할 수가 있는 것입니다.

"진실로 진실로 너희에게 이르노니 사람이 내 말을 지키면 영원히 죽음을 보지 아니하리라" 하시니, "지금 네가 귀신 들린 줄을 아노라 아브라함과 선지자들도 죽었거늘 네 말은 사람이 내 말을 지키면 영원히 죽음을 맛보지 아니하리라 하니 너는 이미 죽은 우리 조상 아브라함보다 크냐 또 선지자들도 죽었거늘 너는 너를 누구라 하느냐"(51-53)고, 8장에서도 "네가 누구냐(25) 하는 문제로 논쟁을 합니다. 주님께서는, "너희는 나를 알지 못하고 내 아버지도 알지 못하는도다 나를 알았더라면 내 아버지도 알았으리라“(19) 하십니다. 예수님을 알아야 하나님을 알 수가 있고, 예수님을 알아야만 내가 죄인이라는 점을 깨닫게 되는 것입니다.

주님은 “진실로 진실로 너희에게 이르노니 아브라함이 나기 전부터 내가 있느니라”(58) 하시면서, “너희가 인자를 든 후에 내가 그인 줄을 알리라”(28) 하십니다. 여기에, “예수가 누구신가? 그 분이 우리에게 무엇을 행해주셨는가” 하는 복음서의 두 주제가 등장하는데, 예수님은 아브라함이 나기 전부터 계신 분이요, 우리 죄를 인하여 “들리심” 곧 십자가에 못 박히신 분이십니다. 그래서 “아브라함도 나의 때 볼 것을 즐거워하다가 보고 기뻐하였느니라”(56) 하십니다.

적용

아브라함도 “나의 때 볼 것을 즐거워하다가 보고 기뻐하였다”(56)는 이것이 큰 기쁨의 좋은 소식인 복음인 것입니다. 우리는 이 복음의 영광스러움을 얼마나 알고 기뻐하며 자랑하고 있는 것입니까?

나누어 봅시다

1. “나도 너를 정죄하지 않는다”는 것이 어떻게 가능하여지는가에 대해서,
2. 죄를 범하는 자는 죄의 종이라는 점에 대해서,
3. 진리가 우리를 어떻게 자유롭게 하는가에 대해서,

9장
세상의 빛이 되시는 그리스도

첫째 단원(1-12) 소경에게 빛을 주신 그리스도
둘째 단원(13-34) 너는 그를 누구라 하느냐
셋째 단원(35-41) 보지 못하는 자는 보게 하려 함

내용관찰

9장은 나면서 맹인 된 사람을 고쳐주신 표적을 배경으로 전개되는데 중심점은, "보지 못하는 자들은 보게 하고 보는 자들은 맹인이 되게 하려 함이라"(39)는 말씀에 있습니다. "보지 못하는 자"란 자신이 죄인임을 깨달은 자요, "본다고 하는 자"는 죄인임을 모르는 자를 가리킵니다. 이런 맥락에서 핵심은, "내가 세상에 있는 동안에는 세상의 빛이로라"(5) 하신 말씀입니다.

길을 가다가 날 때부터 맹인 된 사람을 보게 되자 제자들은 주님께, "이 사람이 맹인으로 난 것이 누구의 죄로 인함이니이까 자기니이까 그의 부

모니이까" 라고 묻습니다. 주님은, "이 사람이나 그 부모가 죄를 범한 것이 아니라 그에게서 하나님의 하시는 일을 나타내고자 하심이니라"(3) 하십니다. 주님은 나사로의 죽음 앞에서도, "이 병은 죽을병이 아니라 하나님의 영광을 위함이요 하나님의 아들로 이로 말미암아 영광을 얻게 하려 함이라"(11:4)고 말씀하셨습니다.

그렇습니다. "너희는 각각 부르심을 받은 그대로 하나님과 함께 거하라"(고전 7:24) 하십니다. 믿는 자에게는 주어진 처지와 형편 모두가 하나님의 영광을 나타내고, 영광을 돌리기 위함인 것입니다. 이런 맥락에서 "하나님의 하시는 일을 나타내고자" 라는 표현은 대단히 중요한 의미가 있습니다. 나면서 맹인 된 자를 통해서도 "하나님의 하시는 일을 나타내고자 하신다"면 형제를 통해서는 더욱 "하나님의 하시는 일을 내타내고자 하심"을 믿으시기 바랍니다.

㉠ 첫째는 주님께서는 땅에 침을 뱉어 진흙을 이겨 그의 눈에 바르시고, "실로암 못에 가서 씻으라"(7) 하십니다. 이렇게 하신 의도가 무엇인가? 첫째는, 그 사람이 분명한 맹인임을 확인시키기 위해서라고 말할 수가 있습니다. 왜냐하면 18절에 보면 유대인들은 그가 나면서 맹인되었던 점을 의심하고 있기 때문입니다.

㉡ 둘째는 "실로암"은 보냄을 받았다는 뜻인데 예수 그리스도는 보냄을 받은 분, 곧 "실로암"이심을 드러내기 위해서라 할 수가 있습니다. "보냄을 받은 자"라는 점이 5장(23, 24, 30, 33, 36, 37, 38)과, 6장(29, 39, 44, 57)과, 7장(7:16, 18, 28, 29, 33)과, 8장(16, 18, 26, 29, 42)에서 얼마나 강조되고 있는가를 살펴보

십시오. 요한복음 전체로는 예수 그리스도께서 하나님의 보내심을 받아 왔다는 점이 40회 이상 강조되어 있습니다.

9장에서도, "그 사람이 네 눈을 뜨게 하였으니 너는 그를 어떠한 사람이라 하느냐"(17) 하고, "예수가 누구신가" 하는 문제가 쟁점이 됩니다. 9장은 이 물음에 대한 답변이라 해도 과언이 아닙니다. 맹인 되었던 사람은 처음에는 "선지자"(17)로 알았다가 주님께서, "네가 그를 보았거니와 지금 너와 말하는 자가 그이니라" 하시자, "주여 내가 믿나이다"(37-38)라고 고백함으로 그리스도를 만나게 됩니다.

9장이 도달하게 된 결론이 무엇인가? "우리도 맹인가"(40) 하고 자신의 죄인 됨을 모르고 있는 그들에게, "너희가 맹인이 되었더라면 죄가 없었으려니와 본다고 하니 너희 죄가 그대로 있느니라"(41), 즉 맹인되었던 자는 보게 되어 메시아를 만나게 되고, 본다고 한 저들이 도리어 맹인이라는 점입니다.

적용

9장을 통해서 말씀하려는 바는 모든 자들로 하여금, "자신"이 맹인이라는 점을 깨닫기를 원하신다는 점입니다. 왜냐하면 많은 사람들이 맹인임을 깨닫지를 못하기 때문에 고침 받을 기회를 놓치고 있기 때문입니다. 바리새인들이 그러했습니다. 주님을 만나기 전 우리들은 모두 다 영적인 맹인들이었습니다.

나누어 봅시다

1. "실로암 못에 가서 씻으라" 하신 의도에 대해서,
2. "보는 자들은 맹인이 되게 하려 함이라" 하신 의미에 대해서,
3. 나 자신의 처지와 형편을 통해서 하시고자 하는 일이 무엇인가에 대해서,

10장

나는 양의 문이요 선한 목자라

첫째 단원(1-10) 나는 양의 문이라
둘째 단원(11-21) 나는 선한 목자라
셋째 단원(22-42) 믿는 자에게는 영생을 주노니

내용관찰

10장의 중심주제는 "나는 양의 문이라" (7)하신 3번째 선언과, "나는 선한 목자라" (11) 하신 4번째 선언에 있습니다. "나는 선한 목자라" 하신 선언은, 나면서 맹인 되었다가 보게 된 자를 저들이 "쫓아냈다" (9:35)는 문맥에서 하신 말씀입니다. 10장에는 "목자"라는 말이 5번이나 등장하여 강조 적인데, 맹인 되었던 자를 쫓아낸 저들은 "절도며 강도" (1)와 같은 자들이요, 주님은 선한 목자로 오셨다는 뜻입니다. 이는, "내 종 다윗이 그들의 왕이 되리니 그들 모두에게 한 목자가 있을 것이라" (겔 37:24) 하신 예언의 성취인 것입니다. 문제는 선한 목자만 있는 것이 아니라, "선한 목자와, 삯꾼”(12, 13)이 대조되어 있고, 양을 물어뜯는 “이리”(12)도 등장한다는 점입니다.

10장의 핵심은 “문”인데, “나는 양의 문이라” 하심은 “나는 문제(問題)에 대한 해답(解答)이라”는 그런 뜻입니다. 왜냐하면 구약시대는 하나님께 나아가는, “길이 아직 나타나지 아니한 것이라”(히 9:8) 한, “문”이 닫혀져 있던 시대였기 때문입니다. 그러면 주님께서 어떻게 해서 “문”이 되어주셨는가? 이점이 “내가 내 목숨을 버리는 것은 그것을 내가 다시 얻기 위함이니”(17) 하신 말씀에 나타나는데 주님께서 십자가상에서, “다 이루었다” 하고 선언하시자 1500년 동안이나 막혀 있던 성전 휘장이 찢어짐으로 “문”이 열려졌던 것입니다.

“그러므로 형제들아 우리가 예수의 피를 힘입어 성소에 들어갈 담력을 얻었나니 그 길은 우리를 위하여 휘장 가운데로 열어 놓으신 새로운 살 길이요 휘장은 곧 그의 육체니라”(히 10:19-20)고 말씀합니다. 신구약을 막론하고 문은 오직 예수 그리스도 한 분뿐이라는 점입니다. 그러므로 주님이 이루어 놓으신 복음을 인정하지 않는 자는, “내가 진실로 진실로 너희에게 이르노니 문을 통하여 양의 우리에 들어가지 아니하고 다른 데로 넘어가는 자는 절도며 강도요”(1) 하시는 것입니다.

10장에서도 유대인들은, “당신이 언제까지나 우리 마음을 의혹하게 하려 하나이까 그리스도이면 밝히 말씀하소서”(24) 합니다. 주님은, “내가 너희에게 말하였으되 믿지 아니하는도다 내가 내 아버지의 이름으로 행하는 일들이 나를 증거하는 것이거늘”(25) 하고 저들의 불신앙을 책망하십니다.

이런 맥락에서 10장에는 주님께서 자신이 누구인가를 드러내는 자증(自證)이 여러 번 나오는데, "나는 양의 문이라(7), 나는 선한 목자라(11), 나와 아버지는 하나이니라(29), 나는 하나님의 아들이라" (36) 라고 말씀하십니다. 여기에 예수가 누구신가? "하나님의 아들이시다", 왜 오셨는가? "문을 열어주기 위해서다" 하는 복음서의 두 주제가 있는 것입니다.

이를 믿는 자에게는, "내가 그들에게 영생을 주노니 영원히 멸망하지 아니할 것이요 또 그들을 내 손에서 빼앗을 자가 없느니라 그들을 주신 내 아버지는 만물보다 크시매 아무도 아버지 손에서 빼앗을 수 없느니라" (28-29) 하십니다.

적용

주님의 소원은, "또 이 우리에 들지 아니한 다른 양들이 내게 있어 내가 인도하여야 할 터이니 그들도 내 음성을 듣고 한 무리가 되어 한 목자에게 있으리라" (16) 하신, 우리 밖에 있는 자들을 인도하는 전도입니다. 이 사명이 지상명령으로 우리에게 주어진 것입니다. 주님의 소원을 이루어 드리는 형제가 되시기를 바랍니다.

나누어 봅시다

1. 10장에 나타난 예수님이 누구신가에 대해서,
2. 주님이 어떻게 문이 되어주셨는가 하는 점에 대해서,

3. "이 우리에 들지 아니한 다른 양들이 내게 있어, 내가 인도하여야 할 터이니" 하신 주님의 소원에 대해서,

11장

나는 부활이요 생명이라

첫째 단원(1–32) 나사로가 다시 살리라
둘째 단원(33–40) 통분히 여기시고 민망히 여기심
셋째 단원(41–46) 나사로야 나오라
넷째 단원(47–57) 유월절과 죽이려는 모의

내용관찰

11장은 죽은 지 나흘이나 되는 나사로를 살리신 마지막 표적을 배경으로 전개되는데, 이로 인하여 예수님을 죽이려는 모의가 급진전되는 내용입니다. 주님은 나사로가 병들었다는 전갈을 받으시고, "이 병은 죽을병이 아니라 하나님의 영광을 위함이요 하나님의 아들이 이로 말미암아 영광을 받게 하려 함이라" (4) 하십니다.

11장에서 "나사로가 죽었다" (14)는 것이 문제인데 성경은 문제에 대한 해답입니다. 이 "죽음"은 나사로에게 한정이 된 것이 아닌 모든 사람의 문제인 것입니다. 그리고 죽음에 대한 해답은 5번째 선언인, "나는 부활이요 생명이니, 이것을 네가 믿느냐" (25, 26) 하신 말씀입니다. 우리의 응답은, "네가 믿으면 하나님을 영광을 보리라" 하신 "믿음"인 것입니다.

주님께서는, "죽은 지가 나흘이 되었으매 벌써 냄새가 나나이다" 하는 마르다에게, "네가 믿으면 하나님의 영광을 보리라" (40) 하신 후에, "항상 내 말을 들으시는 줄을 내가 알았나이다 그러나 이 말씀 하옵는 것은 둘러선 무리를 위함이니 곧 아버지께서 나를 보내신 것을 그들로 믿게 하려 함이니이다" 하시고, "큰 소리로 나사로야 나오라" 하시니, "죽은 자가 수족을 베로 동인 채로 나오는데 그 얼굴은 수건에 싸였더라" (41-44) 합니다.

무엇이 입증이 되었는가? 예수님이, "하나님이 보내신 자"라는 그리스도이심이 입증이 된 것입니다. 이점에서 "네가 믿으면 하나님의 영광을 보리라" 하신 궁극적인 "영광"은 "나는 부활이요 생명이라" 하신 그리스도를 믿는 자에게 주어지는 영생인 것입니다.

주님은 "그가 우는 것과 또 함께 온 유대인들이 우는 것을 보시고 심령에 비통(통분)히 여기시고 불쌍히 여기셨다" 33) 합니다. 38절에서도 통분히 여기셨다 하는데, "통분" (痛憤)은 가슴이 찢어지는 아픔과 분함을 의미합니다. 무엇에 대해서, 왜 통분히 여기셨는가? 이는 사망(死亡)이 어디서 왔으며, 누구의 소행인가를 생각해 보면 자명한 일입니다. 주님께서는 하나님의 형상대로 지음 받은 인간을 파멸케 한 사망의 권세를 잡은 자 사탄에 대해서 통분히 여기고, 목자 없는 양같이 유리방황하면서,

"죽기를 무서워하므로 일생에 매여 종노릇 하는, "저들을 바라보실 때 "불쌍히"(33) 여기셨던 것입니다.

이점에서 저들이 "예수를 죽이려고 모의"(53)하는 것이, "유월절이 가까우매"(55) 한 "유월절"과 결부가 되어 있다는 점을 주목하시기 바랍니다. 그러니까 저들은 유월절 양을 잡을 모의를 하고 있는 셈입니다.

적용

죽은 나사로를 살리신 표적은 요한복음에 기록된 일곱 가지 표적 중에서 마지막 표적입니다. 처음 표적의 무대가 혼인 잔치(2:1)요, 마지막 표적의 무대가 죽은 자의 무덤이라는데 인생의 애환(哀歡)이 있습니다. 우리의 응답은 즐거우나 괴로우나, "네가 믿으면 하나님의 영광을 보리라"(40) 하신, 오직 "믿음"입니다.

나누어 봅시다

1. 우는 것을 보시고 통분히 여기시고 불쌍히 여기신 점에 대해서,
2. 나사로를 살리심과, 죽이려는 모의에 대해서,
3. "믿으면 영광을 보리라" 하신 믿음과 궁극적인 영광에 대해서,

12장

이를 위하여 이때에 왔나이다

첫째 단원(1-11) 장사를 예비한 마리아

둘째 단원(12-19) 호산나 이스라엘의 왕이여

셋째 단원(20-26) 인자가 영광을 얻을 때가 왔도다

넷째 단원(27-50) 이 세상 임금이 쫓겨나리라

내용관찰

12장에서 예수님께서는 유월절에 맞추어 드디어 어린 나귀를 타고 예루살렘에 입성(14)을 하시는데 무리들이, "종려나무 가지를 가지고 맞으러 나가 외치되 호산나 찬송하리로다 주의 이름으로 오시는 이 곧 이스라엘의 왕이시여"(13) 합니다. 그런데 주님은, "이 세상 임금이 쫓겨나리라"(31)고 선언하십니다. 무슨 뜻인가? 예루살렘은 비어 있는 성이 아니라 "이 세상 임금", 즉 사탄의 지배하에 있는 성이라는 뜻입니다.

그렇습니다. 주님께서 당시의 지도자들을 향해서, "뱀들아 독사의 새

끼들아 너희가 어떻게 지옥의 판결을 피하겠느냐" (마 23:33)고 격노하신 것은 그들이 사탄의 조정을 받고 있었기 때문입니다. 그러니까 예루살렘 성에서 두 왕이 격돌하는 양상인데, 주님은 "여자의 후손으로, 뱀의 머리를 상하게 하기 위하여" 입성을 하고 계시는 것입니다. 그러면 주님께서는 어떤 방도로 사탄을 정복하시게 되는가?

그러므로 12장의 핵심은, "내가 이를 위하여 이때에 왔나이다" (27), 즉 십자가에 달려 죽으시고 다시 사심을 통해서 "이 세상 임금"의 머리를 상하게 하기 위해서 오셨다는데 있습니다. 이런 뜻이, "내가 진실로 진실로 너희에게 이르노니 한 알의 밀이 땅에 떨어져 죽지 아니하면 한 알 그대로 있고 죽으면 많은 열매를 맺느니라" (23-24) 하신 말씀 속에 함의되어 있습니다.

12장의 구조는 주님께서 예루살렘에 입성하시는 사건을 전후하여 앞에는 마리아가 예수님의 발에 향유를 붓는 기사가 있고(3), 뒤에는 헬라인들이, "예수님을 뵈옵고자 하나이다" (21) 하는 기사가 있습니다. 이 사건들은 동떨어진 이야기가 아니라 상호간에 밀접한 관련이 있는데 마리아는 주님의 "장사"를 예비하는 것이고, 헬라인의 내방은 주님의 죽으심으로 구원의 문이 이방인들에게까지 열리게 될 것을 예시해주고 있습니다.

이점이 "내가 땅에서 들리면 모든 사람을 내게로 이끌겠노라" (32) 하신 말씀에 나타나는데 저들은, "우리는 율법에서 그리스도가 영원히 계신다 함을 들었거늘 너는 어찌하여 인자가 들려야 하리라 하느냐 이 인자는 누구냐"(34)고, 또다시 "예수가 누구신가" 하는 문제가 대두됩니다. 12장에서 예수님은, "주의 이름으로 오시는 이 곧 이스라엘의 왕"으로 계시되어 있는데 이는, "시온의 딸아 크게 기뻐할지어다 예루살렘의 딸아 즐거이 부를지어다 보라 네 왕이 네게 임하시나니 그는 공의로우시며 구원을 베푸시며 겸손하여서 나귀를 타시나니 나귀의 작은 것 곧 나귀 새끼니라"(슥 9:9) 한 예언의 성취였던 것입니다.

적용

"한 알의 밀이 땅에 떨어져 죽지 아니하면 한 알 그대로 있고 죽으면 많은 열매를 맺느니라"(24) 하신 말씀과, "자기의 생명을 사랑하는 자는 잃어버릴 것이요 이 세상에서 자기의 생명을 미워하는 자는 영생하도록 보전하리라"(24-25) 하신 말씀은 짝을 이룹니다. 주님께서 "이를 위하여 이 때에 왔나이다" 하신다면 "나는 무엇을 위하여 이때에 왔는가" 하고 자문하게 합니다.

나누어 봅시다

1. 예루살렘에서 두 왕이 격돌하고 있는 양상이라는 점에 대해서,
2. 이 세상 임금이 어떤 방도에 의해서 쫓겨나게 되는가에 대해서,
3. 십자가를 앞두고 "영광을 얻을 때가 왔다" 하신 점에 대해서,

13장

하나님께로 돌아가실 때가 이른 줄 아시고

첫째 단원(1-11) 씻기지 아니하면 상관이 없다
둘째 단원(12-20) 너희도 행하게 하려 본을 보였노라
셋째 단원(21-30) 너희 중 하나가 나를 팔리라
넷째 단원(31-38) 새 계명을 주노라

내용관찰

공중(公衆) 전도는 12장에서 막을 내리고, 13장은 하나님께로 돌아가실 때가 이른 줄 아신 예수님께서, 제자들의 발을 씻어주시고, "새 계명을 주노니 서로 사랑하라"(34)고 분부하시는 내용입니다. 이점에서 "유월절과, 세상을 떠나"(1), 즉 "죽으심"이 결부되어 있다는 점을 유념하시기 바랍니다. 예수님은 유월절에 맞춰서(12:1), 유월절 양으로 죽임을 당하시기 위해서 예루살렘으로 올라오셨던 것입니다.

다시 강조합니다만 4개 복음서의 초점이 "유월절"(마 26:2, 막 14:1,

눅 22:1, 요 13:1)에 맞춰져 있다는 점을 명심하시기 바랍니다. 출애굽 당시도 "내가 이제 한 가지 재앙을 바로와 애굽에 내린 후에야 그가 너희를 여기서 보내리라" (출 11:1) 하시면서, "내가 그들 가운데에서 행한 표징을 네 아들과 네 자손의 귀에 전하게 하려 함이라" (출 10:2)고, 초점을 유월절 어린 양의 피에 맞추셨던 것입니다. 이처럼 유월절을 지키라고 명하심은 어린 양의 실체(實體)를 대망(待望)하게 하기 위해서였습니다. 예수 그리스도는 죽임을 당할 유월절 어린 양(고전 5:7)으로 오셨던 것입니다.

잡히시던 밤에 주님께서 제자들의 발을 씻어주셨다는 데는 교훈적인 면과 신학적인 의미가 있는데, "내가 주와 또는 선생이 되어 너희 발을 씻었으니 너희도 서로 발을 씻어 주는 것이 옳으니라, 내가 너희에게 행한 것 같이 너희도 행하게 하려 하여 본을 보였노라" (14-15) 하신 것은 교훈적인 의미입니다. 그런데 주님은 베드로가, "내 발을 절대로 씻기지 못하시리이다" 하자, "내가 너를 씻어 주지 아니하면 네가 나와 상관이 없느니라" (8) 하시는 것이 아닌가?

"네가 나와 상관이 없다" 하신 것은 교훈적인 차원의 말씀이 아닌 것입니다. 그래서 "내가 하는 것을 네가 지금은 알지 못하나 이후에는 알리라" (7)는 의미심장한 말씀을 하셨는데 여기에 신학적인 의미가 있는 것입니다. 이에 대한 해답을 스가랴 13장에서 구할 수가 있는데, "그 날에 죄와 더러움을 씻는 샘이 다윗의 족속과 예루살렘 주민을 위하여 열리리라" (1)고 예언되어 있습니다. 그러므로 "내가 너를 씻어 주지 아니하면 네가 나와 상관이 없느니라" 하심은 단순한 발 씻음의 문제가 아니라 주님의 피로 죄 씻음을 받아야 주님과 관계가 이루어진다는 구속행위에 대한 예시였던 것입니다.

"나와 상관이 없다"는 주님의 말씀에 베드로는, "주여 내 발뿐 아니라 손과 머리도 씻어 주옵소서" 합니다. 주님은, "이미 목욕한 자는 발 밖에 씻을 필요가 없느니라" (9-10) 하십니다. "이미 목욕한 자"란 거듭난 자를 가리킵니다. 그런데 거듭난 자라도, 퇴근 후에 손발을 씻듯이 그때 그때마다 죄 씻음을 받아야 한다는 것입니다.

이렇게 하신 후에 "새 계명을 너희에게 주노니 서로 사랑하라" (34상) 하십니다. 이는 세상에 두고 가시는 교회에 명하신 지상(至上) 계명(誡命)인 것입니다. "서로 사랑하라"는 말은 문자적으로는 결코 새로운 계명은 아닙니다. 레위기 19:18절에서도 "이웃 사랑하기를 네 몸과 같이 하라" 하셨습니다. 그런데 어찌하여 "새 계명"이라 하시는가? "내가 너희를 사랑한 것같이 너희도 서로 사랑하라" (34하)고 말씀하실 때 그것은 전연 새로운 의미를 지니는 것입니다. "내가 너희를 사랑한 것같이"란, 그리스도께서 죄인을 위하여 죽으시고, 하나님의 아들이 원수를 위하여 죽어주신 (롬 5:8-10) 그 사랑을 가리키기 때문입니다.

적용

신약교회에 주신 계명은 "내가 너희를 사랑한 것같이 너희도 서로 사랑하라"는 오직 하나 "사랑"입니다. 이 사랑 안에 모든 계명이 "다 들어 있는"(롬 13:9) 것입니다. 그리고 "발을 씻어주심과, 새 계명"은 무관하지 않은데, 씻음을 받은 자만이 씻어줄 수가 있고, 사랑을 받은 자만이 사랑할 수가 있기 때문입니다.

나누어 봅시다

1. 그리스도의 고난과 유월절의 성취에 대해서,
2. 제자들의 발을 씻기신 교훈적, 신학적인 의미에 대해서,
3. "새 계명"과 현대교회의 실상에 대해서,

14장

내가 길이요 진리요 생명이다

첫째 단원(1–7) 영접하러 다시 오리라
둘째 단원(8–15) 내 이름을 주노라
셋째 단원(16–31) 성령을 보내주겠노라

내용관찰

14-16장, 세 장을 다락방 강화라고 부릅니다. 주님께서 잡히시던 날 밤에 제자들과 함께 다락방에 모여 최후의 만찬을 드시고 제자들에게 하신 강화(講話)이기 때문입니다. 다락방 강화는 요한복음에만 있는 은밀한 말씀이요, 지상에서 마지막으로 하신 유언과 같은 말씀입니다.

부활 승천하신 주님은 두고 가시는 교회에 무엇을 주고 가셨는가? 첫째가 "내 이름으로 무엇이든지 내게 구하면 내가 행하리라"(14)고 이름을 주고 가셨는데 14:14절, 15:16절, 16:24절 등 세 장에 반복적으로 강조되어 있습니다. "너희가 내 이름으로 무엇을 구하든지 내가 행하리니 이는 아버지로 하여금 아들로 말미암아 영광을 받으시게 하려 함이라" (13), 즉 하나님의 영광을 위하는 것이라면 무엇이든지 구하라 하십니다.

둘째는, "내가 아버지께 구하겠으니 그가 또 다른 보혜사를 너희에게 주사 영원토록 너희와 함께 있게 하리니" (16) 하고 성령을 보내주시겠다 하셨는데 14:16절, 15:26절, 16:7절 등 세 장에 반복적으로 강조되어 있습니다. "내가 너희를 고아와 같이 버려두지 아니하고 너희에게로 오리라" (18) 하십니다. 주님은 "주의 영"으로 오셔서 세상 끝 날까지 우리와 함께 하시겠다는 말씀입니다. 그러므로 "성령"은 우리와 "영원토록 함께 하시고(16),또 너희 속에 계시겠음이라" (17) 하신 약속을 믿음으로 받아 확신하는데 거해야 하는 것입니다. 이처럼 14장 전체의 구조(構造)는 "예수님은 가노니 (2하) 하시고, 성령은 보내리니" (16, 26) 하는 구조입니다. "이름을 주시고, 성령을 주시겠다" 하신 이 두 주제가 다락방 강화의 중심주제입니다.

14장은, "너희는 마음에 근심하지 말라 하나님을 믿으니 또 나를 믿으라" (1)는 말씀으로 시작이 됩니다. "근심하지 말라" 하심은 당시의 제자들에게만 하신 말씀이 아니라 모든 그리스도인들에게 적실성이 있는 말씀입니다. 왜 주님은 떠나셔야만 하는가? 하나님의 아들 그리스도께서 "십자가, 부활, 승천"이라는 과정을 담당하셔야 함은, "이는 우리를 하나님 앞으로 인도하시기" (벧전 3:18) 위해서인데 이것이, "내가 너희를 위하여 거처를 예비하러 가노니" 하신 의미입니다. 그런데 가시는 것이 끝이 아니라, "내가 다시 와서 너희를 내게로 영접하여 나 있는 곳에 너희도 있게 하리라" (2-3)고, 다시 오실 것이기 때문에 근심하지 말라 하십니다.

사람들은 과연 내세가 있는가? 하고 의문을 제기합니다. 주님은 만일 내세(來世)가 없다면, "그렇지 않으면 너희에게 일렀으리라" (2), 즉 말해 주었을 것이라고 분명히 내세가 있음을 말씀하십니다. 그리고 "내가 곧 길이요 진리요 생명이니 나로 말미암지 않고는 아버지께로 올 자가 없느니라" (6) 하십니다. 이는 요한복음에 등장하는 "나는—이다"의 6번째 선언인데 어떻게 "길"이 되어주셨는가? 십자가상에서 "다 이루었다" 선언하심으로, "그 길은 우리를 위하여 휘장 가운데로 열어 놓으신 새로운 살 길이요" (히 10:20) 하고 아버지께 나아가는 "길"이 개통이 된 것입니다. "여기에 14장의 중심점이 있습니다. 주님은 추방당한 우리들을 찾아오셔서 아버지께 돌아갈 수 있는 "길"이 되어주셨는데 그 길은 불법으로가 아닌 "진리"로 이루어주신 것이요, "생명" 으로 인도하는 길이라 하십니다.

적용

제자 된 우리는 주님께서 다시 오시는 날까지, "주님의 이름과, 성령"을 힘입어 사명을 감당해 나가야 하는 것입니다. 그러므로 "내가 진실로 진실로 너희에게 이르노니 나를 믿는 자는 내가 하는 일을 그도 할 것이요 또한 그보다 큰일도 하리니 이는 내가 아버지께로 감이라" (12) 하십니다.

나누어 봅시다

1. 내가 길이요 진리요 생명이라 하신 의미에 대해서,

2. 이름과 성령을 주고 가셨다는 의미와 중요성에 대해서,

3. 영접하러 다시 오신다는 재림의 약속에 대해서,

15장

내 안에 거하라
나도 너희 안에 거하리라

첫째 단원(1–8) 내가 참 포도나무라

둘째 단원(9–17) 사랑 안에 거하라

셋째 단원(18–25) 세상이 너희를 미워하면

넷째 단원(26–27) 복음진리를 증언할 자

내용관찰

15장은, "나는 포도나무요 너희는 가지니" (5) 하고 시작이 되는데 이는 "나는—이다"의 7번째이자 마지막 선언입니다. 중심점은, "내 안에 거하라 나도 너희 안에 거하리라" (4) 하신 연합교리에 있는데 3번 (4, 5, 7)이나 강조되어 있습니다. 15장에는 "안에" 라는 말이 12번이나 등장하는데, 기독교를 한마디로 정의한다면, "나는 주님 안에, 주님은 내 안에"라고 말할 수가 있습니다.

먼저는 "내 안에 거하라" 하신 주님 안에 거하는 것인데, 이것이 어떻게 가능해졌는가? "너희는 하나님으로부터 나서 그리스도 예수 안에 있고" (고전 1:30), 즉 하나님께서 "나"를 택하셔서 그리스도 안에 있게 하셨다는 것입니다. 이점을 주님은, "세상 중에서 내게 주신 사람들에게 내가 아버지의 이름을 나타내었나이다 그들은 아버지의 것이었는데 내게 주셨으며" (요 17:6) 하십니다. 본문에서도 "너희가 나를 택한 것이 아니요 내가 너희를 택하여 세웠나니" (16) 하십니다.

그리하여 아담 안에 있던 옛 사람이 "그리스도 안에서" 그리스도와 함께 십자가에 못 박히고, 함께 죽고, 함께 장사지낸바 되었다가, 함께 살리심을 받았다(롬 6:6, 8, 4, 8)는 것입니다. 이점을 "그런즉 누구든지 그리스도 안에 있으면 새로운 피조물이라 이전 것은 지나갔으니 보라 새 것이 되었도다" (고후 5:17) 합니다. 그러므로 하나님의 택하심을 입었다는 것은 최고 최대의 축복이요, 사랑을 받은 것입니다.

다음은 "나도 너희 안에 거하리라" 하신 주님께서 "내 안에" 거하신다는 점인데, 그리스도인들은 그 안에 주의 영을 모신 자들입니다. 이점을 14:17절에서는 "또 너희 속에 계시겠음이라" 말씀하고 사도 바울은, "이를 위하여 나도 내 속에서 능력으로 역사하시는 이의 역사를 따라 힘을 다하여 수고하노라" (골 1:29)고 말합니다.

또한 주님은, "아버지께서 나를 사랑하신 것 같이 나도 너희를 사랑하였으니 나의 사랑 안에 거하라" (9) 하십니다. 어떤 사랑인가? "사람이 친구를 위하여 자기 목숨을 버리면 이보다 더 큰 사랑이 없나니" (13) 하신 대신 죽어주신 사랑"입니다. "사랑 안에" 거한다면 어떤 처지 형편에서도 염려하지 않을 수가 있는 것입니다.

그러므로 "세상이 너희를 미워하면 너희보다 먼저 나를 미워한 줄을 알라 너희가 세상에 속하였으면 세상이 자기의 것을 사랑할 것이나 너희는 세상에 속한 자가 아니요 도리어 내가 너희를 세상에서 택하였기 때문에 세상이 너희를 미워하느니라" (18-19) 하십니다.

적용

제자 된 우리에게 명하신 지상명령은, "내가 아버지께로부터 너희에게 보낼 보혜사 곧 아버지께로부터 나오시는 진리의 성령이 오실 때에 그가 나를 증언하실 것이요 너희도 처음부터 나와 함께 있었으므로 증언하느니라" (26-27) 하신 복음을 증언하는 사명입니다.

나누어 봅시다

1, 우리의 옛 사람이 그리스도 안에서 어떻게 처리되었는가에 대해서,

2, "나는 주님 안에, 주님은 내 안에" 라는 연합교리의 의미에 대해서,

3, 최고의 사랑과, 그 "사랑 안에 거한다"는 점에 대해서,

16장

환난을 당하나 담대하라 내가 이기었노라

첫째 단원(1–7) 내가 떠나가는 것이 너희에게 유익이라
둘째 단원(7–15) 강림하실 성령의 사역
셋째 단원(16–33) 조금 있으면 나를 보리라

내용관찰

16장은 다락방 강화의 마지막 부분인데 떠나시는 주님께서 마지막으로 강조하시는 바가 무엇인가? 중심점은 "내가 이 말을 하므로 너희 마음에 근심이 가득하였도다 그러나 내가 너희에게 실상을 말하노니 내가 떠나가는 것이 너희에게 유익이라"(6-7) 하신 말씀에 있습니다. 왜냐하면 "내가 떠나가지 아니하면 보혜사가 너희에게로 오시지 아니할 것이요 가면 내가 그를 너희에게로 보내리니" 하십니다. 오늘날은 "성령론"에 대해서 많은 곡해를 하고 있는데 다락방 강화는 "성령"의 사역을 이해하는데 결정적인 근거가 됩니다.

성경은 약속의 책인데 하나님께서는 크게 두 가지를 약속하셨습니다. 첫째는 "여자의 후손"을 아브라함과 다윗의 자손으로 보내주실 것을 약속하셨고, 둘째는 "그 후에 내가 내 영을 만민에게 부어 주리니" (욜 2:28) 하고, 성령을 보내주실 것을 약속하셨습니다. 배은망덕한 죄인들에게 성부 하나님께서 "성자와, 성령"을 보내주셨다는 것은 측량할 수 없는 사랑이요, 은혜인 것입니다.

그러면 성자 그리스도는 왜 오셨는가? "자기 목숨을 많은 사람의 대속물로 주려" (마 20:28) 오셨고 십자가상에서, "다 이루었다" (19:30) 하심으로 사명을 완수하신 것입니다. 그러면 성령님은 왜 오시는가? 주님께서 "다 이루었다" 하신 것을 인간의 지혜로 알지를 못하기 때문에 이를 증언하러 오시는 것입니다. 그런데 주님께서 "떠나지 아니하면", 즉 이루어 놓지를 않으신다면 성령님은 오실 필요도, 오실 이유도 없는 것입니다. 그래서 "내가 떠나가는 것이 너희에게 유익이라 내가 떠나가지 아니하면 보혜사가 너희에게로 오시지 아니할 것이요" (7) 하신 것입니다.

성령님은 오셔서, "죄에 대하여, 의에 대하여, 심판에 대하여 세상을 책망하시리라" (8) 하십니다.

㉠ "죄에 대하여라 함은 그들이 나를 믿지 아니함이요"(9) 하시는데, 하나님의 아들이 자신의 죄를 대속해주셨다는 것을 믿지 않는 것이 근본적인 죄라는 말씀입니다. 그러므로 성령이 오시면 한마디로 불신앙을 책망하신다는 것입니다. 그래서 "하나님께서 보내신 이를 믿는 것이 하나님의 일이니라"(29)고 말씀하셨던 것입니다.

ⓛ "의에 대하여라 함은 내가 아버지께로 가니 너희가 다시 나를 보지 못함이요" (10) 하고, "의와, 아버지께로 감"을 결부시켜 말씀하십니다. 그렇다면 이 "의"는, "예수는 우리 범죄한 것 때문에 내줌이 되고 또한 우리를 의롭다 하심을 위하여 살아나셨느니라"(롬 4:25)한 "의롭다 함", 즉 칭의(稱義)가 되는 것입니다. 신자들이 자기 의로 구원 얻는 것이 아니듯이, 불신자(不信者)들도 자기 죄 때문에 멸망하는 것이 아니라, 대속제물이 되어주신 그리스도를 믿지 않기 때문에 멸망을 당하게 되는 것입니다.

ⓒ "심판에 대하여라 함은 이 세상 임금이 심판을 받았음이니라"(11) 하십니다. "심판과, 이 세상 임금"이 결부되어 있는데 십자가 사건은 창세기 3:15절에서 선언하신, "여자의 후손은 네 머리를 상하게 할 것이요" 하신 원복음의 성취였던 것입니다. 그러므로 주님의 부활은 사망의 권세를 잡은 사탄의 머리를 상하게 한 "심판"이었던 것입니다.

성령이 오시면 "죄에 대하여, 의에 대하여, 심판에 대하여" 세상을 책망하시리라 하신 말씀과, "오직 성령이 너희에게 임하시면, 내 증인이 되리라"(행 1:8) 하신 말씀을 결부시켜 보게 되면, 바로 이 세 가지 주제가 전도자(설교자)가 증언해야 할 핵심적인 주제임을 깨닫게 됩니다.

16장에는 "조금 있으면"이라는 말이 7번이나 등장하는데, 조금 있으면 너희가 나를 보지 못하게 되었다가, 조금 있으면 나를 보리라, 그래서 "지금은 너희가 근심하나 내가 다시 너희를 보리니 너희 마음이 기쁠 것이요 너희 기쁨을 빼앗을 자가 없으리라"(22), 즉 부활하셔서 "주의 영"으로 함께 하실 것을 말씀하십니다.

적용

"이것을 너희에게 이르는 것은 너희로 내 안에서 평안을 누리게 하려 함이라 세상에서는 너희가 환난을 당하나 담대하라 내가 세상을 이기었노라" (33) 하시는데, 이 말씀이 다락방 강화의 결론적인 말씀입니다. 부활하신 주님은 밧모섬에 유배 된 요한에게, "오른손을 내게 얹고 이르시되 두려워하지 말라 나는 처음이요 마지막이니 곧 살아 있는 자라 내가 전에 죽었었노라 볼지어다 이제 세세토록 살아 있어 사망과 음부의 열쇠를 가졌노니" (계 1:17-18) 하시는데, 그래도 염려하고 두려워할 것입니까?

나누어 봅시다

1. 주님이 떠나가는 것이 어찌하여 우리에게 유익이 되는가에 대해서,
2. 강림하실 성령의 3가지 사역에 대해서,
3. "내가 세상을 이기었노라" 하신 주님의 이기심과 우리의 승리에 대해서,

17장

아버지여 때가 이르렀습니다

첫째 단원(1-8) 내게 하라고 주신 일을 이루어
둘째 단원(9-21) 두고 가시는 교회를 위한 기도
셋째 단원(22-27) 나의 영광을 그들로 보게 하소서

내용관찰

17장을 "대제사장적 기도"라고 말합니다. 주님께서 잡히시던 날 밤 두고 가는 제자들을 위해 중보 기도하신 내용이기 때문입니다. 성령께서는 어떤 의도에서 공관복음서에는 없는 대제사장적인 기도를 한 장(17장)을 할애하여 기록하게 하셨는가? 첫 마디가, "아버지여 때가 이르렀사오니"(1) 하십니다. 요한복음에는 "때"가 강조되어 있는데 주님은 십자가를 앞에 놓으시고, "내가 이를 위하여 이때에 왔나이다"(12:27) 하셨는데 그 "때"가 이르렀다는 것입니다.

내용을 관찰해보면 크게 세 가지로 요약할 수가 있는데, 첫째는, "예수

가 누구신가? 그 분이 왜 오셨는가"를 증언하기 위해서요, 둘째는 성자(聖子)께서 성부(聖父)께 하는 사역보고요, 셋째는 떠나시는 주님께서 두고 가는 교회를 위한 기도로 되어 있습니다.

① 먼저 예수님이 어떠한 분이신가를 살펴보면, "아버지여 창세전에 내가 아버지와 함께 가졌던 영화로써 지금도 아버지와 함께 나를 영화롭게 하옵소서"(5) 하십니다. 24절에서도, "아버지여 내게 주신 자도 나 있는 곳에 나와 함께 있어 아버지께서 창세전부터 나를 사랑하시므로 내게 주신 나의 영광을 그들로 보게 하시기를 원하옵나이다" 하신, 창세전부터 아버지와 함께 하신 분이십니다.

㉠ 그런 분이 왜 육신을 입고 오셔서 고난을 당하셔야만 하는가? "아버지께서 아들에게 주신 모든 사람에게 영생을 주게 하시려고"(2) 라고 말씀하십니다. 그리고 "영생은 곧 유일하신 참 하나님과 그가 보내신 자 예수 그리스도를 아는 것이니이다"(3) 하십니다. 이것이 "예수가 누구신가? 왜 오셨는가?" 하는 복음의 두 요소인 것입니다.

② 둘째로 사역보고를 하시는데, "아버지께서 내게 하라고 주신 일을 내가 이루어 아버지를 이 세상에서 영화롭게 하였사오니"(4) 하십니다. 그러면 성부께서 성자께 "하라고 주신 일"이 무엇인가? "세상 중에서 내게 주신 사람들, 그들은 아버지의 것이었는데 내게 주셨으며"(6) 한, 그들의 죄를 대속하는 일입니다. 이점을 메시아 예언으로 유명한 이사야 53장에서는, "여호와께서 그에게 상함을 받게 하시기를 원하사 질고를 당하게 하셨은즉 그의 영혼을 속건제물로 드리기에 이르면 그가 씨를 보게

되며" (사 53:10) 라고 예언되어 있습니다.

③ 셋째는 교회를 위한 기도인데,

㉠ "나는 세상에 더 있지 아니하오나 그들은 세상에 있사옵고 나는 아버지께로 가옵나니 거룩하신 아버지여 내게 주신 아버지의 이름으로 그들을 보전하사 우리와 같이 그들도 하나가 되게 하옵소서"(11) 하고 "보전"해주시기를 간구하십니다. 15절에서도, "내가 비옵는 것은 그들을 세상에서 데려가시기를 위함이 아니요 다만 악에 빠지지 않게 보전하시기를 위함이니이다" 하십니다.

㉡ 그리고 "하나가 되게 해 달라"는 간구가 4번(11, 21, 22, 23)이나 강조되어 있습니다.

㉢ 또한 "그들을 진리로 거룩하게 하옵소서 아버지의 말씀은 진리니이다"(17) 하심과, "세상에 속하지 아니했다"는 말씀이 14절과 16절에 거듭 나오는데 이는 교회의 성별을 위한 간구입니다.

㉣ "내가 비옵는 것은 이 사람들만 위함이 아니요 또 그들의 말로 말미암아 나를 믿는 사람들도 위함이니"(20) 하십니다. 그렇다면 주님은 한국교회와 나를 위해서도 간구하셨다는 점을 깨닫게 됩니다.

적용

그리스도인들은, "아버지께서 나를 세상에 보내신 것 같이 나도 그들을 세상에 보내었고" (18) 하신 "보냄을 받은 사람들"입니다. 부활하신 후에도, "아버지께서 나를 보내신 것 같이 나도 너희를 보내노라" (20:21) 하십니다. 보내실 때는 사명이 있기 때문인데 우리도, "아버지께서 내게 하라고 주신 일을 내가 이루어 아버지를 이 세상에서 영화롭게 하였사오니"(4) 라고 사역보고를 할 수 있어야만 하겠습니다. 또한 현대교회의 실상을 주님의 기도에 비추어 반성하게 됩니다.

나누어 봅시다

1. "내게 하라고 주신 일"이 무엇인가 하는 자신의 사명에 대해서,
2. 두고 가시는 교회를 위한 4가지 기도가 무엇인가에 대해서,
3. "나의 영광을 그들로 보게 하소서" 한 장차 받을 영광에 대해서,

18장

네 말과 같이 내가 왕이니라

첫째 단원(1-11) 아버지께서 주신 잔
둘째 단원(12-27) 결박하여 안나스에서 가야바에게로
셋째 단원(28-32) 유월절과 그리스도와의 관계
넷째 단원(33-40) 진리에 대하여 증거하러 왔다

내용관찰

18장은 예수님께서 겟세마네 동산에서 잡히시어 안나스—가야바—빌라도에게 심문을 당하시는 내용입니다. 주님의 잡히심은, "그들은 더럽힘을 받지 아니하고 유월절 잔치를 먹고자 하여 관정에 들어가지 아니하더라"(28) 한, "유월절"을 배경으로 전개되고 있다는 점을 유념해야만 합니다. 이점에서 다시 네 개의 복음서가 동일하게 유월절과, 예수 그리스도의 죽으심을 결부시키고 있다는 점을 상기할 필요가 있습니다. 왜냐하면 예수 그리스도는 1500년 동안 예표적으로 지켜 내려오던 "유월절 어

린 양"의 실체로 오셨기 때문입니다.

주님께서는 잡으러 온 무리들을 향해 "너희가 누구를 찾느냐" 라고 두 번(4, 7)이나 물으셨는데,저들은 유월절을 맞이하여 "세상 죄를 지고 가는 하나님의 어린 양"을 잡으려 한다는 시점인 것입니다.

빌라도가 고소하는 자들에게 "너희 법대로 재판하라" 하니 유대인들이 이르되 "우리에게는 사람을 죽이는 권한이 없나이다 하니 이는 예수께서 자기가 어떠한 죽음으로 죽을 것을 가리켜 하신 말씀을 응하게 하려 함이라"(31-32) 합니다. 무슨 뜻인가? 하나님의 아들은 10년, 20년의 징역형이 아니라 우리를 대신하여 죽으시려 오셨다는 뜻입니다.

주님은 두 번의 재판을 받으셨는데 대제사장 앞에서 받으신 종교재판에서는, 자신이 하나님의 아들 그리스도이심을 증언하셨고, 빌라도 총독에게 받은 정치적인 재판에서는, "네가 유대인의 왕이냐" 하는 빌라도의 질문에, "네 말과 같이 내가 왕이니라"(37)고 선언하셨습니다. 예수님은 하나님의 아들 그리스도시요, 우리의 왕이십니다. 여기에 18장의 중심점이 있습니다.

주님의 답변 중에는, "내 나라와, 왕"이 강조되어 있는데 여기에 예수 그리스도의 사역이 분명하게 나타나고 있는데, 대속제물이 되심으로 잃어버린 자를 찾아 메시아왕국을 세우시기 위해서 오셨다는 것이 되는 것입니다.

사도 바울은 이 장면에서 큰 감명을 받았던 듯싶습니다. 목회서신에서 디모데에게 명령할 때에, "만물을 살게 하신 하나님 앞과 본디오 빌라도를 향하여 선한 증언을 하신 그리스도 예수 앞에서 내가 너를 명하노니"

(딤전 6: 13) 합니다. 빌라도 총독 앞에 선 예수님은 어느 죄수들처럼 고개를 떨구고 기가 죽어 있는 모습이 아니십니다. 빌라도를 똑바로 쳐다보시면서 위엄 있게 "네 말과 같이 내가 왕이니라"고 선언하셨습니다.

빌라도는 "나는 그에게서 아무 죄도 찾지 못하였노라" 하면서, "유월절이면 내가 너희에게 한 사람을 놓아 주는 전례가 있으니 그러면 너희는 내가 유대인의 왕을 너희에게 놓아 주기를 원하느냐" 하니 그들이 또 소리 질러 이르되, "이 사람이 아니라 바라바라 하니 바라바는 강도였더라" (39-40) 합니다.

적용

주님께서, "너희가 누구를 찾느냐?(4),무엇을 구하느냐" (1:38) 하신 물음은 불신자들만이 아니라, 교회 내에 있는 자들이 더욱 자문해 보아야 할 질문인 것입니다. 형제는 5병 2어를 먹여주시고, 병을 고쳐주시는 주님을 찾고 구하고 있는 것은 아닙니까? 주님은 "너희는 먼저 그의 나라와 그의 의를 구하라" 하십니다. 저들은 유월절 양을 잡기 위해서 찾아왔으나 우리는 십자가를 지고 주님을 따르기 위해서 찾아온 것입니다.

나누어 봅시다

1. 유월절과 하나님의 어린 양의 죽으심에 대해서,
2. "너희는 누구를 찾느냐" 하신 물음에 대한 답변에 대해서,
3. 빌라도를 향하여 행하신 선한 증거에 대해서,

19장

십자가에 못 박히신 하나님의 아들

첫째 단원(1-16) 위에서 주지 아니하셨다면
둘째 단원(17-22) 예수 유대인의 왕이라
셋째 단원(23-37) 성경을 응하게 하려함
넷째 단원(38-42) 다 이루었다 하시고 운명하시다

내용관찰

19장은 하나님의 아들 그리스도께서 십자가에 달려 죽으시고 장사 지낸바 된 내용입니다. 빌라도는, "내가 너를 놓을 권한도 있고 십자가에 못 박을 권한도 있는 줄 알지 못하느냐" 라고 말하나 주님은, "위에서 주지 아니하셨더라면 나를 해할 권한이 없었으리니"(10-11), 즉 이는 힘이 없어서가 아니라 하나님께서 내어주심이라 하십니다. 빌라도는 "나는 그에게서 죄를 찾지 못하였노라"는 말을 3번(4, 6, 18:38)이나 언급합니다. 죄가 없으신 하나님의 아들 그리스도께서 죽임을 당하셨다는 것은 우리를 대신한 죽으심이었던 것입니다.

"이 날은 유월절의 준비일"(14)이라는 배경에서, "그를 십자가에 못 박게 하소서" 하는데 우리 주님은 유월절 양으로 죽임을 당하셨다는 점을 드러내고 있습니다. "이에 예수를 십자가에 못 박도록 그들에게 넘겨 주니라"(16), 빌라도가 패를 써서 십자가 위에 붙이니 나사렛 예수 유대인의 왕이라 기록되었더라"(19) 합니다. 19장에는 "왕"이라는 말이 8번이나 등장하는데 예수 그리스도는 우리의 왕이신 것입니다.

군인들이 예수를 십자가에 못 박고 그의 옷을 취하여 네 깃에 나눠 각각 한 깃씩 얻고 속옷은 이것을 찢지 말고 누가 얻나 제비 뽑자 하니, "이는 성경에 그들이 내 옷을 나누고 내 옷을 제비 뽑나이다 한 것을 응하게 하려 함이러라"(24) 합니다. 19장에는 "성경을 응하게 하려함이라"는 말이 3번(24, 28, 36) 등장하는데, 심지어 "내가 목마르다(28) 하신 것, 그 뼈가 하나도 꺾이지 아니하리라"(36) 한 것까지가 성경을 응하게 하심이었던 것입니다. 주님은 탄생으로부터 죽으시고 다시 사심, 승천, 재림까지, 모두가 "성경을 응하게 하신" 성취였던 것입니다.

19장의 핵심은 주님께서 십자가상에서 "다 이루었다"(30) 라고 선언하신데 있습니다. 이는 "자기 목숨을 많은 사람의 대속물로 주려함이니라"(마 20:28)하신 구속사역을 완성하셨다는 뜻입니다. 그 때 죄로 말미암아 1500년 동안이나 닫혀 있던 성전의 휘장이 비로소 열려졌던 것입니다.

성경 상에는 3번의 "이루심"이 있는데 첫 번은 "천지와 만물이 다 이루니라” (창 2:1) 한 첫 창조요, 마지막 이루심은 “이루었도다 나는 알파와 오메가요 처음과 나중이라” (계 21:6)하신 재창조의 이루심인데, 재창조는 본문에 등장하는 주님께서 십자가상에서 “다 이루었다” 하신 구속으로 말미암아 가능하여진다는 점입니다.

아리마대 요셉과, 밤에 예수님께 나아왔던 니고데모 등이, “이에 예수의 시체를 가져다가 유대인의 장례법대로 그 향품과 함께 세마포로 싸고, 무덤이 가까운 고로 예수를 거기 두니라” (42) 합니다.

적용

저들은 “가이사 외에는 우리에게 왕이 없나이다” (15) 했는데, 초대 그리스도인들은 “그리스도 외에는 왕이 없나이다” 고 고백했기 때문에 순교를 당한 것입니다. 그 분이 “목마르다” (28) 하시는데 형제는 어떻게 시원하게 해드릴 것입니까?

나누어 봅시다

1. 3번의 이루심과, “다 이루었다” 하신 구속사적 의미에 대해서,
2. 3번 등장하는 “성경을 응하게 하심”에 대해서,
3. 8번 등장하는 왕과 우리와의 관계에 대해서,

20장

어찌하여 울며 누구를 찾느냐

첫째 단원(1-10) 비어있는 무덤

둘째 단원(11-18) 마리아야, 라보니여

셋째 단원19-29) 나를 보내신 것같이 나도 너희를 보내노라

넷째 단원(30-31) 요한복음을 기록한 목적

내용관찰

20장은 그리스도께서 죽은 자 가운데서 다시 살아나심을 증언하는 내용입니다. "안식 후 첫날 일찍이 아직 어두울 때에 막달라 마리아가 무덤에 와서 돌이 무덤에서 옮겨진 것을 보고 시몬 베드로와 예수께서 사랑하시던 그 다른 제자에게 달려가서 말하되 사람들이 주님을 무덤에서 가져다가 어디 두었는지 우리가 알지 못하겠다" (1-2) 라고, 무덤이 비어 있는 사실을 알립니다.

베드로가 따라와서 무덤에 들어가 보니, "세마포가 놓였고 또 머리를

쌌던 수건은 세마포와 함께 놓이지 않고 딴 곳에 쌌던 대로 놓여 있더라"(7) 합니다. 주님은 "죽은 자 가운데 다시 살아나리라"는 말씀을 여러 번 예고하셨건만, "그들은 성경에 그가 죽은 자 가운데서 다시 살아나야 하리라 하신 말씀을 아직 알지 못하더라"(9), 즉 믿지 않았다고 말씀합니다.

천사는 무덤 밖에서 울고 있는 마리아에게, "여자여 어찌하여 우느냐"(13) 말하고 부활하신 주님께서도, "여자여 어찌하여 울며 누구를 찾느냐"(15) 하십니다. 어떤 마음이 드십니까? 우리도 울면서 부활하신 주님을 무덤에서 찾고 있는 것은 아닌가 하고 돌아보게 합니다.

부활하신 주님은 마리아에게, "너는 내 형제들에게 가서 이르되 내가 내 아버지 곧 너희 아버지, 내 하나님 곧 너희 하나님께로 올라간다 하라" 하시니, 막달라 마리아가 가서 제자들에게 "내가 주를 보았다 하고 또 주께서 자기에게 이렇게 말씀하셨다 이르니라"(18) 합니다.

부활하신 주님은 유대인들을 두려워하여 문들을 닫고 모여 있는 제자들에게 나타나셔서, "너희에게 평강이 있을지어다" 하시면서, "손과 옆구리를 보이시니 제자들이 주를 보고 기뻐하더라"(20) 합니다. 그리고 "아버지께서 나를 보내신 것 같이 나도 너희를 보내노라"고 복음전도의 사명을 주십니다. 이를 위해서 제자들을 3년 동안 훈련을 시키셨던 것입니다.

이 자리에 없었던 도마는, "우리가 주를 보았노라"는 제자들의 말에, "내가 그의 손의 못 자국을 보며 내 손가락을 그 못 자국에 넣으며 내 손을 그 옆구리에 넣어 보지 않고는 믿지 아니하겠노라" (25) 합니다. 형제도 이렇게 말할 것입니까? 부활하신 주님은 도마에게, "네 손가락을 이리 내밀어 내 손을 보고 네 손을 내밀어 내 옆구리에 넣어 보라 그리하여 믿음 없는 자가 되지 말고 믿는 자가 되라" (27) 하십니다. 그러면 이제도 의심하는 자들에게 이렇게 하시는가? 아닙니다. 도마는 "사도"요, "너희는 사도들과 선지자들의 터 위에 세우심을 입은 자라" (엡 2:20) 한, 교회의 "터"를 놓을 자입니다. 그런 사도 중 의심하는 자가 있어서는 아니 되기 때문입니다.

도마가 "나의 주님이시요 나의 하나님이시니이다" 하니 주님은, "너는 나를 본 고로 믿느냐 보지 못하고 믿는 자들은 복되도다" (29) 하십니다. 이제는 보았기 때문에 믿는 것이 아니라, "태초부터 있는 생명의 말씀에 관하여는 우리가 들은 바요 눈으로 본 바요 자세히 보고 우리의 손으로 만진 바라" (요일 1:1) 한 사도들이 기록한 증언을 통해서, 즉 기록된 성경에 근거하여 믿는 것입니다.

적용

주님께서는 "나도 너희를 보내노라" 하시면서, "성령을 받으라 너희가 누구의 죄든지 사하면 사하여질 것이요 누구의 죄든지 그대로 두면 그대로 있으리라" (23) 하십니다. 복음전도는 듣는 이들의 사활(死活)이 걸려 있는 문제라는 점을 명심하십시다.

나누어 봅시다

1. "어찌하여 울며 누구를 찾느냐"하시는 말씀 앞에 자신의 모습에 대해서,
2. "나도 너희를 보내노라" 하신 영광과 사명에 대해서,
3. 31절에 나타난 요한복음의 기록목적이 무엇인가에 대해서,

21장

나를 사랑하느냐 내 어린양을 먹이라

첫째 단원(1-14) 너희에게 고기가 있느냐

둘째 단원(15-23) 너는 나를 따르라

셋째 단원(24-25) 그의 증언이 참인 줄 아노라

내용관찰

마지막 장에 이르렀습니다. 21장은 부활하신 주님께서 제자들에게 세 번째 나타내신 내용입니다. 20장에서 두 번이나 나타내심은 십자가에 달려 죽으신 그리스도께서 부활하셨다는 점을 사도들에게 확신시키기 위해서였습니다. 그러면 세 번째 나타내신 의도가 무엇인가? 중심점은, "내 어린 양을 먹이라(15), 나를 따르라" (19)하신 사명을 일깨워주시기 위해서입니다.

베드로, 도마, 나다나엘, 요한, 야고보, 또 다른 제자 둘이 함께 있다가 베드로가, "나는 물고기 잡으러 가노라" 하니 그들이 "우리도 함께 가겠다 하고 나가서 배에 올랐으나 그 날 밤에 아무 것도 잡지 못하였더니" (2-3) 합니다. 주님은 "네가 사람 낚는 어부가 되게 하리라" 하셨는데 그들은 고기 잡던 어부인 옛날로 돌아간 것입니다.

날이 새어갈 때에 주님께서 제자들을 찾아오셨으나 제자들이 예수이신 줄 알지 못했다는 것입니다. 주님은, "얘들아 너희에게 고기가 있느냐" 라고 물으십니다. "세상 끝 날까지 너희와 항상 함께 있으리라" 약속하신 주님께서 우리와 함께 하시는데도 우리는 모르고 있는 것은 아닌지, 또한 주님께서 "너희에게 고기가 있느냐"고 물으신다면 우리는 무엇이라 대답할 것인가?

"없나이다, 그물을 배 오른편에 던지라 그리하면 잡으리라" 하시니 이에 던졌더니 물고기가 많아 그물을 들 수 없더라(5-6) 합니다. 그제야 제자들은 주님이신 것을 알게 되었습니다. 육지에 올라보니 숯불이 있는데 그 위에 생선이 놓였고 떡도 있더라 예수께서 이르시되, "지금 잡은 생선을 좀 가져오라" 하시니, 가득히 찬 큰 물고기가 153마리라 이같이 많으나 그물이 찢어지지 아니하였더라(10-11). "와서 조반을 먹으라" 하십니다. 이것은 예수께서 죽은 자 가운데서 살아나신 후에 세 번째로 제자들에게 나타나신 것이라(14) 합니다. 그러면 찾아오신 의도가 무엇인가?

조반을 먹은 후에 주님께서 베드로에게, "네가 이 사람들보다 나를 더 사랑하느냐"고 물으십니다. "그러하나이다 내가 주님을 사랑하는 줄 주님께서 아시나이다" 하니, 그러면 "내 어린 양을 먹이라" 하십니다. 이렇게 하시기를 세 번이나 다짐하십니다. 주님의 피로 사신 어린 양떼를 부탁하시기 위해서 3번 째 나타내신 것입니다.

그런 후에 “내가 진실로 진실로 네게 이르노니 네가 젊어서는 스스로 띠 띠고 원하는 곳으로 다녔거니와 늙어서는 네 팔을 벌리리니 남이 네게 띠 띠우고 원하지 아니하는 곳으로 데려가리라”(18) 하시니, 이는 베드로가 어떠한 죽음으로 하나님께 영광을 돌릴 것을 가리키심이러라(19) 합니다. 이는 베드로 개인에게 국한된 말씀이 아니라 베드로를 대표로 한 모든 전도자들에게 하신 말씀으로 받아야 하는 것입니다.

이것이 요한복음에 등장하는 25번째이자 마지막 “진실로 진실로”인데 이는 “어린 양”을 돌보는 목회와 복음전도에는 고난이 따르게 될 것을 가리킵니다. 요한복음에 등장하는 주님의 첫 말씀은, “무엇을 구하느냐”(1:38) 하신 것이고 마지막 말씀은, “너는 나를 따르라”(21:22)는 말씀입니다.

적용

주님은 “나를 사랑하느냐, 내 어린 양을 먹이라” 하고, 자신과 어린 양을 동일시하십니다. 그러니까 지극히 작은 자에게 한 것이 내게 한 것이라 하십니다. 그런데 나 자신은 “물고기 잡으러 가노라” 하고 사명을 망각하고 있는 것은 아닌지 돌아보아야만 하겠습니다.

나누어 봅시다

1, 주님께서 제자들을 세 번째 찾아오신 목적에 대해서,

2, "너는 나를 사랑하느냐"는 물음에 대한 나의 대답에 대해서,

3, "너는 나를 따르라" 하신 주님의 마지막 말씀과 나의 응답에 대해서,

4, 요한복음 장별 연구를 마치면서 깨달은 점과 느낀 점에 대해서,